身近でおこる 恐怖現象
本当に怖い話
MAX∞
マックス無限
逢魔ケ刻
たそがれどきの災禍

巻頭《かんとう》スペシャル
飛《と》んできたのは？
かわぐちけい
まもなく3番線《ばんせん》に電車《でんしゃ》がまいります。
危《あぶ》ないですから黄色《きいろ》い線《せん》の内側《うちがわ》まで…。
それは
スッ
突然《とつぜん》のできごとだった。

きゃあああっ。
あれ？

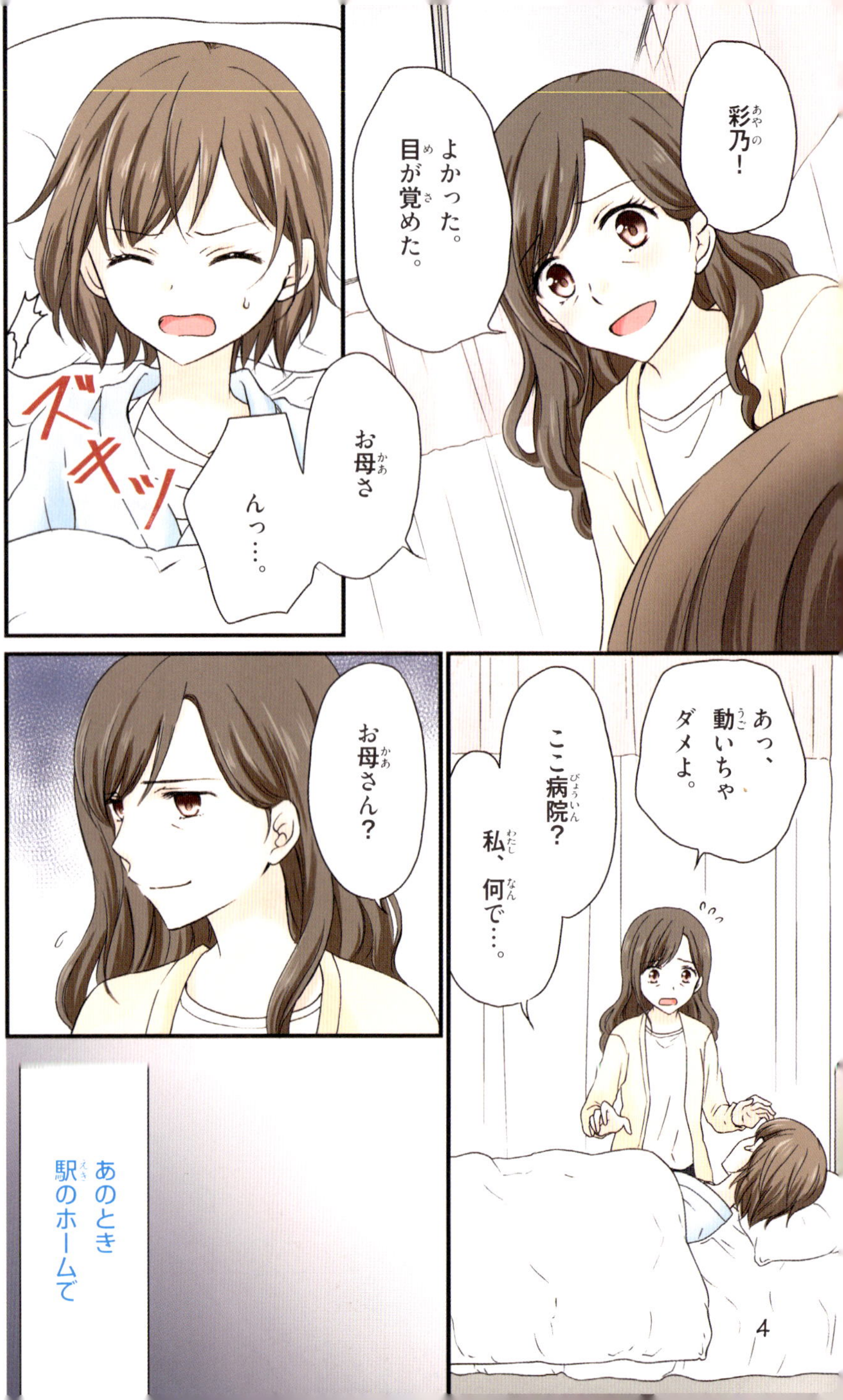
彩乃《あやの》！
よかった。目《め》が覚《さ》めた。
ズキッ
お母《かあ》さんっ……。
あっ、動《うご》いちゃダメよ。
ここ病院《びょういん》？私《わたし》、何《なん》で……。
お母《かあ》さん？
あのとき駅《えき》のホームで

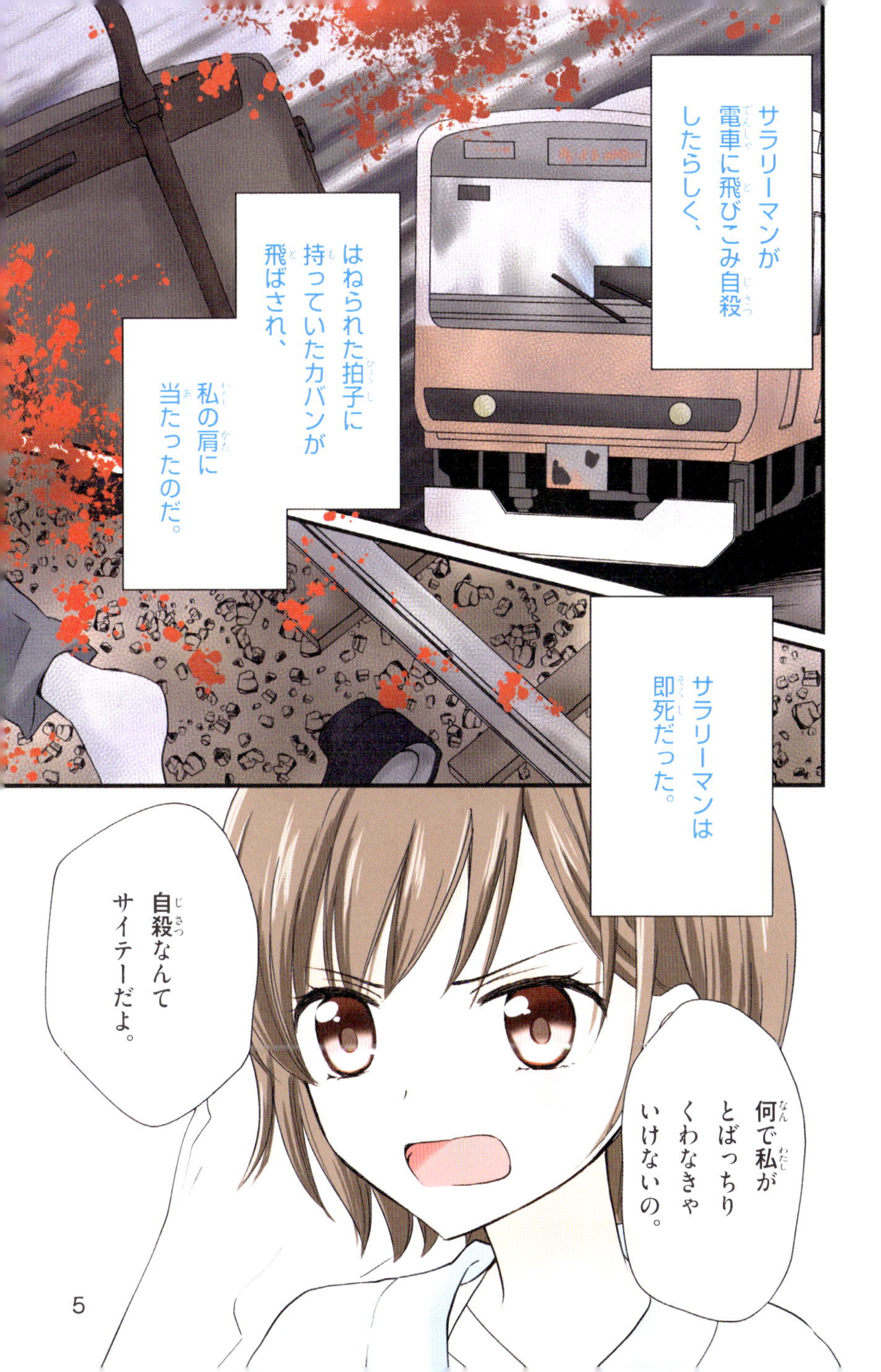

サラリーマンが電車《でんしゃ》に飛《と》びこみ自殺《じさつ》したらしく、
はねられた拍子《ひょうし》に持《も》っていたカバンが飛《と》ばされ、私《わたし》の肩《かた》に当《あ》たったのだ。
サラリーマンは即死《そくし》だった。
自殺《じさつ》なんてサイテーだよ。
何《なん》で私《わたし》がとばっちりくわなきゃいけないの。

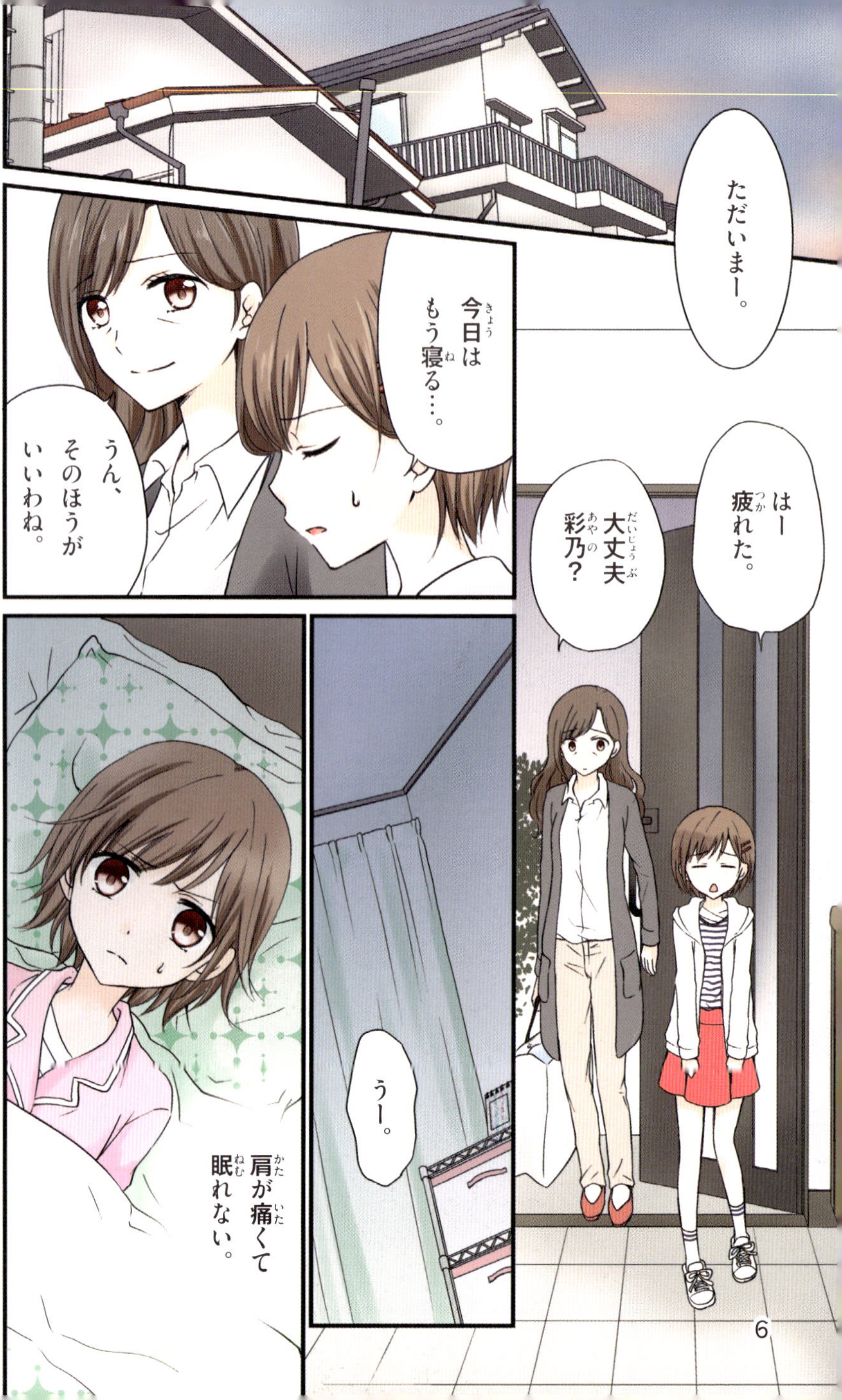
ただいまー。
はー疲《つか》れた。
大丈夫《だいじょうぶ》彩乃《あやの》？
今日《きょう》はもう寝《ね》る…。
うん、そのほうがいいわね。
うー。
肩《かた》が痛《いた》くて眠《ねむ》れない。

まったく……。
死《し》ぬなら人《ひと》に
迷惑《めいわく》かけないように
してよね。
ごろっ
え？

!!
…に
何《なに》が…
おまえに
何《なに》がわかる。
おまえに…
何《なに》がわかる。
おまえに!
何《なに》が
わかる!

やだ…。
何《なに》これ?
おまえに何《なに》がわかる。
だれ?
おまえに何《なに》がわかる。
やだ…。
これは、夢《ゆめ》?
おまえに何《なに》がわかる。
やめて消《き》えて!
やめて!
チチ…
チ…
朝《あさ》——?

消《き》えてる…？
ズキンッ
痛《いた》っ。
けがのせいで変《へん》な夢《ゆめ》見《み》たのかなあ。
あ…。包帯《ほうたい》ゆるんじゃってる。
シュル…

何《なに》、この傷《きず》。
どんなカバン使《つか》ってたのよ。もうっ。
ほんと迷惑《めいわく》！
ふあ…。

彩乃《あやの》、眠《ねむ》いなら寝《ね》ちゃいなさい。
いっぱい眠《ねむ》ったほうが傷《きず》も早《はや》く治《なお》るから。
はーい。
今日《きょう》は変《へん》な夢《ゆめ》見《み》ないといいな。
すう…
…かる
おまえに…
おまえに何《なに》がわかる。
ハッ

おまえに何《なに》がわかる。
また……!?
また、あの男《おとこ》がいるの!?
いない…。
おまえに何《なに》がわかる。
声《こえ》はするのに姿《すがた》が見《み》えない。
ふわっ
おまえに何《なに》がわかる。
う…。
何《なに》?この生臭《なまぐさ》いにおい。
痛《いた》いっ。

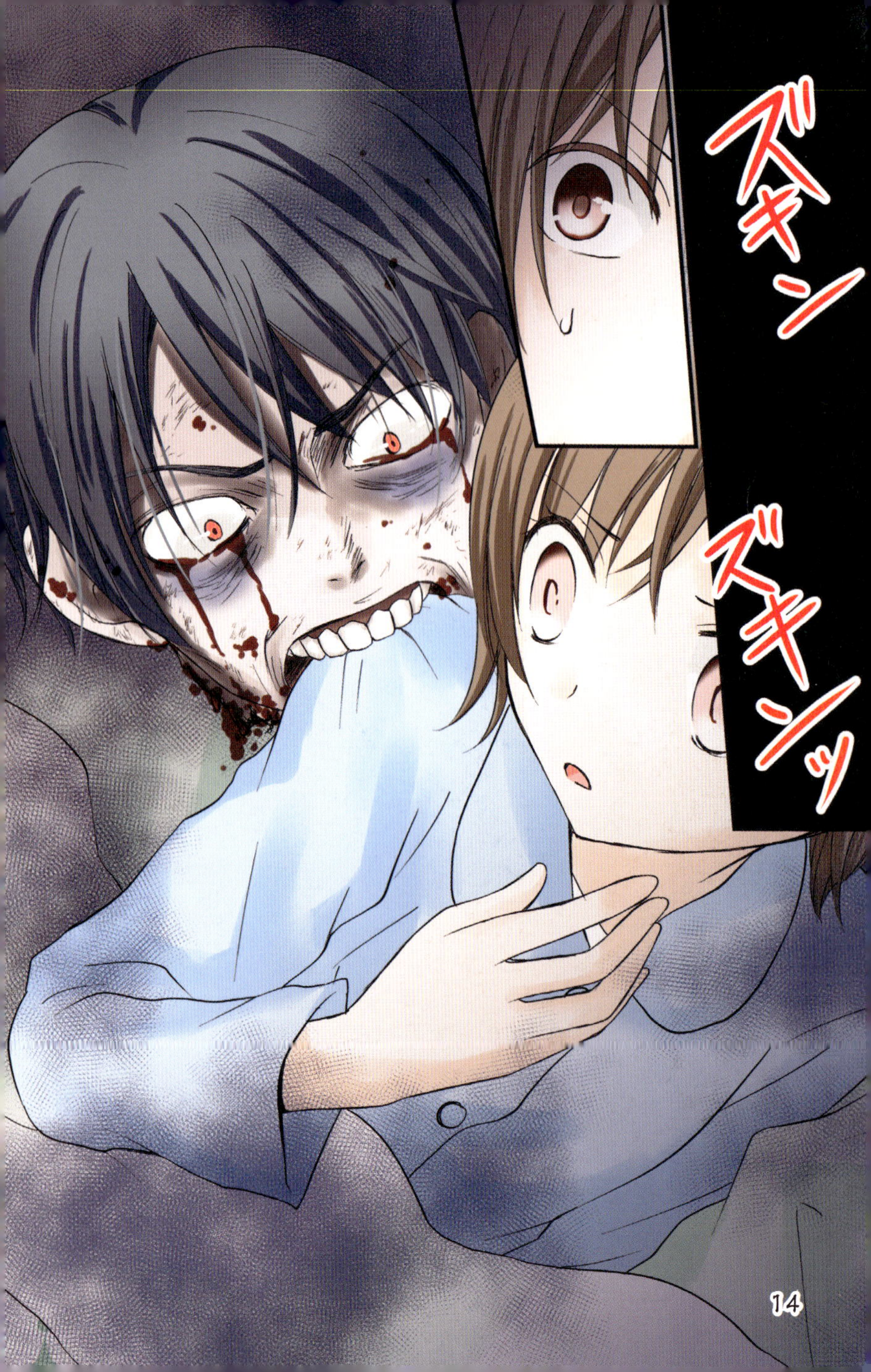
ズキン
ズキンッ

――っ!?
ギリ…
いっ。
おまえも

同《おな》じ目《め》にあえ！
いや……。
ギリ
いや……。
ギリッ
いやあああっ。
フッ…

彩乃《あやの》。
彩乃《あやの》！
どう…して私《わたし》が……。
ん……。
すごい悲鳴《ひめい》が聞《き》こえたけど、大丈夫《だいじょうぶ》？
ハッ
生首《なまくび》が…。

ない…。
お母《かあ》さん?
生首《なまくび》…!?
なっ、何言《なにい》ってるの。
夢《ゆめ》でも見《み》たんでしょ。
やだ、血《ち》がにじんでる。包帯《ほうたい》取《と》り替《か》えなきゃ。
明日《あした》から学校《がっこう》なんだから、ちゃんと寝《ね》ておかないと。
う…、うん。

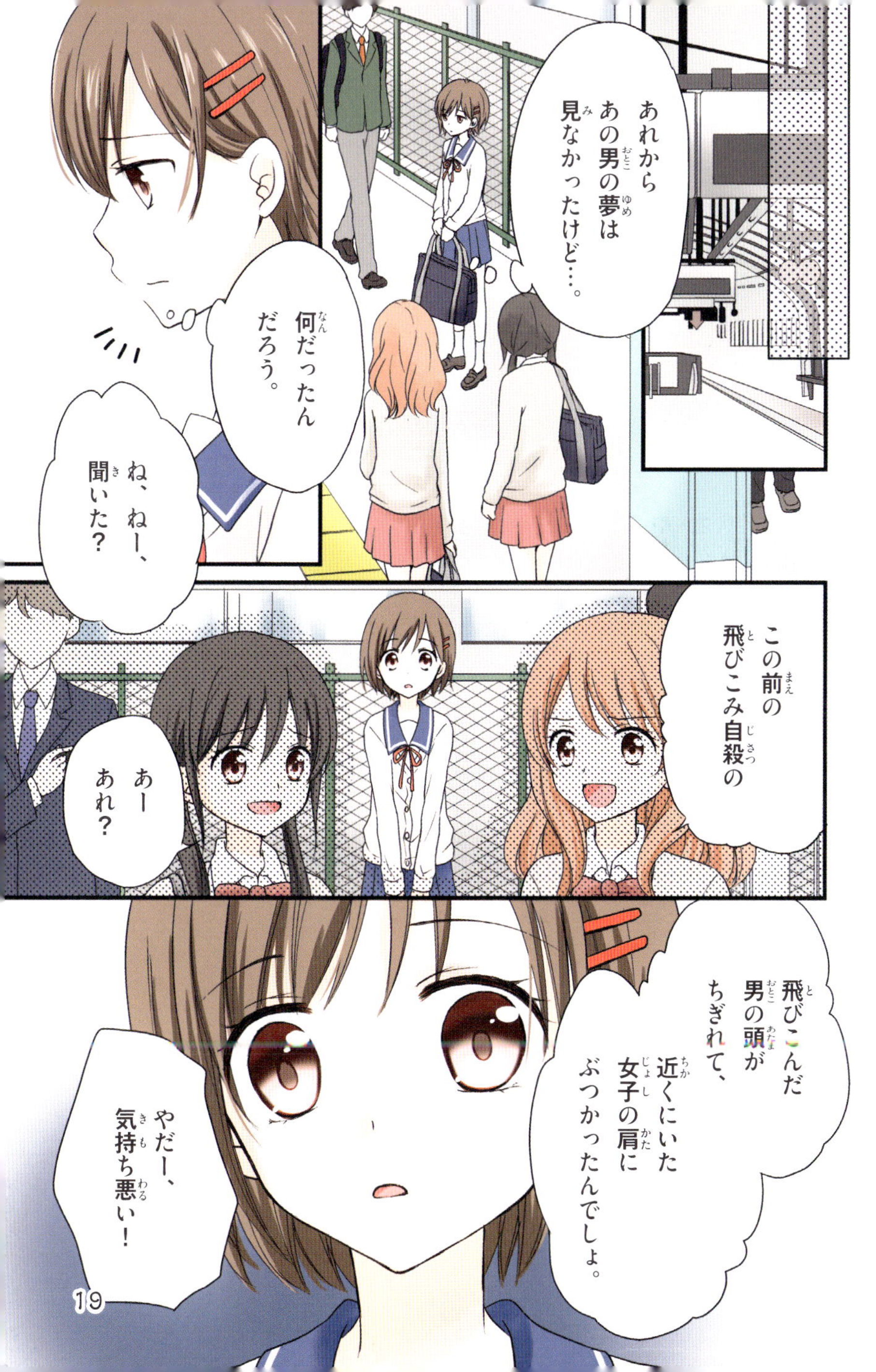
あれから
あの男《おとこ》の夢《ゆめ》は
見《み》なかったけど…。
何《なん》だったんだろう。
ね、ねー、聞《き》いた？
この前《まえ》の飛《と》びこみ自殺《じさつ》の
あーあれ？
飛《と》びこんだ男《おとこ》の頭《あたま》がちぎれて、近《ちか》くにいた女子《じょし》の肩《かた》にぶつかったんでしょ。
やだー、気持《きも》ち悪《わる》い！

ちぎれた頭《あたま》が…。
おまえも同《おな》じ目《め》にあえ。
きゃあああああっ。
私《わたし》はもう怖《こわ》くて電車《でんしゃ》に乗《の》ることができなくなった。

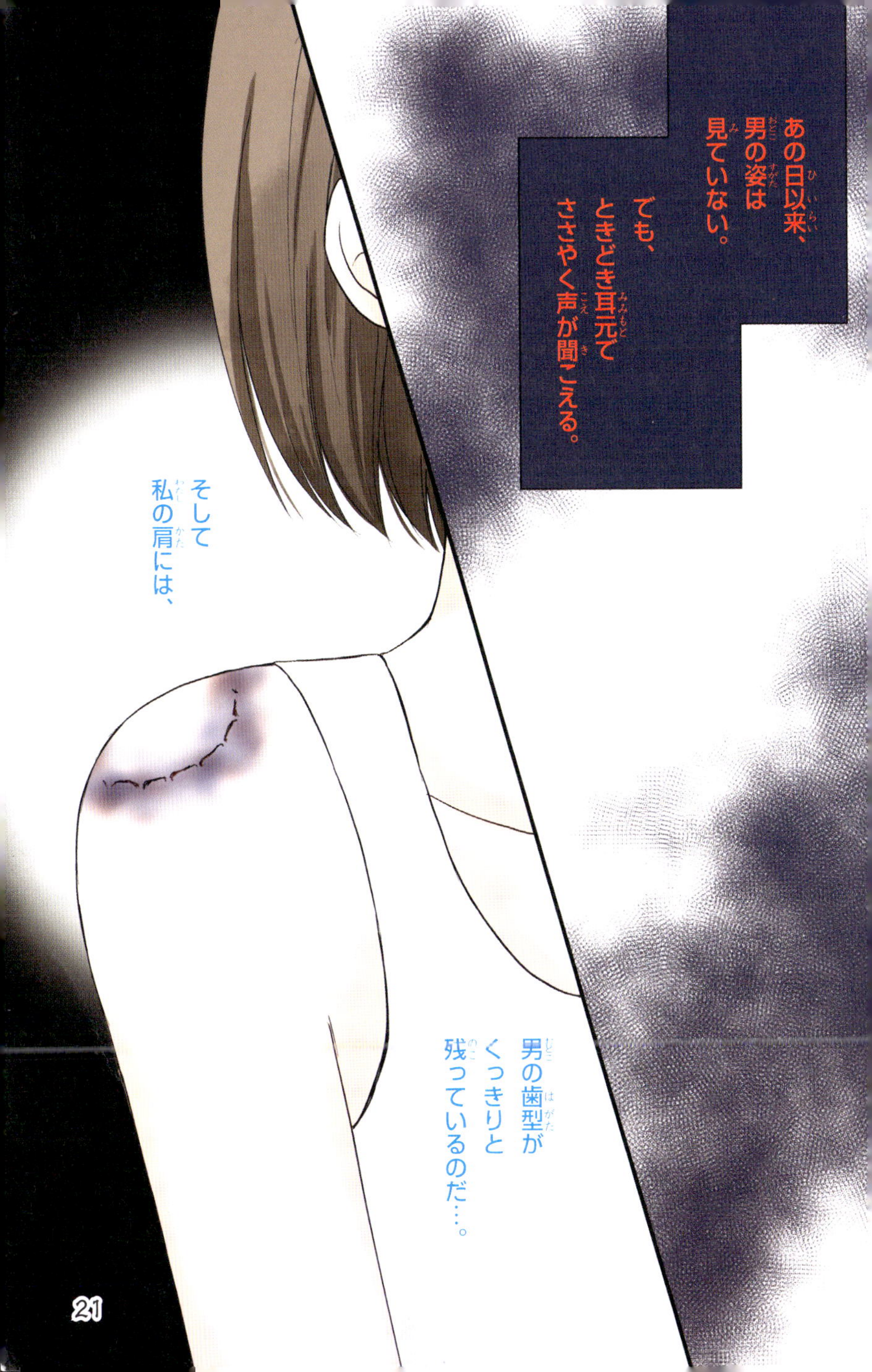
あの日《ひ》以来《いらい》、
男《おとこ》の姿《すがた》は
見《み》ていない。
でも、
ときどき耳元《みみもと》で
ささやく声《こえ》が聞《き》こえる。
そして
私《わたし》の肩《かた》には、
男《おとこ》の歯型《はがた》が
くっきりと
残《のこ》っているのだ…。

リュックサック

中学生《ちゅうがくせい》の紗理菜《さりな》さんは、最近《さいきん》
あるアイドルグループのファンになり
彼《かれ》らのコンサートに行《い》ったり
グッズを集《あつ》めたりするようになりました。

ある日曜日《にちようび》、紗理菜《さりな》さんは、
友《とも》だちの美織《みおり》さんを誘《さそ》って
繁華街《はんかがい》にある市一番《しいちばん》の
大型《おおがた》ショッピングモールに行《い》きました。
もちろん目的《もくてき》は、その場所《ばしょ》で行《おこな》われる
アイドルグループのミニライブを
見《み》に行《い》くためです。

美織《みおり》さんと電車《でんしゃ》に乗《の》って
ショッピングモールに到着《とうちゃく》すると、
建物《たてもの》の中《なか》の通路《つうろ》は
紗理菜《さりな》さんたちと同《おな》じ目的《もくてき》で集《あつ》まった
人《ひと》たちで、ごった返《がえ》していました。
紗理菜《さりな》さんは人《ひと》ごみに流《なが》されながら、
何気《なにげ》なくまわりを見《み》ましたが、

やっぱり十代《じゅうだい》の女子《じょし》が大半《たいはん》で、
着《き》ている服《ふく》も同《おな》じようなものが
多《おお》い印象《いんしょう》です。
中《なか》には、アイドルとおそろいの衣装《いしょう》を
着《き》ている熱狂的《ねっきょうてき》なファンもいました。

「気《き》あい入《はい》ってる子《こ》がいるね。
私《わたし》たちも負《ま》けずにライブ楽《たの》しもうね！」

そんなことを言《い》いながら、
二人《ふたり》で歩《ある》いていると、
前方《ぜんぽう》を歩《ある》いている作業服《さぎょうふく》の
おじさんを見《み》つけました。

「美織《みおり》、あれ見《み》て。
こんなところで作業服《さぎょうふく》なんて、
何《なん》か工事《こうじ》とかするのかな？」

紗理菜《さりな》さんは、
作業服《さぎょうふく》のおじさんが背負《せお》う、
場《ば》ちがいなまでに大《おお》きな
リュックサックが気《き》になりました。

『すっごい大《おお》きなリュック！』

そのリュックサックは、
肩《かた》から足元《あしもと》くらいまである
超《ちょう》ビッグサイズです。
両肩《りょうかた》にはストラップがかかっていて、
足元《あしもと》にはだらりと、

そのストラップの布《ぬの》みたいな物《もの》が
ぶら下《さ》がっています。
よく見《み》ると、
そのぶら下《さ》がっている物《もの》は
足首《あしくび》に固定《こてい》されているようです。
歩行《ほこう》にあわせて
リュックサックも前後《ぜんご》に揺《ゆ》れています。

『こんな大《おお》きなリュックは、
生《う》まれて初《はじ》めて見《み》た。
中《なか》に何《なに》が入《はい》ってるんだろう？』
何《なん》だか、美織《みおり》さんとの
話《はなし》もそっちのけに、
リュックサックのことが
どんどん気《き》になってきました。
紗理菜《さりな》さんは少《すこ》しだけ
早足《はやあし》になり、
リュックサックとの距離《きょり》が
だんだん縮《ちぢ》まってきました…。

リュックサックの形《かたち》が
はっきりと見《み》えてきたとき、
紗理菜《さりな》さんは、
立《た》ち止《ど》まってしまいました。
想像《そうぞう》だにしないものが
視界《しかい》に飛《と》びこんできたのです。

『ひいいいいいいいい!?』

紗理菜《さりな》さんは、思《おも》わず大声《おおごえ》が出《で》そうになったのを必死《ひっし》に飲《の》みこみました。

それはリュックサックではなかったのです。

作業服《さぎょうふく》のおじさんの背中《せなか》にあったのは……。

逆《さか》さまにぶら下《さ》がり、

血《ち》だらけの服《ふく》を着《き》た男《おとこ》!!!!!

男《おとこ》はおじさんの両肩《りょうかた》に足《あし》を引《ひ》っかけ、
おじさんの足首《あしくび》を手《て》で握《にぎ》り、
紗理菜《さりな》さんのほうを見《み》ていました…。
その男《おとこ》の顔《かお》は…、
何《なに》かに押《お》しつぶされたのか、
血《ち》みどろでグチャグチャです。
目《め》だけがギロギロ動《うご》き、
こちらをジーッと見《み》ていました。

「ぐ……ぐふふ……ふ……。」

笑《わら》っているのか、苦《くる》しいのか、
男《おとこ》がよくわからない声《こえ》を出《だ》した瞬間《しゅんかん》、
男《おとこ》の口元《くちもと》から、ピュッ！と

血《ち》が飛《と》んできました。
紗理菜《さりな》さんの頬《ほお》に、
生温《なまあたた》かい血《ち》の感触《かんしょく》が伝《つた》わりました。
そのとたん、猛烈《もうれつ》な悪臭《あくしゅう》が
襲《おそ》ってきました。

あまりの気持《きも》ちの悪《わる》さに、
紗理菜《さりな》さんはその場《ば》で
倒《たお》れこんでしまいました。

「……ちょっと紗理菜《さりな》！
大丈夫《だいじょうぶ》!?」

美織《みおり》さんが何度《なんど》も声《こえ》をかけましたが、
しばらくの間《あいだ》、紗理菜《さりな》さんの耳《みみ》に
声《こえ》は届《とど》きませんでした。

気《き》がつくと、
男《おとこ》は作業服《さぎょうふく》のおじさんと一緒《いっしょ》に
消《き》えていました。
美織《みおり》さんは、逆《さか》さまの男《おとこ》のことは
まったく見《み》ていないと言《い》っています。

実《じつ》は紗理菜《さりな》さん、最近《さいきん》背中《せなか》が重《おも》いのです。
そして、ときどきあの声《こえ》が聞《き》こえるのです。

「ぐ……ぐふ…ふふ…。」

もしかしたら、紗理菜《さりな》さんの背中《せなか》にも、
あの男《おとこ》が……。

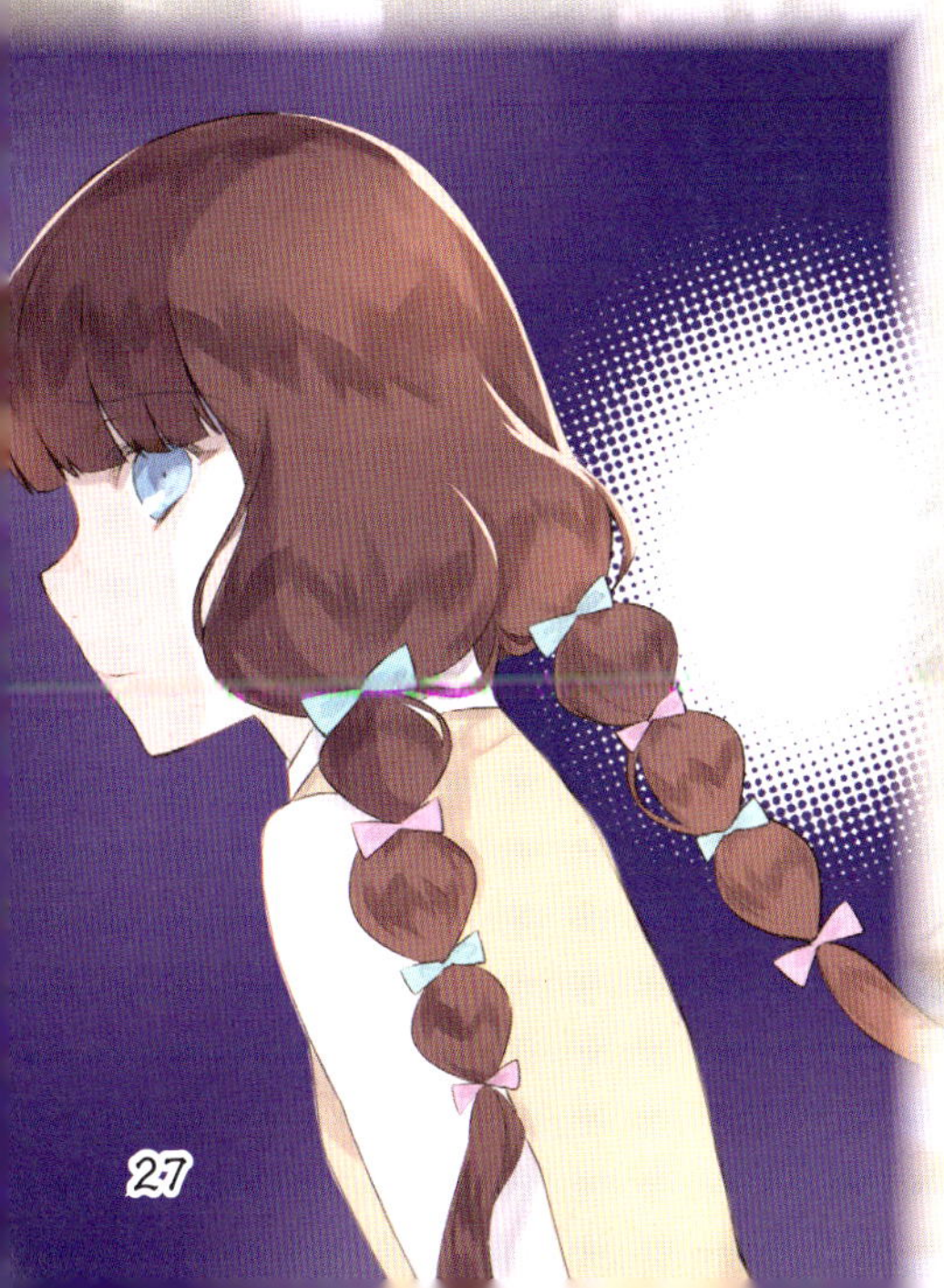

思《おも》い出《で》の曲《きょく》

高校生《こうこうせい》の果奈《かな》さんは、おじいさんが
趣味《しゅみ》でやっていた中古《ちゅうこ》CD《シーディー》店《てん》で
アルバイトをしていました。でも、
おじいさんの体調《たいちょう》がよくないため、
近々《ちかぢか》、閉店《へいてん》することになりました。

そんなある日《ひ》の夕方《ゆうがた》のことでした。
果奈《かな》さんは両親《りょうしん》の影響《えいきょう》もあり、
1980年代《ねんだい》の海外《かいがい》の曲《きょく》が大好《だいす》きです。
その時代《じだい》の果奈《かな》さんがお気《き》に入《い》りの
アルバムをかけながら、
カウンターの中《なか》で
商品《しょうひん》の整理《せいり》をしていました。
ふと気《き》づくと、いつの間《ま》にか、
うすいグレーのシャツを着《き》た
大学生《だいがくせい》くらいの男《おとこ》の人《ひと》がレジの前《まえ》に
うつむいたまま立《た》っていました。

「あのぉ…すみません……。」
消《き》え入《い》るような小《ちい》さな声《こえ》です。

『びっくりした…。

いつの間《ま》にお店《みせ》に入《はい》ってきたの…？』
「すみません…この曲《きょく》…、CD《シーディー》…
どこにありますか？
探《さが》しても見《み》つからないんです…。」
「あっ、今《いま》、流《なが》してる曲《きょく》ですか？」
果奈《かな》さんは、レジの後《うし》ろの
CD《シーディー》プレーヤーのそばに置《お》いてあった
アルバムケースを手《て》に取《と》りました。
「これですよ、今《いま》かけてる曲《きょく》。
この曲《きょく》、私《わたし》も大好《だいす》きなんで……。
え？」
振《ふ》り向《む》いたレジの前《まえ》には…、
店内《てんない》には…、だれもいませんでした。

翌日《よくじつ》、またその男《おとこ》の人《ひと》は
いつの間《ま》にかレジの前《まえ》に立《た》っていました。
「…この曲《きょく》…CD《シーディー》…どこにありますか？

探《さが》しても見《み》つからないんです…。」
前日《ぜんじつ》と同《おな》じことを質問《しつもん》しました。
果奈《かな》さんがアルバムケースを手《て》に取《と》って
前日《ぜんじつ》と同《おな》じように答《こた》えると、
うつむいて立《た》ったままでしたが、
果奈《かな》さんがちょっと目《め》をそらした間《あいだ》に
男《おとこ》の人《ひと》の姿《すがた》は消《き》えていました。
そんなできごとが何日《なんにち》か続《つづ》きました。

果奈《かな》さんは最初《さいしょ》から気《き》づいていました。
お店《みせ》は古《ふる》い木造《もくぞう》の建物《たてもの》の二階《にかい》にあり、
歩《ある》くと床《ゆか》も階段《かいだん》も
きしむ音《おと》がしたのですが、
その男《おとこ》の人《ひと》が来店《らいてん》したとき
階段《かいだん》の音《おと》も店内《てんない》を歩《ある》く音《おと》も、
まったく聞《き》こえなかったのです。
また、お店《みせ》のドアが開《ひら》くと、
ドアのカウベルが鳴《な》るのですが、
その人《ひと》が来《き》たときは
一度《いちど》も鳴《な》りませんでした。
そして、ＣＤ《シーディー》を探《さが》していると
言《い》っていましたが、その男《おとこ》の人《ひと》が
店内《てんない》のＣＤ《シーディー》に全然《ぜんぜん》触《ふ》れなかったことも
果奈《かな》さんは知《し》っていました。
そして、そのアルバムの中《なか》の
ある曲《きょく》が流《なが》れているときに限《かぎ》って、

その男《おとこ》の人《ひと》は来店《らいてん》していました。
でも、果奈《かな》さんは怖《こわ》くありませんでした。
その男《おとこ》の人《ひと》は
果奈《かな》さんの好《す》きなその曲《きょく》を
じっとうつむいたまま
聞《き》いているようでした。

そして、ついに閉店《へいてん》の日《ひ》のこと。
果奈《かな》さんは、売《う》れ残《のこ》ったCD《シーディー》の
箱詰《はこづ》め作業《さぎょう》に追《お》われていました。
果奈《かな》さんはあのアルバムのことが
気《き》になり、カウンターに置《お》いてあった
そのアルバムを見《み》てみました。
そのとき、初《はじ》めて気《き》がつきました。
CD《シーディー》のブックレットに、
「大好《だいす》きな悠太《ゆうた》くんへ」と
きれいな文字《もじ》で書《か》かれていたのです。
『悠太《ゆうた》ってだれだろう？　もしかして……。』
そこにおじいさんがやってきました。
「おじいちゃん。ここのCD《シーディー》って、

どこから入荷《にゅうか》してたの？」
「だいたいはお客《きゃく》さんが
直接店《ちょくせつみせ》に売《う》りにきたものだけど、
亡《な》くなった人《ひと》の遺品整理《いひんせいり》で出《で》てきた
CD《シーディー》を引《ひ》き取《と》ることもあったよ。」
果奈《かな》さんは、例《れい》のアルバムを見《み》せました。
「このCD《シーディー》、私《わたし》にくれない？」
「いいけど、何《なん》で？」
「これに大好《だいす》きな曲《きょく》が入《はい》ってるの。」
果奈《かな》さんは家《いえ》に帰《かえ》って、
そのアルバムをかけてみました。
例《れい》の曲《きょく》が、流《なが》れました。
でも…、男《おとこ》の人《ひと》は現《あらわ》れませんでした。

CD《シーディー》が不特定多数《ふとくていたすう》の人《ひと》の手《て》に渡《わた》るより、
その曲《きょく》が大好《だいす》きな果奈《かな》さんの手元《てもと》に
たどり着《つ》いたことで
安心《あんしん》したのでしょうか…？
以来《いらい》、二度《にど》と男《おとこ》の人《ひと》は果奈《かな》さんの前《まえ》に
現《あらわ》れることはありませんでした。
『恋人《こいびと》からもらったCD《シーディー》だったのかな？
この曲《きょく》、彼女《かのじょ》との大切《たいせつ》な思《おも》い出《で》が
つまった曲《きょく》だったのかもしれない。
また彼《かれ》に会《あ》って、話《はなし》をしたい……。』
果奈《かな》さんは、男《おとこ》の人《ひと》の幽霊《ゆうれい》にちょっと
恋心《こいごころ》を抱《いだ》いていたのかもしれません。

身近《みぢか》でおこる恐怖現象《きょうふげんしょう》
本当《ほんとう》に怖《こわ》い話《はなし》
MAX マックス無限∞
逢魔《おうま》ケ刻《がとき》

もくじ

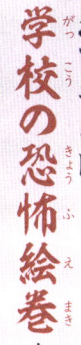

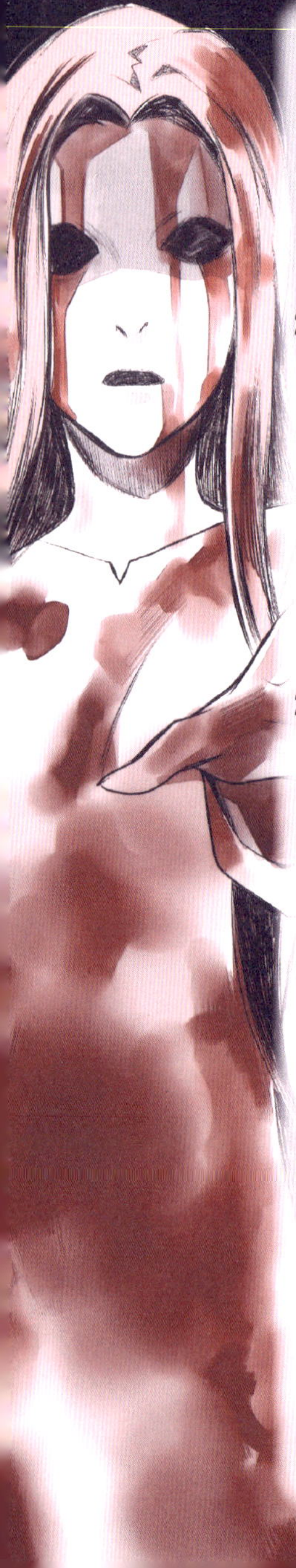

※この本《ほん》に出《で》てくる人名《じんめい》は、すべて仮名《かめい》です。

恐怖《きょうふ》-1

忍《しの》び寄《よ》る闇《やみ》 学校《がっこう》の恐怖《きょうふ》絵巻《えまき》

※「教室《きょうしつ》のいす」は、「本当《ほんとう》に怖《こわ》い話《はなし》MAX《マックス》∞《むげん》地獄絵巻《じごくえまき》」から続《つづ》いています。

恐怖《きょうふ》-1
忍《しの》び寄《よ》る闇《やみ》 学校《がっこう》の恐怖絵巻《きょうふえまき》
第《だい》1話《わ》
教室《きょうしつ》のいす
~二《に》の怪《かい》~よみがえる怨念《おんねん》(前編《ぜんぺん》)
一ノ瀬いぶき
座《すわ》ると幽霊《ゆうれい》が見《み》えるようになるというい す。
それはたしかにある学校《がっこう》の
2年《ねん》B組《ぐみ》に存在《そんざい》していた。
2年B組

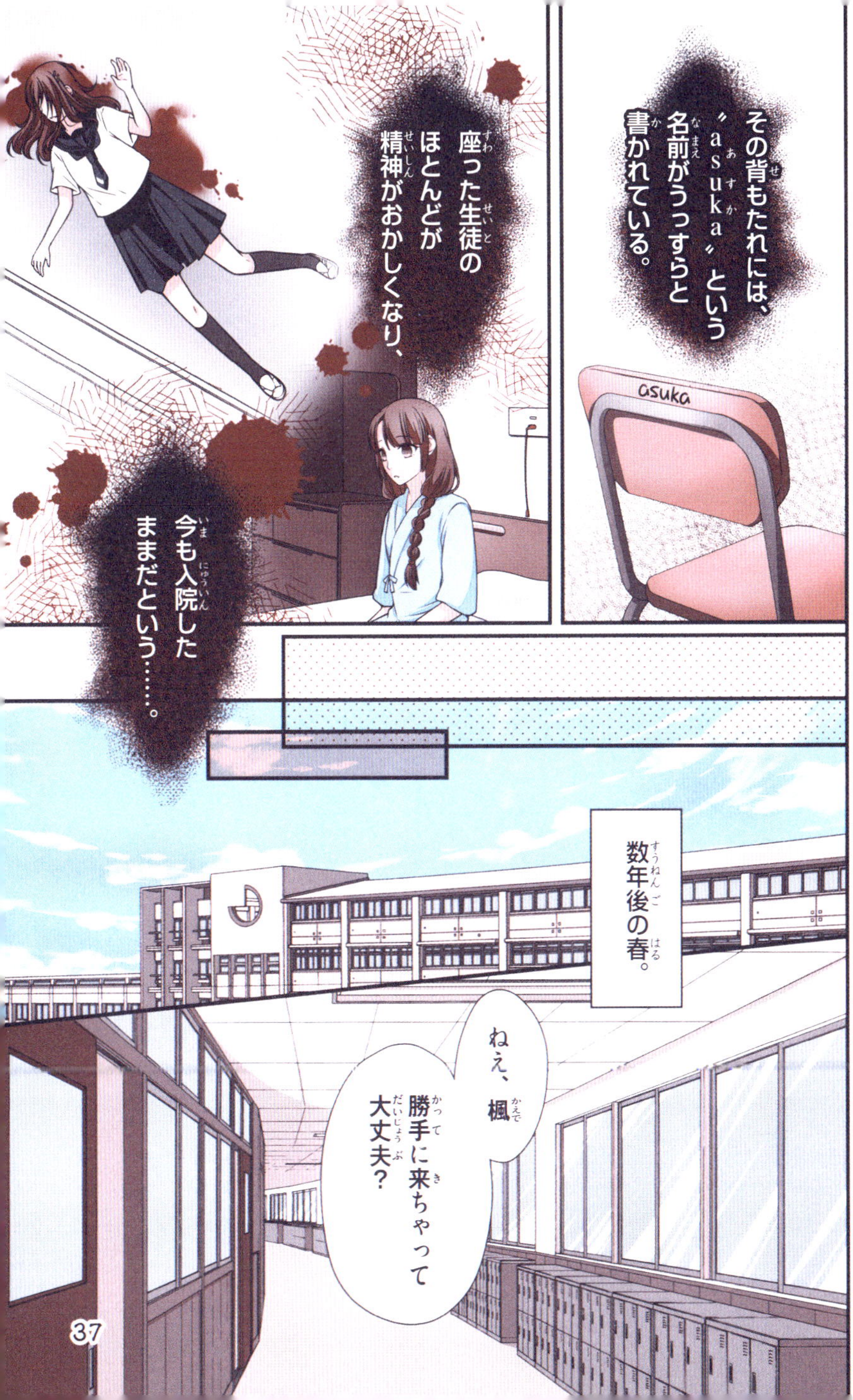
その背《せ》もたれには、〝asuka《あすか》〟という名前《なまえ》がうっすらと書《か》かれている。
asuka
座《すわ》った生徒《せいと》のほとんどが精神《せいしん》がおかしくなり、
今《いま》も入院《にゅういん》したままだという……。
数年後《すうねんご》の春《はる》。
ねえ、楓《かえで》
勝手《かって》に来《き》ちゃって大丈夫《だいじょうぶ》？

大丈夫《だいじょうぶ》大丈夫《だいじょうぶ》！ちょっと見《み》るだけだよ～。
二年生《にねんせい》の教室《きょうしつ》だよ。怒《おこ》られないかな？
もう～、麗乃《れの》は心配性《しんぱいしょう》だな～。
2年B組
新中学一年生《しんちゅうがくいちねんせい》になった楓《かえで》さんと麗乃《れの》さんは、
こっそり二年《にねん》B組《ぐみ》にウワサのいすを探《さが》しに来《き》ました。

ガタ
ガタッ
あった?
ううん。
“asuka《あすか》”って書《か》いてあるんだよね。
ないな〜。
なんだあ。ウワサってデタラメだったのかなあ〜。
もういいじゃん!
それより、バスケ部見学《ぶけんがく》に行《い》こう〜。
ほらほらいくよー

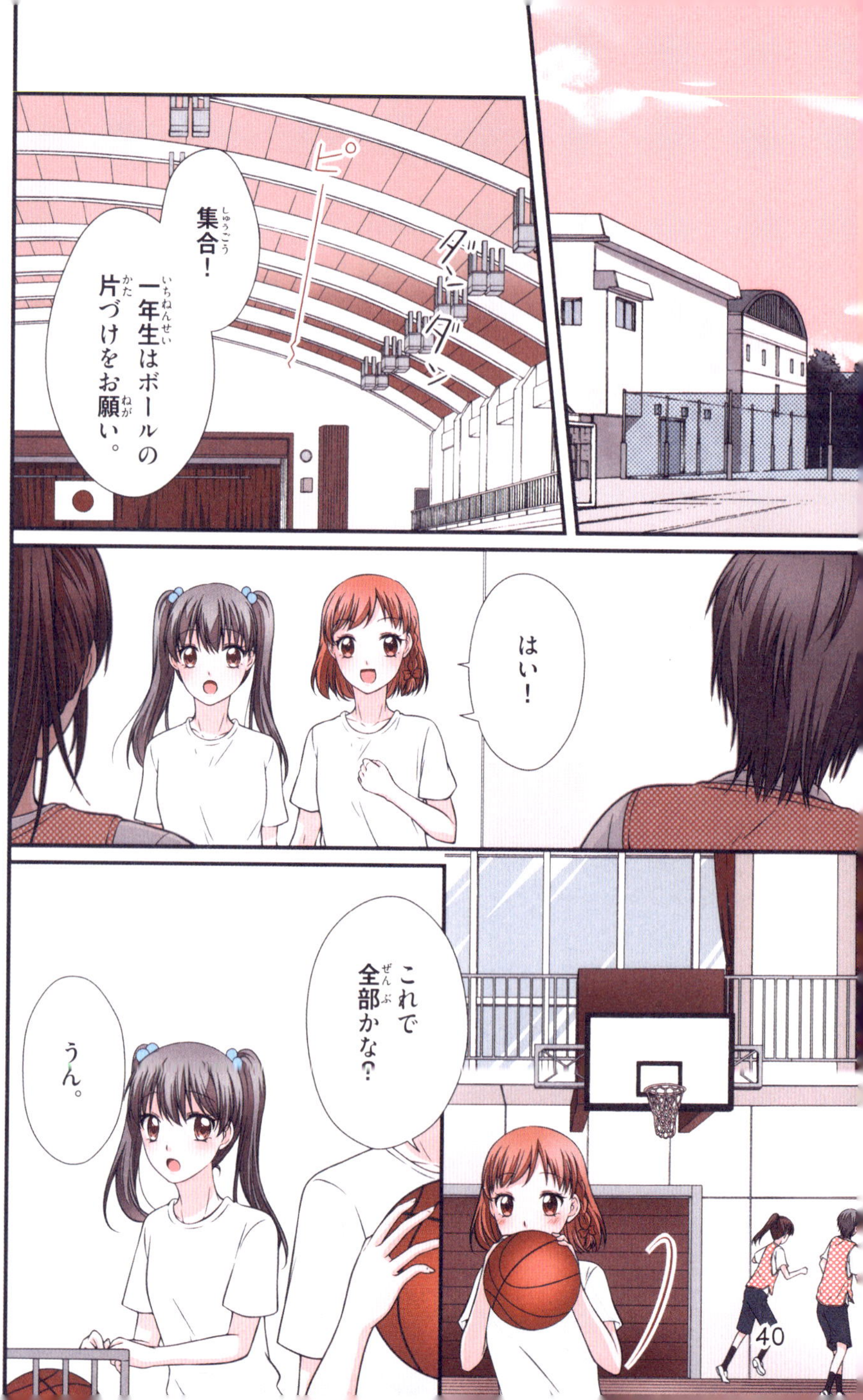
集合《しゅうごう》！
一年生《いちねんせい》はボールの片《かた》づけをお願《ねが》い。
ピー
ダーダン
はい！
これで全部《ぜんぶ》かな？
うん。

ガラララ…
よいしょ
やっぱり、運動部《うんどうぶ》って疲《つか》れるね〜。
これから放課後《ほうかご》毎日練習《まいにちれんしゅう》だよ！
私《わたし》は楽《たの》しみだな！
ガチャ
ちょっと休憩《きゅうけい》〜。

にたぁっ
もう、麗乃《れの》疲《つか》れすぎだよ。
ほら行《い》くよっ
…
いぃ…やぁあぁっ
あ゛あ゛あ゛っっ
ああ
いゃあああ
ああっっあっ
麗乃《れの》!?
ガタタッ

麗乃《れの》?
どうしたの!?
っひ…
おっおば…っっ
おばけっ
ガク
おばけ
ガクガク
そこっっに
おばけが
?

久《ひさ》しぶりに
ふふっ
座《すわ》ってくれたのね。
え？何《なに》、何《なに》？
怖《こわ》い…。
今《いま》の悲鳴《ひめい》
バスケ部《ぶ》の一年生《いちねんせい》みたい…。
ザワザワ…
どうしたの？
用具室《ようぐしつ》で一年生《いちねんせい》が悲鳴《ひめい》を上《あ》げたみたいで…。

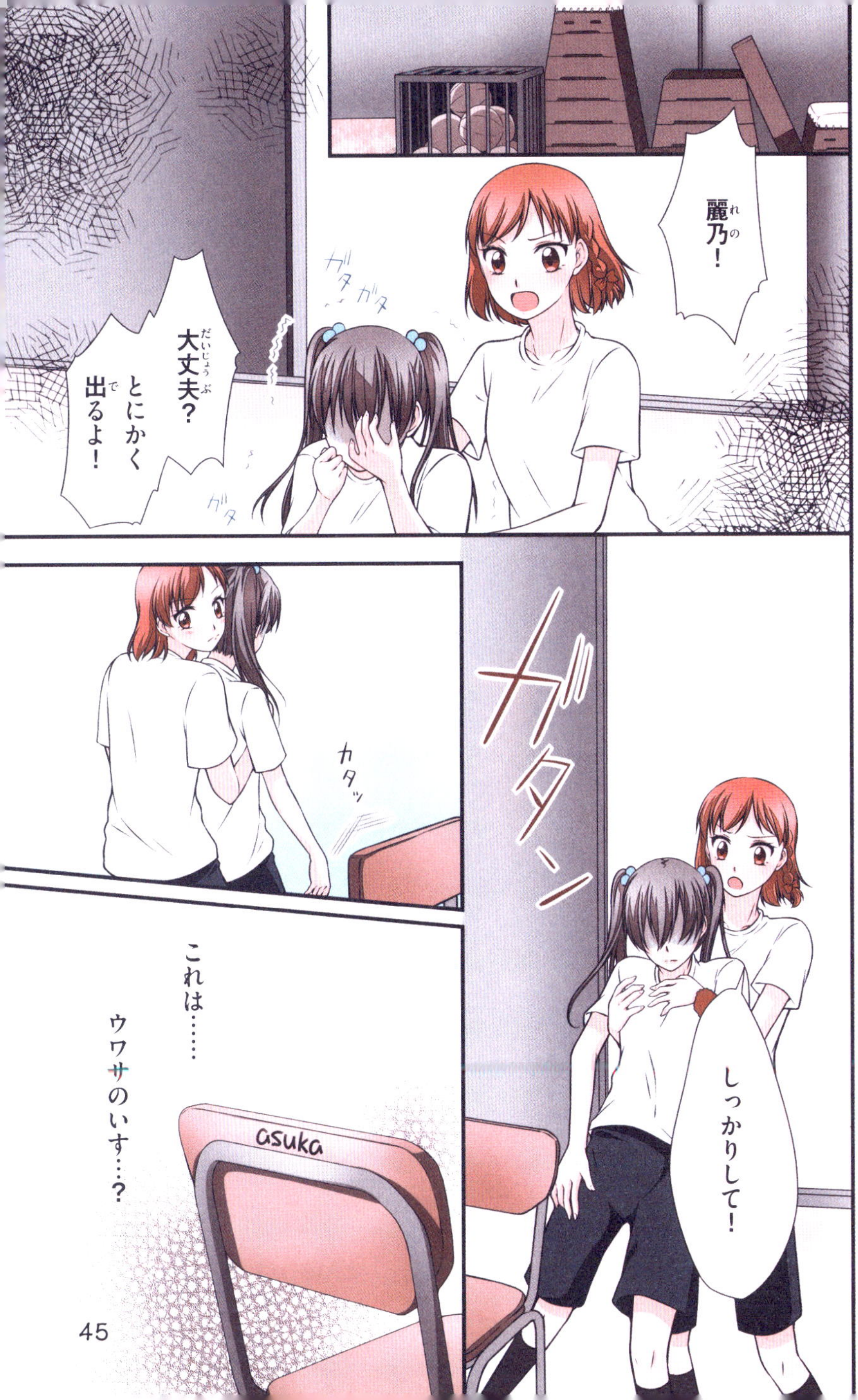
麗乃《れの》!
ガタ ガタ
大丈夫《だいじょうぶ》?
とにかく出《で》るよ!
ガタ
ガタン
しっかりして!
カタッ
これは……
ウワサのいす…?
asuka

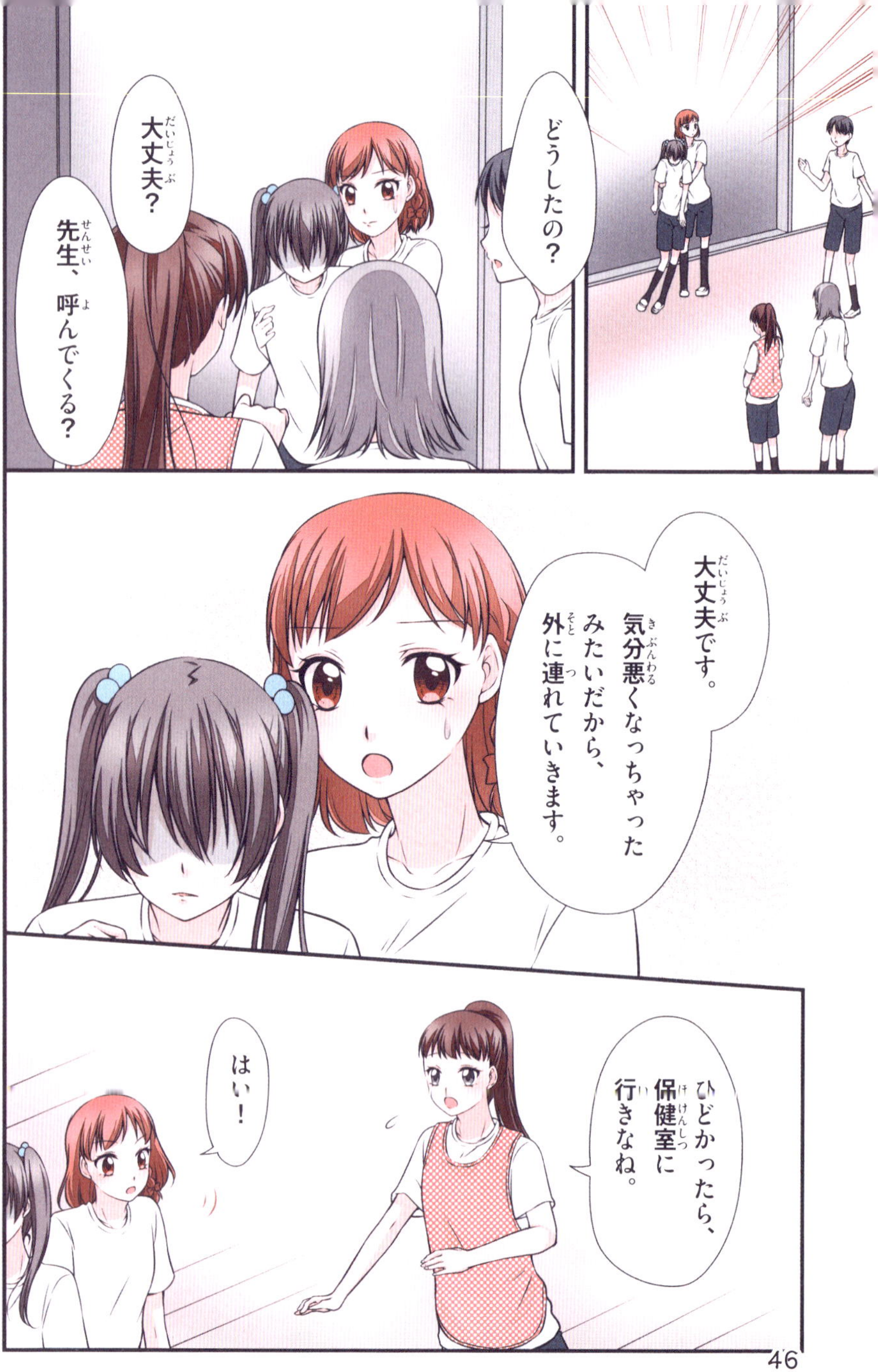
どうしたの？
大丈夫《だいじょうぶ》？
先生《せんせい》、呼《よ》んでくる？
大丈夫《だいじょうぶ》です。気分《きぶん》悪《わる》くなっちゃったみたいだから、外《そと》に連《つ》れていきます。
ひどかったら、保健室《ほけんしつ》に行《い》きなね。
はい！

落《お》ち着《つ》いた？
あのね…
麗乃《れの》……。
麗乃《れの》がさっき座《すわ》ってたいすなんだけど、
背《せ》もたれに〝asuka《あすか》〟って書《か》いてあったの…。
ピクッ
……うそ…。
だから もしかして 麗乃《れの》……。
ぎゅっ

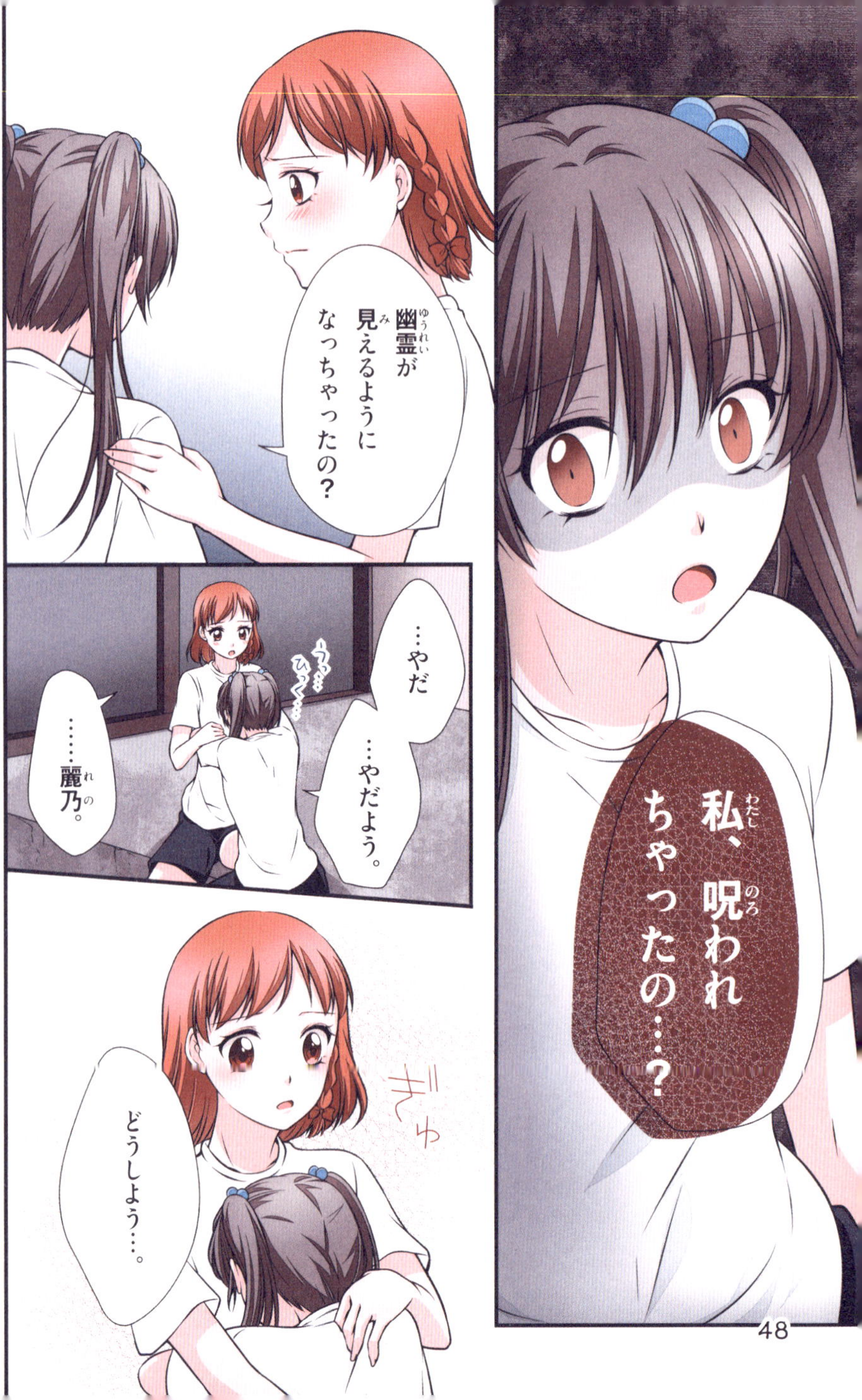

私《わたし》、呪《のろ》われちゃったの…？
幽霊《ゆうれい》が見《み》えるようになっちゃったの？
…やだ
…やだよう。
うっ…ひっく…
……麗乃《れの》。
ぎゅ
どうしよう…。

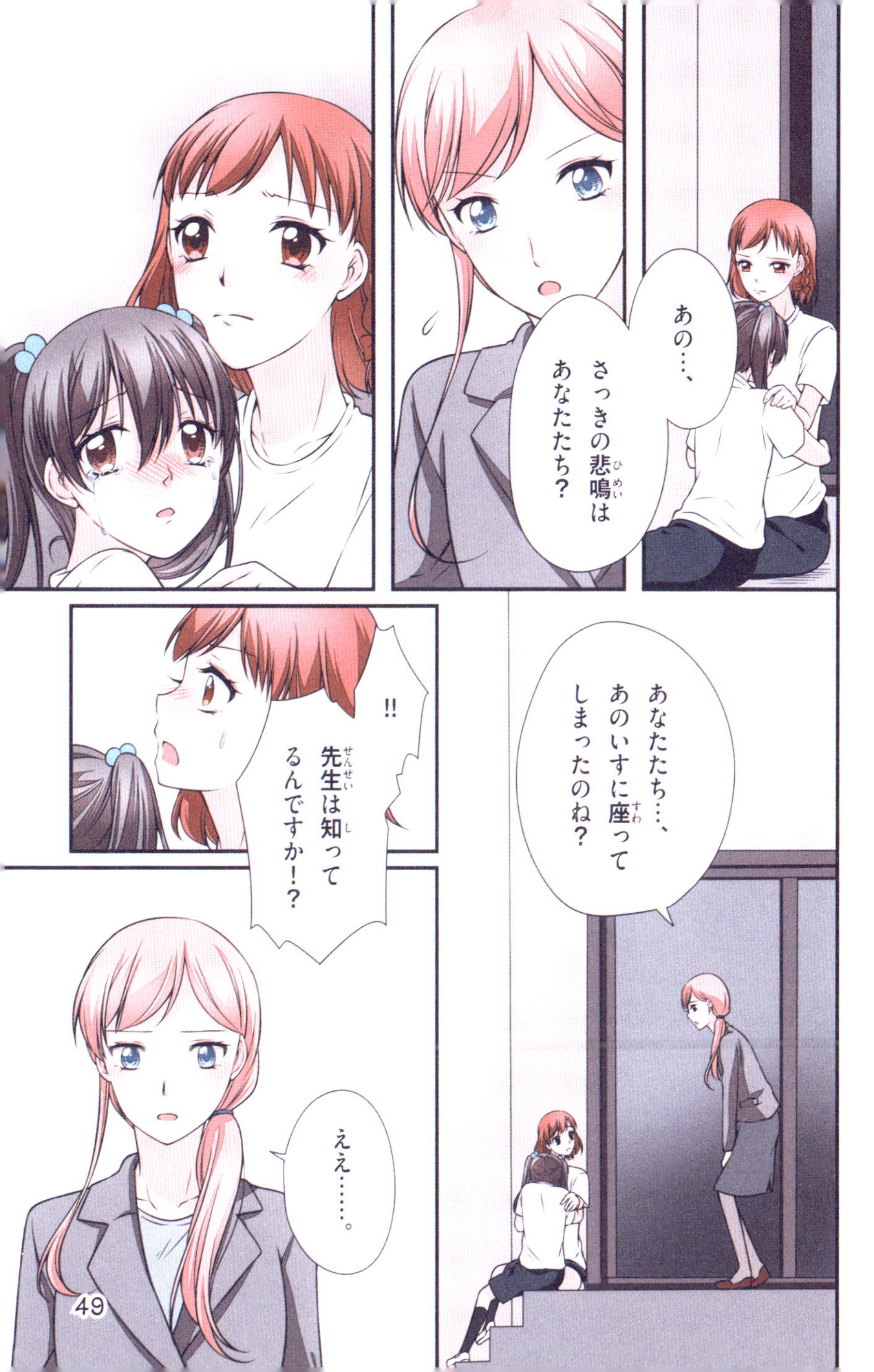
あの…、
さっきの悲鳴《ひめい》はあなたたち？
あなたたち…、あのいすに座《すわ》ってしまったのね？
!!
先生《せんせい》は知《し》ってるんですか!?
ええ……。

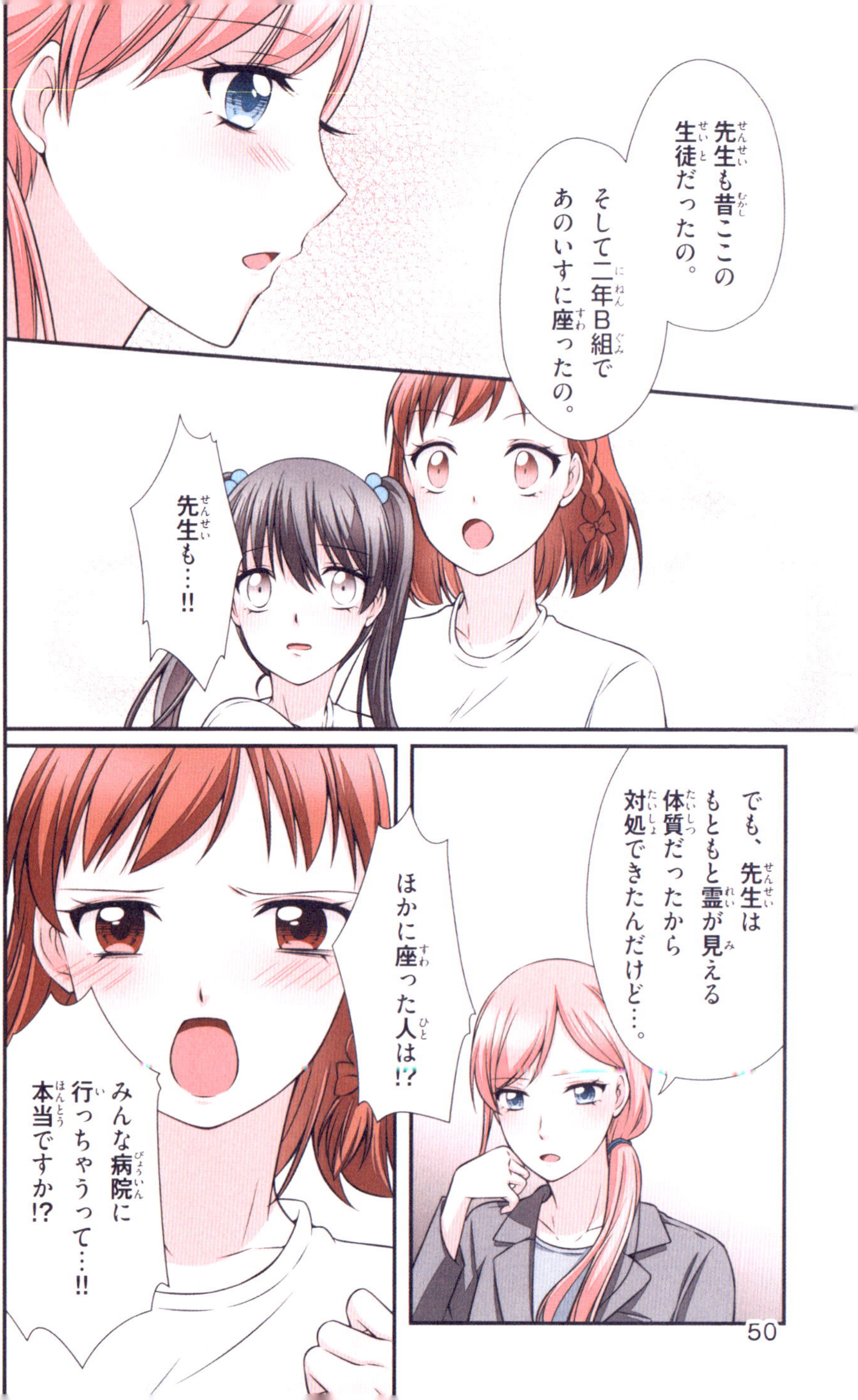
先生《せんせい》も昔《むかし》ここの生徒《せいと》だったの。
そして二年《にねん》B組《ぐみ》であのいすに座《すわ》ったの。
先生《せんせい》も…!!
でも、先生《せんせい》はもともと霊《れい》が見《み》える体質《たいしつ》だったから対処《たいしょ》できたんだけど…。
ほかに座《すわ》った人《ひと》は!?
みんな病院《びょういん》に行《い》っちゃうって…!!本当《ほんとう》ですか!?

先生《せんせい》が知《し》っている限《かぎ》り、
あのいすに座《すわ》った生徒《せいと》で無事《ぶじ》だった人《ひと》はいないわ…。
……うそ。
みんな霊《れい》が見《み》えるようになって、
精神《せいしん》が参《まい》ってしまうのよ――。
――っ。
うっ
カタカタ
いやあ……。

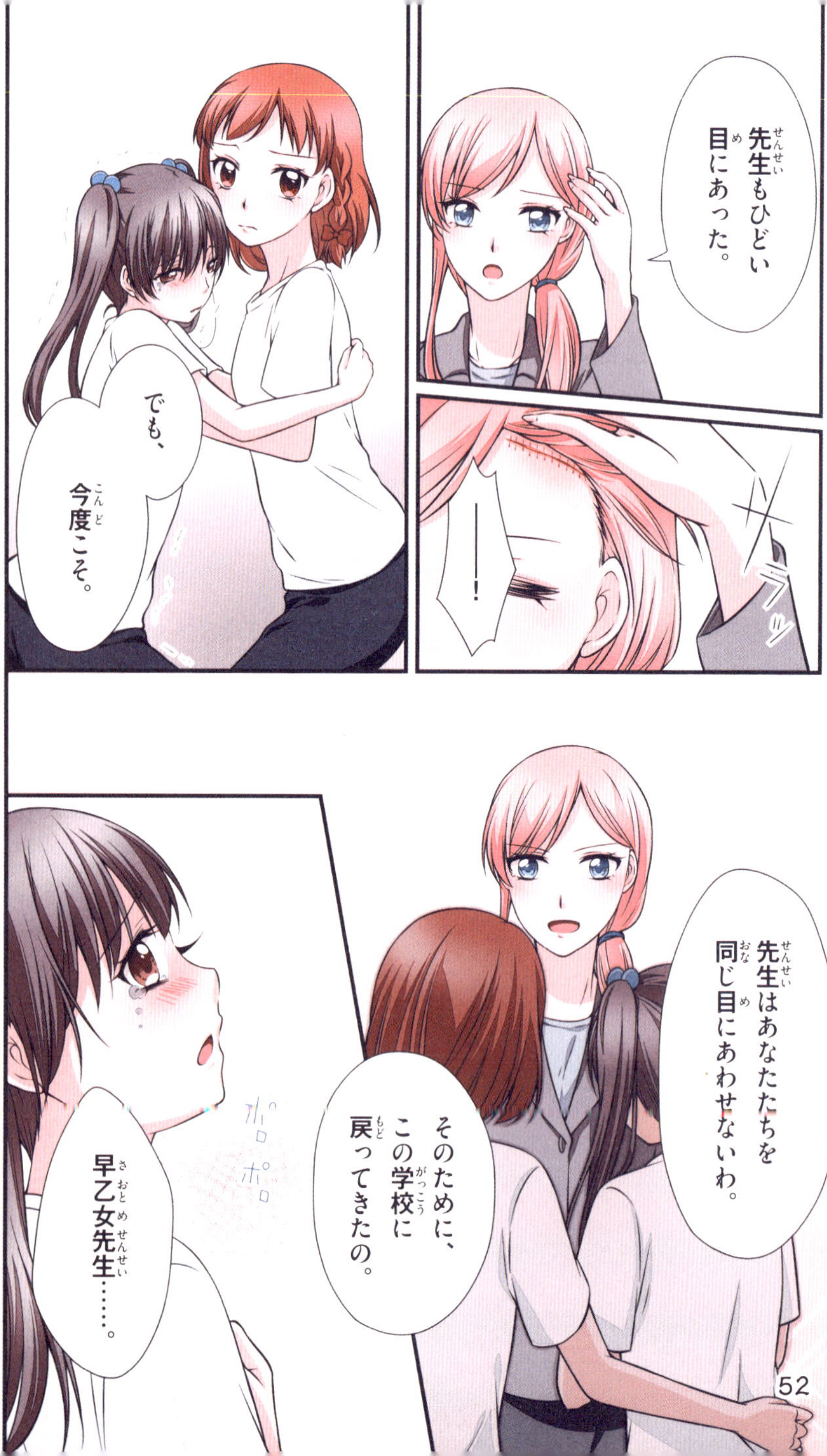
先生《せんせい》もひどい目《め》にあった。
――！
ハラッ
でも、今度《こんど》こそ。
先生《せんせい》はあなたたちを同《おな》じ目《め》にあわせないわ。
そのために、この学校《がっこう》に戻《もど》ってきたの。
ポロポロ
早乙女先生《さおとめせんせい》……。

※「教室《きょうしつ》のいす～二《に》の怪《かい》～よみがえる怨念《おんねん》（後編《こうへん》）」に続《つづ》きます。

大丈夫《だいじょうぶ》。
先生《せんせい》が必《かなら》ず“asuka《あすか》”と決着《けっちゃく》をつける。
ほっ
無駄《むだ》よ。

恐怖《きょうふ》-1
忍《しの》び寄《よ》る闇《やみ》 学校《がっこう》の恐怖絵巻《きょうふえまき》
第《だい》2話《わ》
教室《きょうしつ》のいす
〜二《に》の怪《かい》〜よみがえる怨念《おんねん》（後編《こうへん》）
一ノ瀬いぶき
あれから麗乃《れの》さんは、家《いえ》からあまり出《で》なくなりました。
外《そと》には幽霊《ゆうれい》がたくさんいるようで、
学校《がっこう》の帰《かえ》り道《みち》でも怖《こわ》い思《おも》いばかりだと外《そと》をいやがります。
ごはん少《すこ》しは食《た》べよ？持《も》ってくるね。

トン
トン
楓《かえで》ちゃん、すまないね。
麗乃《れの》の様子《ようす》はどうかな？
麗乃《れの》さんの父《ちち》・芸術家《げいじゅつか》
まだ、ちょっと外《そと》には出《で》られなさそうです…。
おじさんに本当《ほんとう》の理由《りゆう》は言《い》えない…。どうしよう…。
ピンポーン
楓《かえで》ちゃんは、ちゃんと学校《がっこう》に行《い》ってね。
はい…。

ガチャ
先生《せんせい》、わざわざありがとうございます。
麗乃《れの》さんは、自室《じしつ》ですか？
先生《せんせい》…。
麗乃《れの》さんに会《あ》えますか？
ええ、もちろん。声《こえ》をかけてやってください。
先生《せんせい》、こっちです。

コンコン
麗乃《れの》、先生《せんせい》が来《き》てくれたよ。
先生《せんせい》…。
二人《ふたり》に聞《き》いてほしいことがあるの。
あのいすは、壊《こわ》そうとしても逆《ぎゃく》に不幸《ふこう》なことがおこるだけで壊《こわ》せなかったの…。
だから、お寺《てら》に納《おさ》めて供養《くよう》してもらおうと思《おも》う。
麗乃《れの》さんも一緒《いっしょ》に厄払《やくばら》いをしてもらいましょう。
はい……！

…厄払《やくばら》いしてもらったら、私《わたし》、助《たす》かるのかな？
きっと大丈夫《だいじょうぶ》だよ！
住職《じゅうしょく》さんには、事情《じじょう》を説明《せつめい》したわ。
すぐに厄払《やくばら》いをしてくださるそうよ。

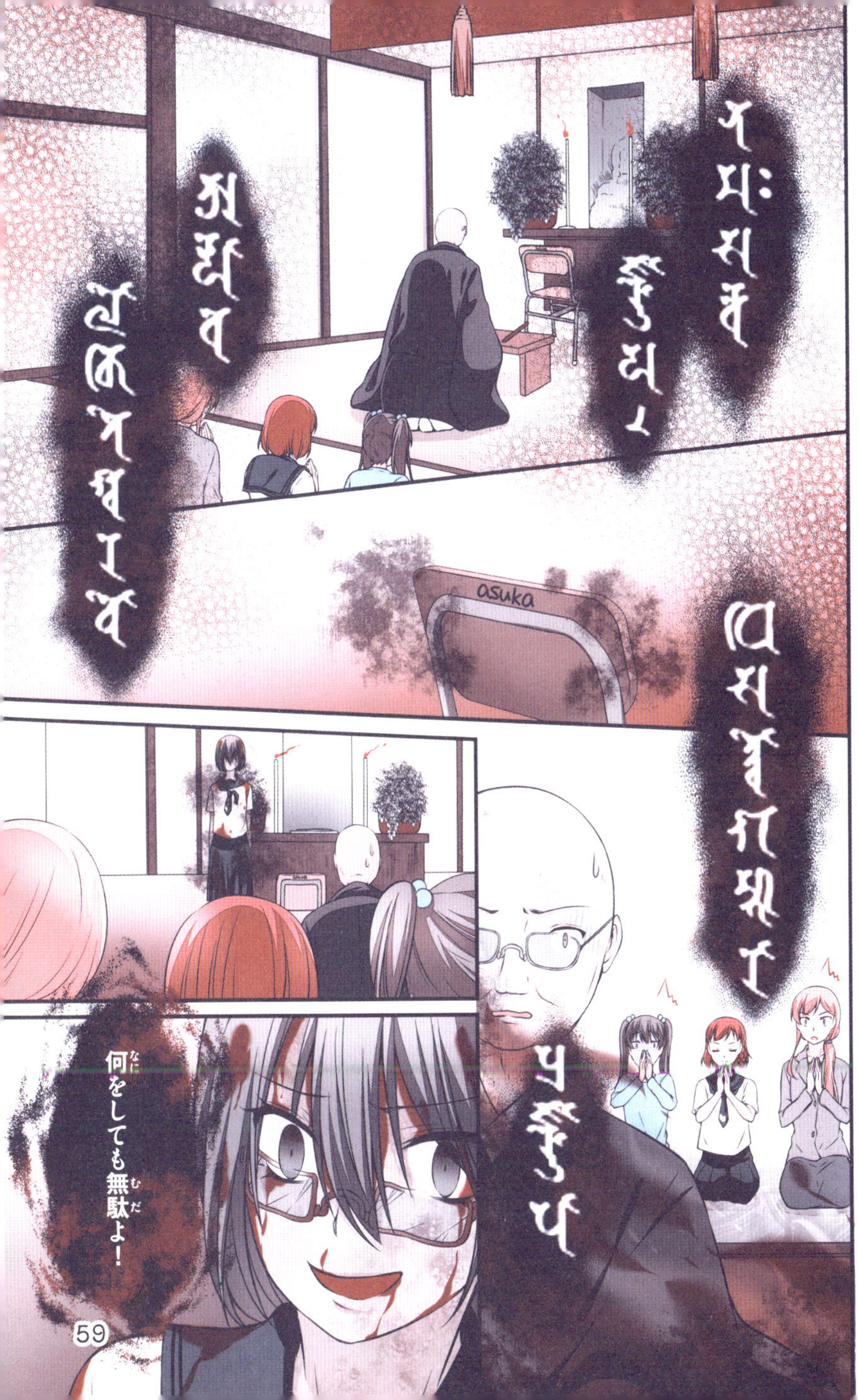
asuka
何《なに》をしても無駄《むだ》よ！

ゴオッ
ガターン
きゃあ
あぁぁっ
と……
とても強《つよ》い怨念《おんねん》を感《かん》じます。
これはいったん預《あず》かってお焚《た》き上《あ》げいたします。
お願《ねが》いします。
その晩《ばん》。

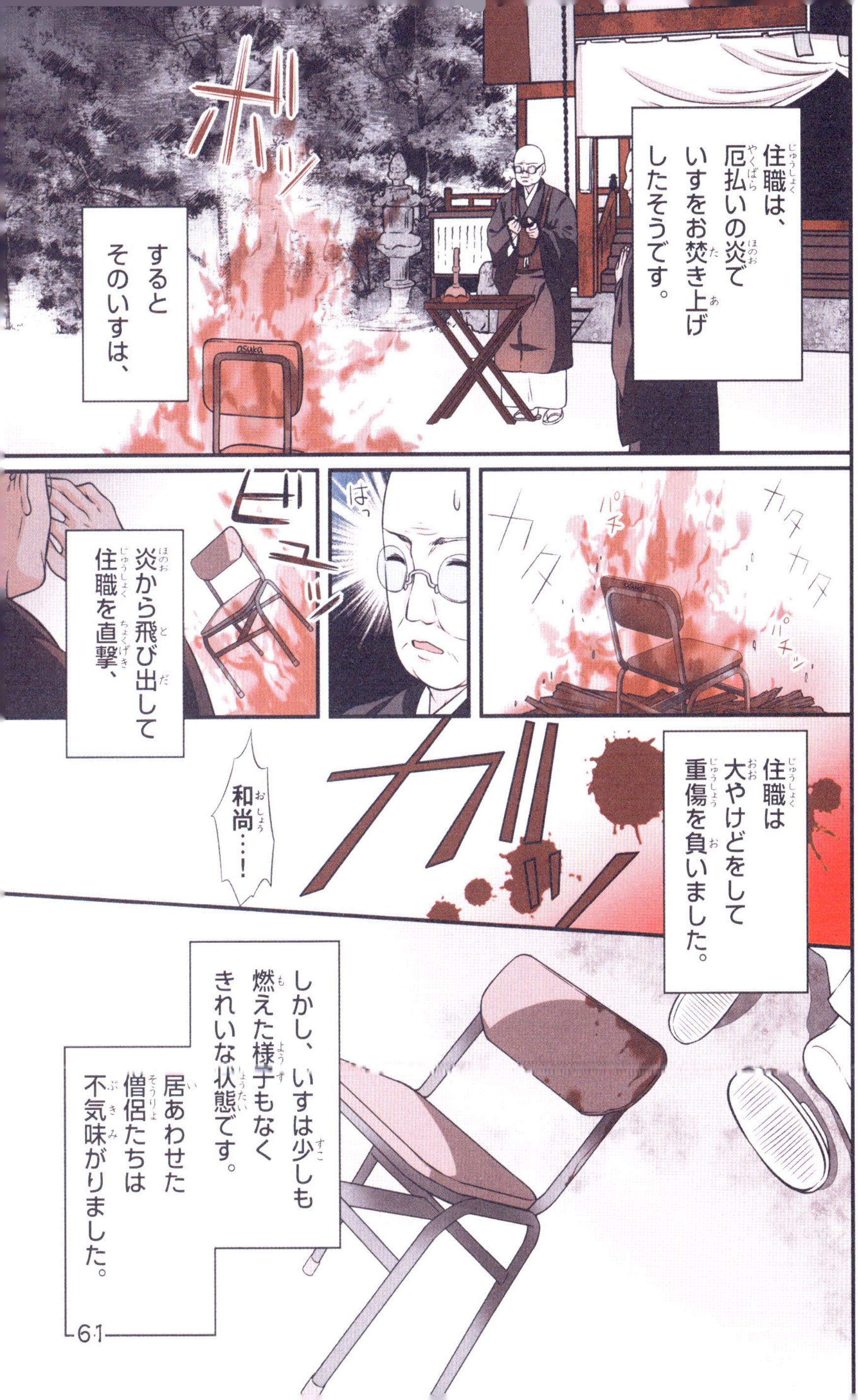
住職《じゅうしょく》は、厄払《やくばら》いの炎《ほのお》でいすをお焚《た》き上《あ》げしたそうです。
ボッ
するとそのいすは、
カタカタ
カタ
パチ
パチッ
はっ
ビュッ
炎《ほのお》から飛《と》び出《だ》して住職《じゅうしょく》を直撃《ちょくげき》、
住職《じゅうしょく》は大《おお》やけどをして重傷《じゅうしょう》を負《お》いました。
ガッ
和尚《おしょう》…！
しかし、いすは少《すこ》しも燃《も》えた様子《ようす》もなくきれいな状態《じょうたい》です。
居《い》あわせた僧侶《そうりょ》たちは不気味《ぶきみ》がりました。

先生《せんせい》はお寺《てら》から事故《じこ》の連絡《れんらく》を受《う》けました。
――はい、わかりました。
供養《くよう》してても無駄《むだ》ということなの…？
うわっ
まったく焼《や》けてもいないんですね…。
……もう、…どうしようもないの？
asuka
くすっ
あは
あははっ
あはっ
やだぁー
ガクン
asuka

きっ
こんな、いす……!
ガッ
ストン
楓《かえで》……!!
ボヤ…

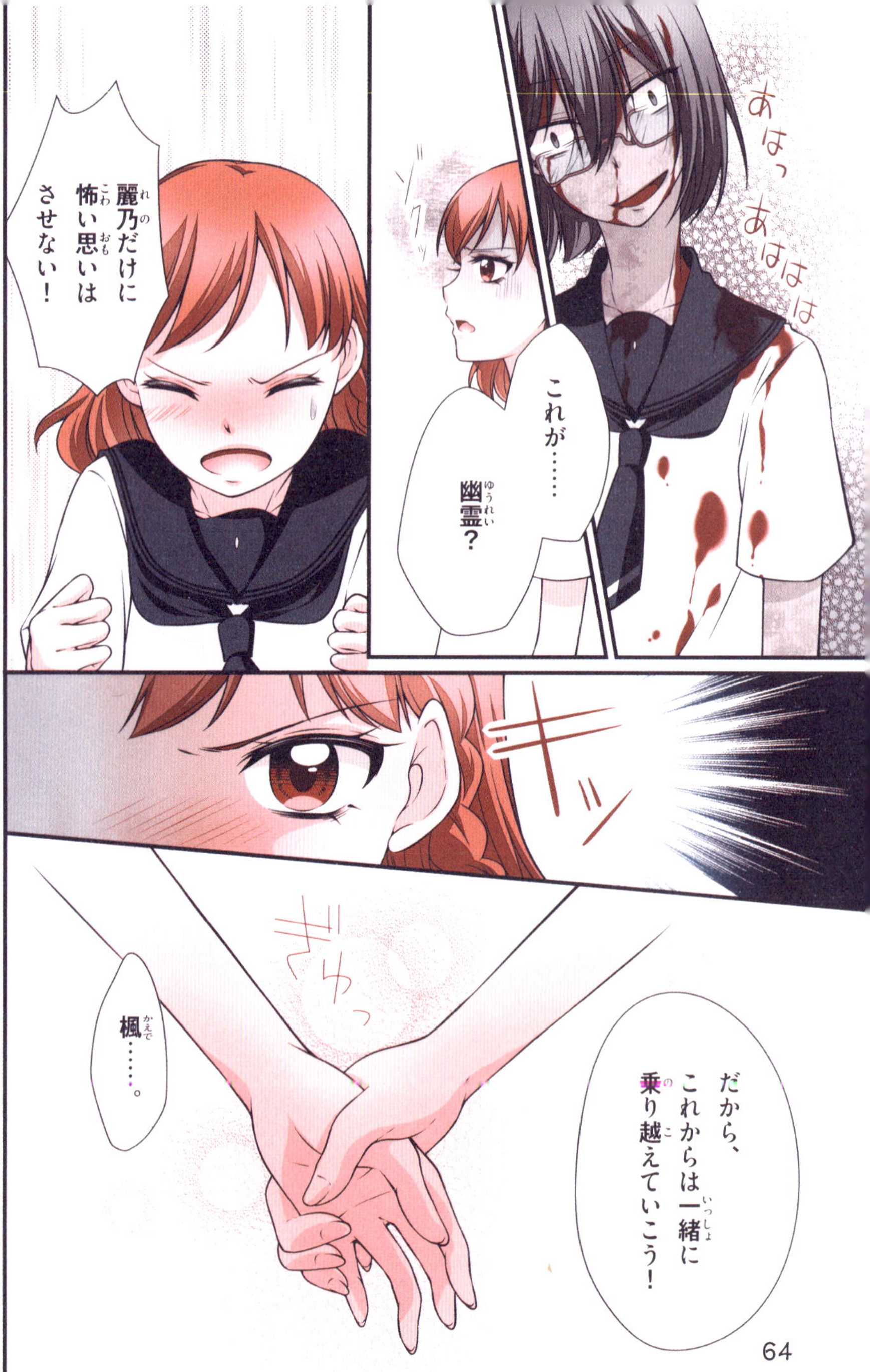
あはっあははは
ゾクッ
これが……幽霊《ゆうれい》？
麗乃《れの》だけに怖《こわ》い思《おも》いはさせない！
キッ
ぎゅっ
だから、これからは一緒《いっしょ》に乗《の》り越《こ》えていこう！
楓《かえで》……。

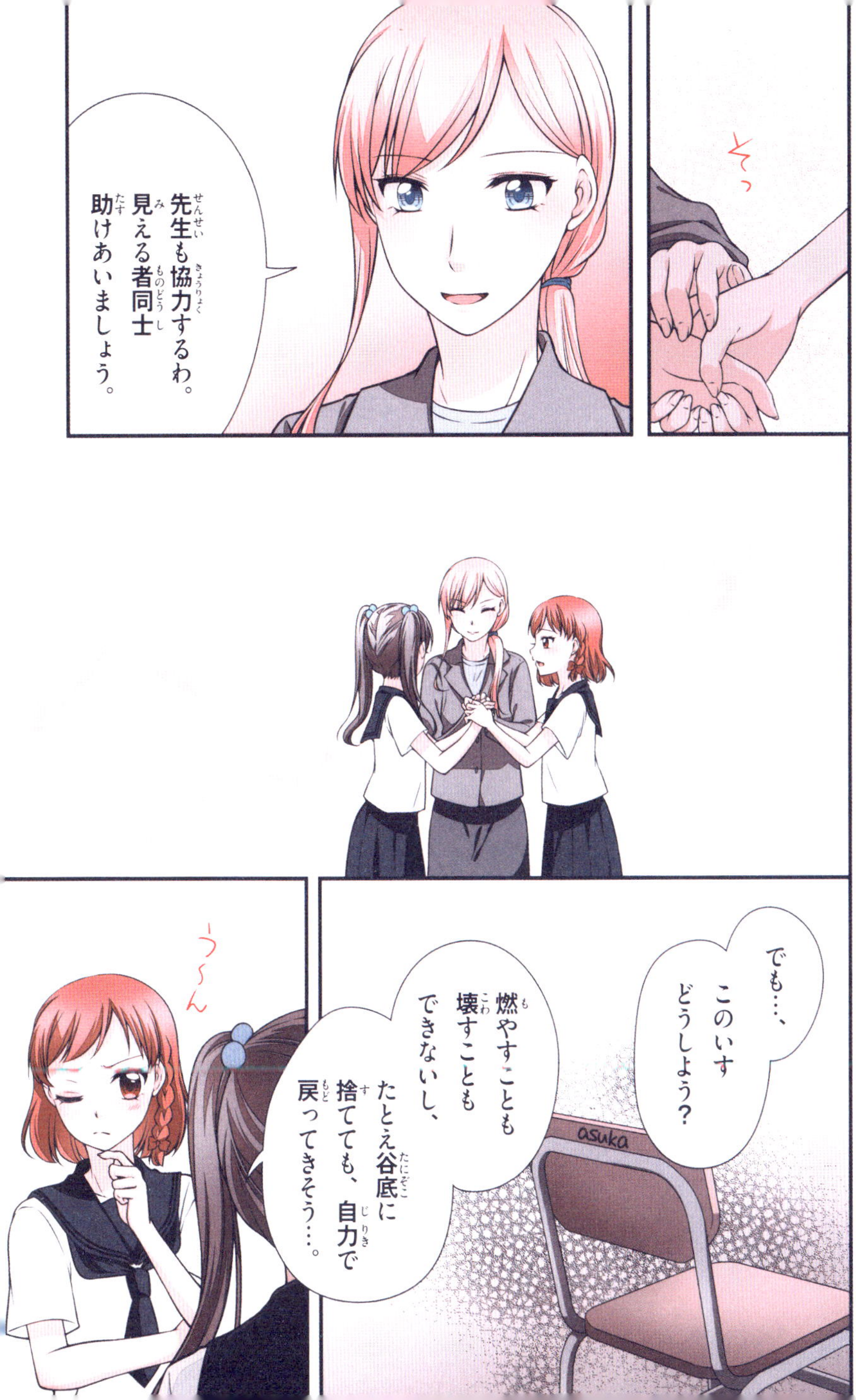
そっ
先生《せんせい》も協力《きょうりょく》するわ。見《み》える者同士《ものどうし》助《たす》けあいましょう。
でも…、このいすどうしよう？
燃《も》やすことも壊《こわ》すこともできないし、たとえ谷底《たにぞこ》に捨《す》てても、自力《じりき》で戻《もど》ってきそう…。
asuka
う～ん

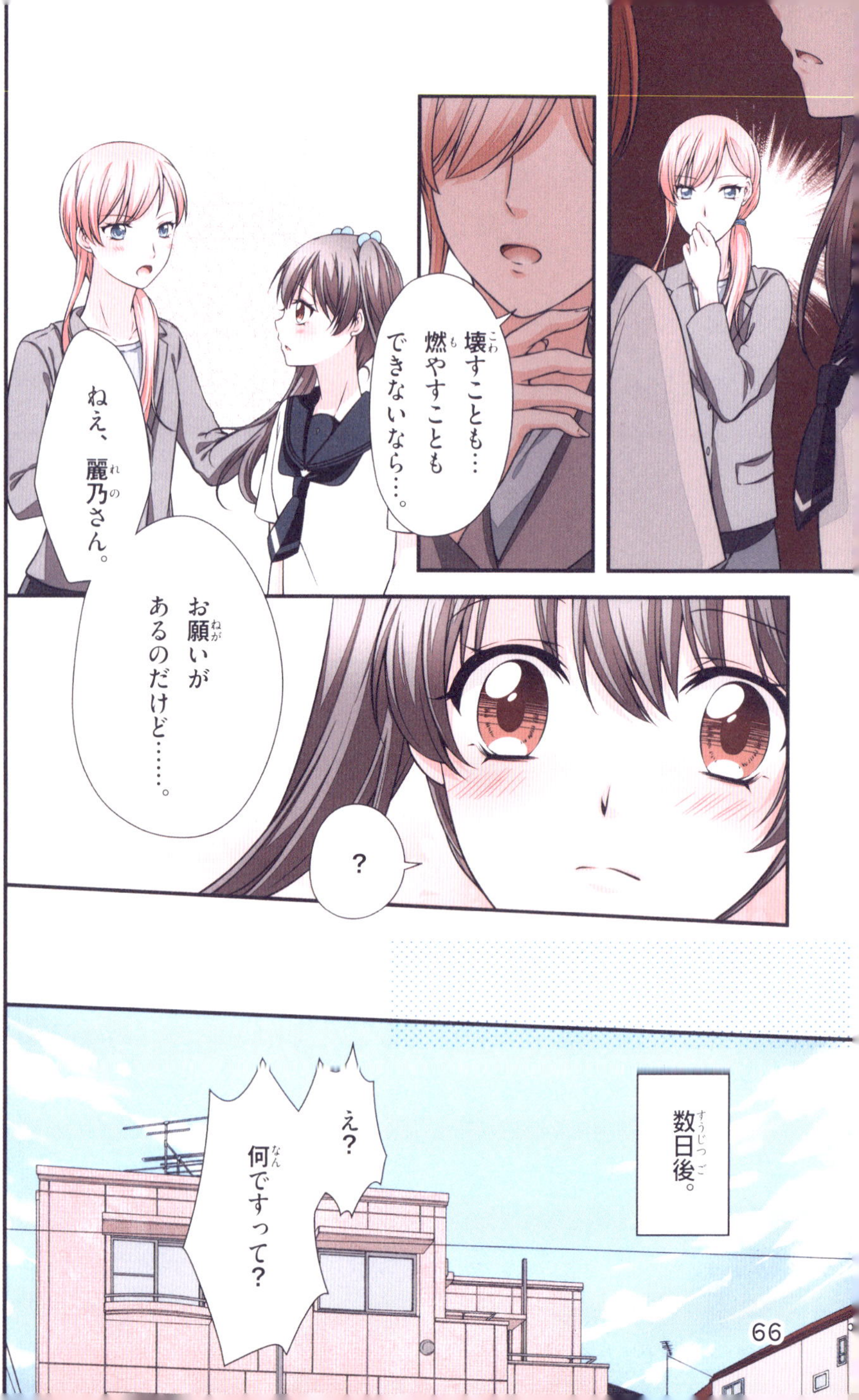

壊《こわ》すことも…燃《も》やすこともできないなら…。
ねえ、麗乃《れの》さん。
お願《ねが》いがあるのだけど……。
？
数日後《すうじつご》。
え？何《なん》ですって？

ぜひ、お父《とう》さんの作品《さくひん》を学校《がっこう》のいすで作《つく》ってくれませんか？
ちょっとまってください
私《わたし》のですか？
そうか！麗乃《れの》のお父《とう》さんは、芸術家《げいじゅつか》だもんね！
うん！
ええ、学校《がっこう》の古《ふる》い使《つか》っていないいすで、
生徒《せいと》たちの未来《みらい》を照《て》らすようなオブジェをお願《ねが》いしたいのですが…。

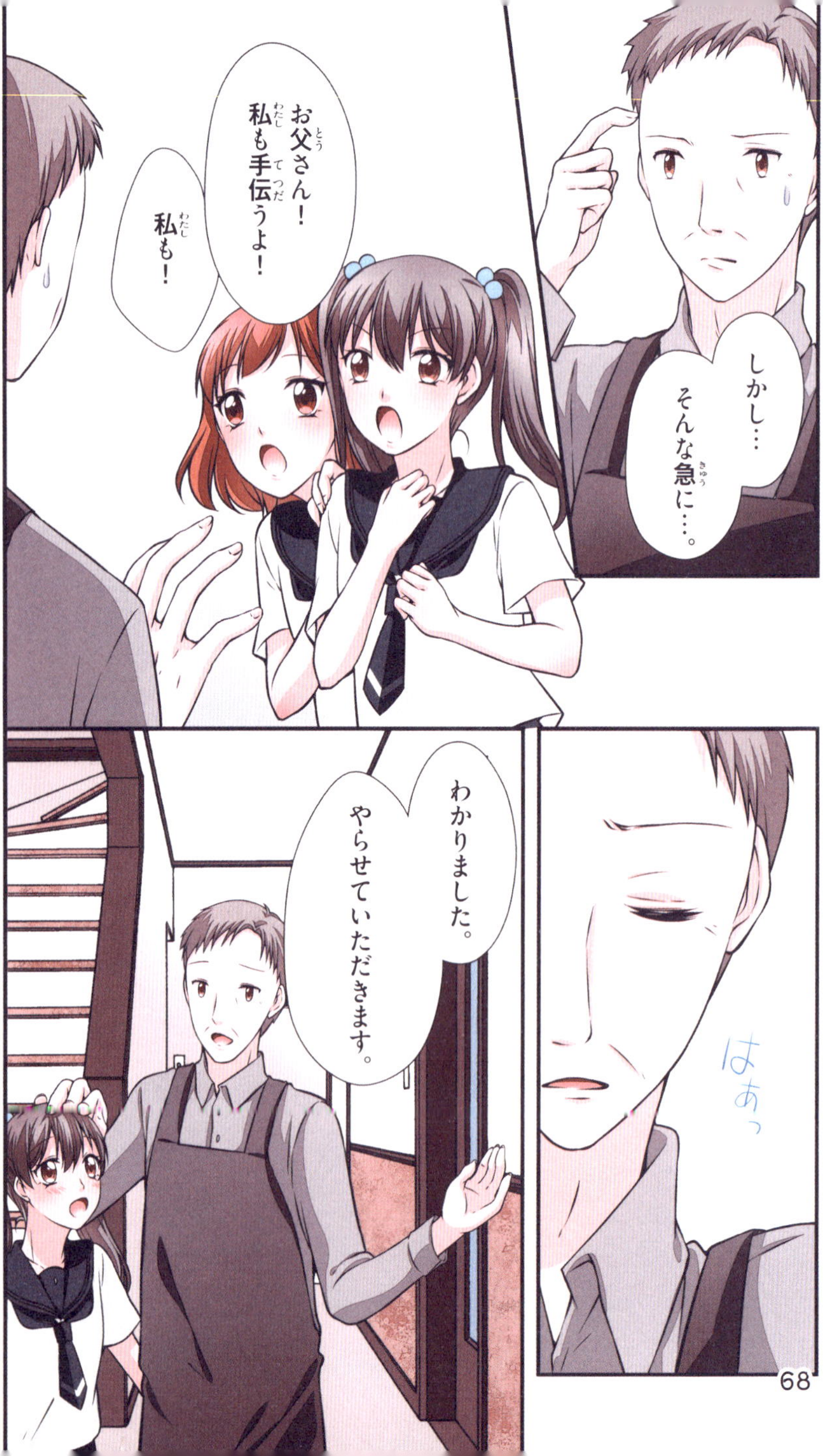
しかし…
そんな急《きゅう》に…。
お父《とう》さん！
私《わたし》も手《て》伝《つだ》うよ！
私《わたし》も！
はあっ
わかりました。
やらせていただきます。

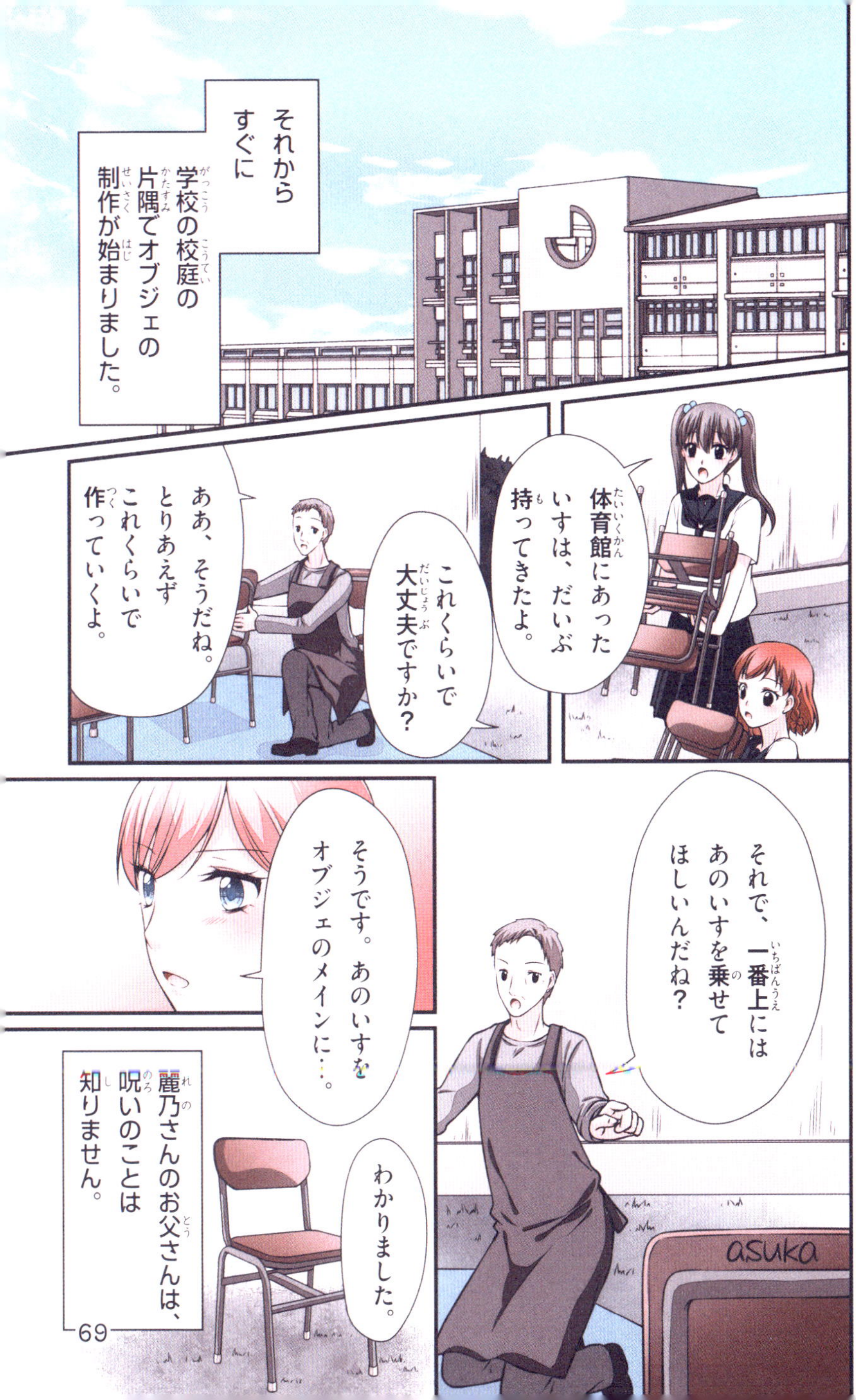

それから
すぐに
学校《がっこう》の校庭《こうてい》の
片隅《かたすみ》でオブジェの
制作《せいさく》が始《はじ》まりました。
体育館《たいいくかん》にあった
いすは、だいぶ
持《も》ってきたよ。
これくらいで
大丈夫《だいじょうぶ》ですか？
ああ、そうだね。
とりあえず
これくらいで
作《つく》っていくよ。
それで、一番上《いちばんうえ》には
あのいすを乗《の》せて
ほしいんだね？
そうです。あのいすを
オブジェのメインに…。
わかりました。
麗乃《れの》さんのお父《とう》さんは、
呪《のろ》いのことは
知《し》りません。
asuka

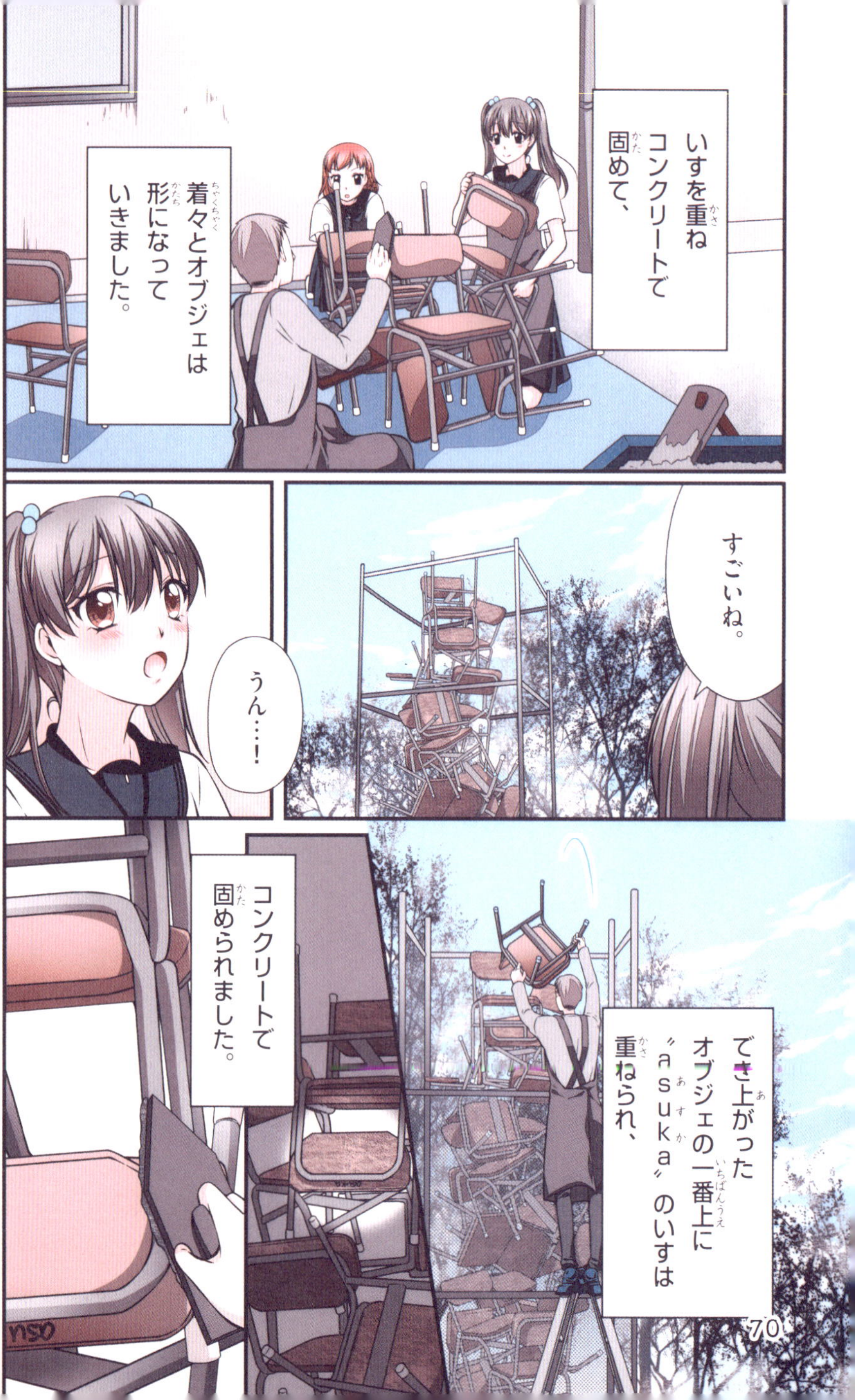

いすを重《かさ》ね
コンクリートで
固《かた》めて、
着々《ちゃくちゃく》とオブジェは
形《かたち》になって
いきました。
すごいね。
うん…！
コンクリートで
固《かた》められました。
でき上《あ》がった
オブジェの一番上《いちばんうえ》に
〝asuka《あすか》〟のいすは
重《かさ》ねられ、

昇《しょう》天《てん》
わあ… すごい…。

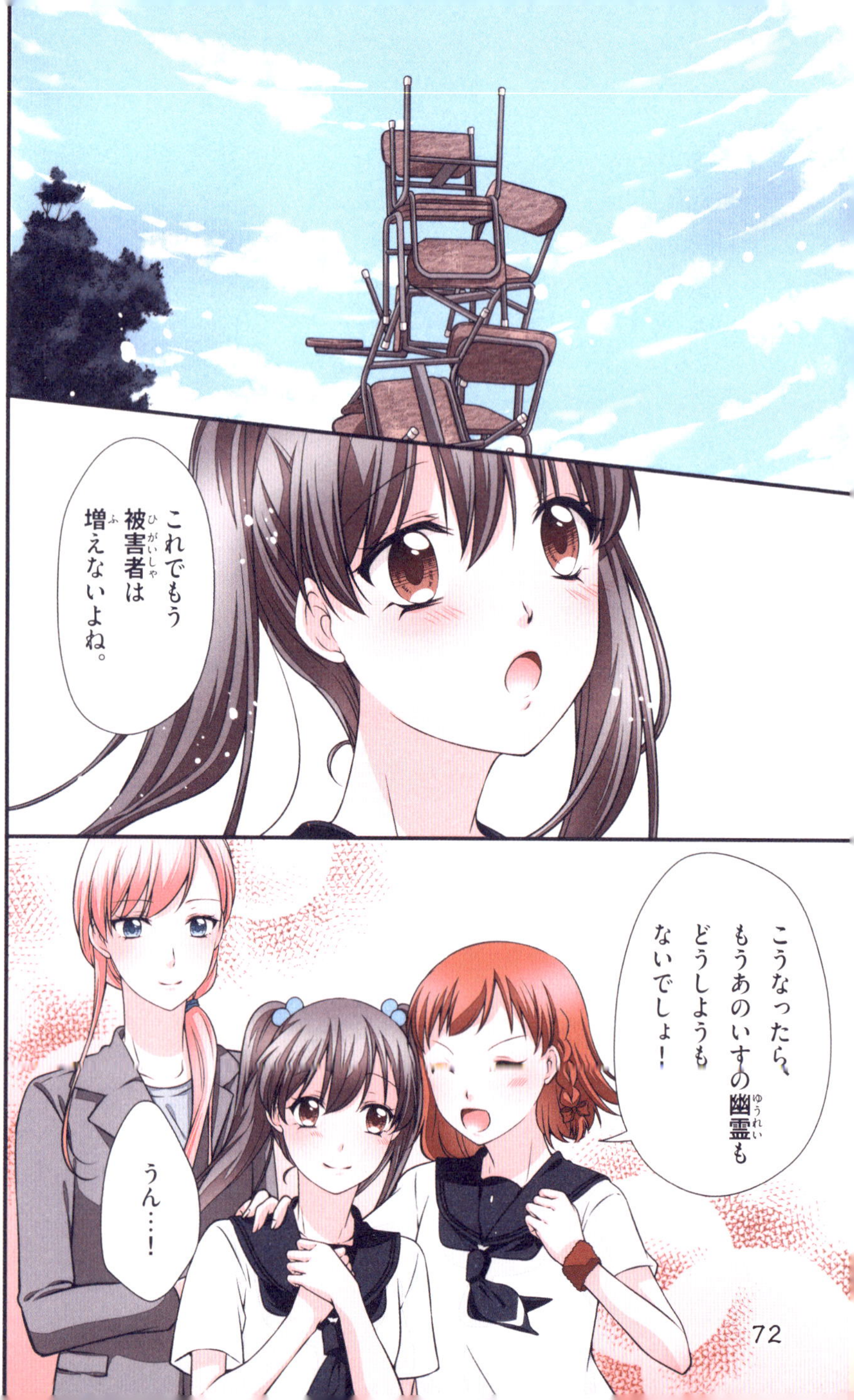
これでもう
被害者《ひがいしゃ》は
増《ふ》えないよね。
こうなったら、
もうあのいすの幽霊《ゆうれい》も
どうしようも
ないでしょ！
うん…！

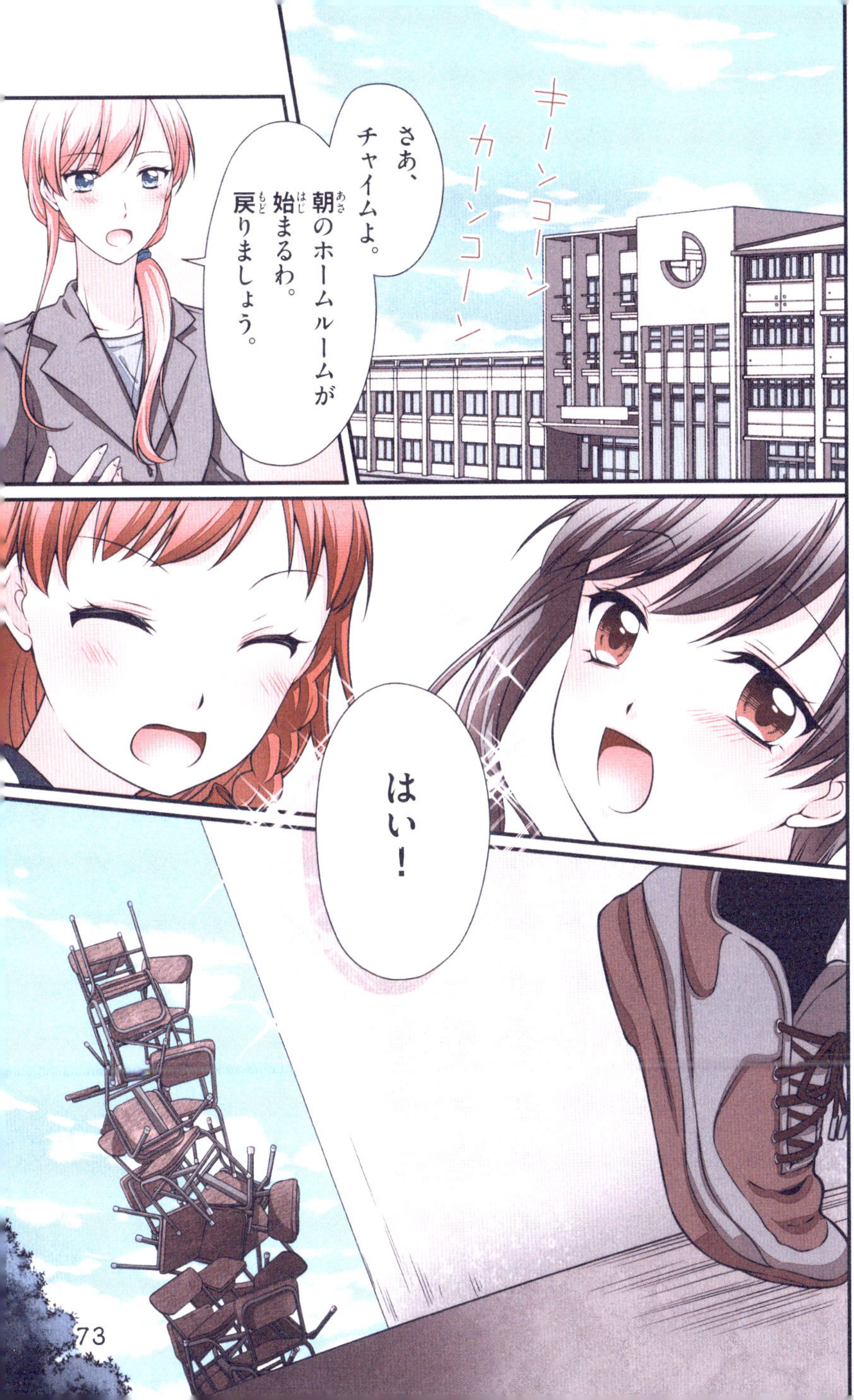
キーンコーン
カーンコーン
さあ、チャイムよ。
朝《あさ》のホームルームが始《はじ》まるわ。戻《もど》りましょう。
はい！

私《わたし》の恨《うら》みを舐《な》めないで…。
絶対《ぜったい》に許《ゆる》さない!!

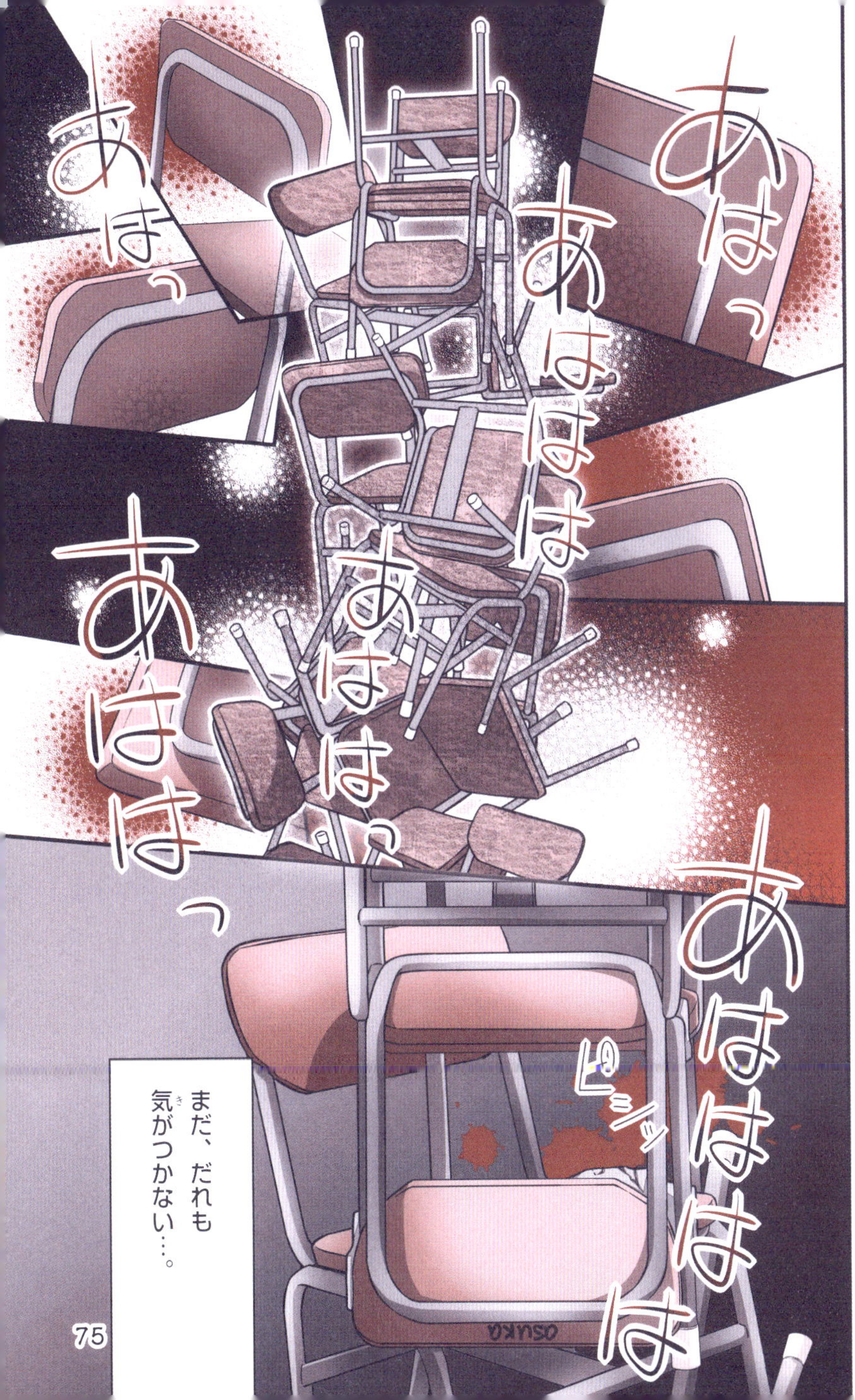
あはっ
あははは
あはっ
あははっ
あははっ
あははははは
ピシッ
まだ、だれも
気《き》がつかない…。

恐怖《きょうふ》・1 忍《しの》び寄《よ》る闇《やみ》 学校《がっこう》の恐怖《きょうふ》絵巻《えまき》 第《だい》3話《わ》

けしぼうず

中学二年生《ちゅうがくにねんせい》の凛花《りんか》さんの
学校《がっこう》の講堂《こうどう》には、
〝だれもいない舞台袖《ぶたいそで》で
肩《かた》をたたかれる〟
といううわさがあります。
理由《りゆう》はわかりませんが、
それは決《けっ》して悪《わる》いことではなく、
むしろありがたい話《はなし》なのだそうです。

凛花《りんか》さんの学校《がっこう》では毎年《まいとし》、
文化祭《ぶんかさい》でクラス発表《はっぴょう》があるのですが、
その年《とし》の発表《はっぴょう》で凛花《りんか》さんのクラスは
舞台《ぶたい》で制服《せいふく》ダンスを
発表《はっぴょう》することになりました。
毎日練習《まいにちれんしゅう》を重《かさ》ねて、
いよいよ発表《はっぴょう》の当日《とうじつ》がきました。
ほかのクラスのリハーサルが
順調《じゅんちょう》に進《すす》んで、

凛花《りんか》さんのクラスに
リハーサル順《じゅん》がまわってきました。

　リハーサルもうまく終《お》わり、
本番《ほんばん》が始《はじ》まるまで、
「もしかして、
だれか肩《かた》たたかれるんじゃないの？」
なんてクラスメートは
口々《くちぐち》に言《い》いながら、
まわりの子《こ》の肩《かた》をたたいて
しゃがんで隠《かく》れたりと、
じょうだんめかして
ふざけあっていました。

『そんなのは、気《き》のせいなんだよ。
だいたい、出《で》てこいって言《い》って
出《で》てくるわけないじゃない。』
凛花《りんか》さんは、内心《ないしん》そう思《おも》っていました。
その思《おも》い通《どお》り、ほかのクラスでも
おかしなことはおこらないまま、
本番《ほんばん》が始《はじ》まりました。
リハーサルと逆《ぎゃく》の順番《じゅんばん》に、
各《かく》クラスの発表《はっぴょう》が続《つづ》きます。
『みんな上手《じょうず》だな……。』
改《あらた》めてほかのクラスの発表《はっぴょう》を見《み》て、
凛花《りんか》さんは何《なん》だか急《きゅう》に不安《ふあん》に
なってきました。

『大丈夫《だいじょうぶ》。うちのクラスも、
あんなに練習《れんしゅう》したんだから!』
不安《ふあん》を打《う》ち消《け》すように、
凛花《りんか》さんは自分《じぶん》にそう言《い》い聞《き》かせました。
いよいよ、凛花《りんか》さんのクラスの番《ばん》です。
幕《まく》が上《あ》がって、凛花《りんか》さんは
ほかのクラスメートと舞台袖《ぶたいそで》に並《なら》んで
出番《でばん》を待《ま》っていました。

するとだれかが、
後《うし》ろから凛花《りんか》さんの肩《かた》を
たたきました。
〝とんとん〟と、指《ゆび》でつつくように。

凛花《りんか》さんが振《ふ》り返《かえ》ると…。
『……あれ？』
凛花《りんか》さんの後《うし》ろには、だれもいません。
『…気《き》のせい？　緊張《きんちょう》しすぎだね、私《わたし》。』
凛花《りんか》さんはまた舞台《ぶたい》のほうを見《み》て、
自分《じぶん》たちの出番《でばん》を待《ま》っていました。

〝とんとん〟
また、肩《かた》をつつかれたような気《き》がしました。
凛花《りんか》さんが振《ふ》り返《かえ》ると、
やっぱりだれもいません。
『え……、だれかのいたずら？』
それにしては、おかしいことが多《おお》いのです。

まわりを見《み》ても隠《かく》れるところはなく、
凛花《りんか》さんはクラスメートの
一番後《いちばんうし》ろにいました。
凛花《りんか》さんの後《うし》ろには
何《なん》メートルも離《はな》れたところに
凛花《りんか》さんのクラスの次《つぎ》に発表《はっぴょう》する
クラスの子《こ》たちが立《た》っています。

『どうなってんの……？』

いたずらや気《き》のせいにしては、
はっきりとつつかれたのを感《かん》じたので、
凛花《りんか》さんはちょっといやな気分《きぶん》に
なっていました。

『もう本番始《ほんばんはじ》まってるのに、
いたずらだったら空気読《くうきよ》んでよ！』

〝とんとん〟

またです。凛花《りんか》さんは、
いいかげん腹《はら》が立《た》ってきました。

「ちょっと‼
もう始《はじ》まってるんだから……。」

小《ちい》さく言《い》いながら、
凛花《りんか》さんは振《ふ》り返《かえ》りました。
思《おも》わず、凛花《りんか》さんは
口《くち》を開《あ》けてぽかんとしてしまいました。
凛花《りんか》さんの前《まえ》に、とんでもなく大《おお》きな、
幼《おさな》い男《おとこ》の子《こ》がしゃがんでいるのです。

すごく古《ふる》そうな着物《きもの》を着《き》て、
おじいさんが見《み》ていた時代劇《じだいげき》に
出《で》てくる子《こ》どものような、
前髪《まえがみ》と頭《あたま》のてっぺんだけを残《のこ》した
坊主頭《ぼうずあたま》の髪型《かみがた》です。
子《こ》どもなのに、天井《てんじょう》に頭《あたま》が
つきそうなほど大《おお》きな体《からだ》です。
まるで、小《ちい》さな箱《はこ》に入《はい》って

遊《あそ》ぶ子《こ》どものようでした。
子《こ》どもが大《おお》きいのか、
凛《りん》花《か》さんが縮《ちぢ》んでしまったのか…。
『私《わたし》は何《なに》を見《み》てるの……？』
そうは思《おも》っても、凛《りん》花《か》さんは
不《ふ》思《し》議《ぎ》と怖《こわ》いとは思《おも》いませんでした。

その子《こ》が、凛《りん》花《か》さんの顔《かお》がすっぽり
隠《かく》れてしまいそうな指《ゆび》を向《む》けてきました。
もう凛《りん》花《か》さんにはわけがわかりません。
すると、その子《こ》はいたずらっぽく笑《わら》って、
凛《りん》花《か》さんを指《ゆび》で
〝ちょん〟と、つつきました。

少《すこ》しバランスを崩《くず》し、
凛《りん》花《か》さんがよろめいたそのとき…。
列《れつ》の前《まえ》で並《なら》んでいたクラスメートの
麻《ま》耶《や》さんが、凛《りん》花《か》さんを抱《かか》えるように
両肩《りょうかた》をつかんで言《い》いました。
「凛《りん》花《か》、何《なに》してんの？
出番《でばん》だよ。行《い》くよ！」
「え!?　あ、うん！」
そのまま、ほかのクラスメートに続《つづ》いて、
凛《りん》花《か》さんも麻《ま》耶《や》さんも
舞台《ぶたい》に出《で》ていきました。
もう緊張《きんちょう》どころではなく、
あっという間《ま》に発表《はっぴょう》は終《お》わりました。

それがよかったのか、
凛花《りんか》さんのクラスの発表《はっぴょう》は
とても好評《こうひょう》でした。

どうしてもあの子《こ》のことが
気《き》になった凛花《りんか》さんは、
家《いえ》に帰《かえ》っておじいさんに
聞《き》いてみました。
ありのままに、あの子《こ》どもの特徴《とくちょう》を
おじいさんに話《はな》してみると…。
「ああ、それは、けしぼうずだな。」
「けしぼうず……？」
おじいさんの話《はなし》では、

あの髪型《かみがた》は江戸時代《えどじだい》の
小《ちい》さな男《おとこ》の子《こ》の髪型《かみがた》だといいます。
「狐《きつね》や狸《たぬき》みたいなもんでな。
化《ば》かすだけでもなし、
楽《たの》しそうなところを見《み》て
ちょっと仲間《なかま》に入《はい》りたくて
いたずらする子《こ》がいるんだよ。」
「あぁ、だから怖《こわ》くなかったんだ。
あのうわさはそういうことなんだ。」
『楽《たの》しそうだったからか。
おかげで緊張《きんちょう》しないでよかったよ。』
凛花《りんか》さんは、あの子《こ》にちょっと
感謝《かんしゃ》しています。

九人目《きゅうにんめ》の女《おんな》の子《こ》

怪談好《かいだんず》きの中学生《ちゅうがくせい》の詩音《しおん》さんが
学校《がっこう》で怪談会《かいだんかい》をすることになりました。
休《やす》み時間《じかん》になると
すぐに怖《こわ》い話《はなし》をしたがるので、
いっそみんなで
百物語《ひゃくものがたり》みたいな会《かい》を
しようということになったのです。

「……やっぱり、
場所《ばしょ》はあそこだよね！」

詩音《しおん》さんと仲良《なかよ》しの遊《ゆう》さんが
言《い》いました。

あそことは、今《いま》の教室《きょうしつ》がある、
仮校舎《かりこうしゃ》の隣《となり》に建《た》っている
旧校舎《きゅうこうしゃ》のことです。
旧校舎《きゅうこうしゃ》は今《いま》、
耐震工事《たいしんこうじ》で建《た》て直《なお》すことになって
閉鎖《へいさ》されていました。

詩音《しおん》さんたちは、
怪談会《かいだんかい》のことをおおっぴらにはせず、
『十三日《じゅうさんにち》の放課後《ほうかご》、旧校舎《きゅうこうしゃ》に集《あつ》まって
　怪談会《かいだんかい》をするよ！』
ただそれだけを仲《なか》のいい友《とも》だちに
グループメッセージで
送《おく》ることにしました。

　いよいよ当日《とうじつ》になり、
集《あつ》まった参加《さんか》メンバーは、
詩音《しおん》さんや遊《ゆう》さんを含《ふく》めて十人《じゅうにん》でした。
前《まえ》もって調《しら》べておいた
鍵《かぎ》のかかっていない窓《まど》から、
旧校舎《きゅうこうしゃ》に入《はい》りました。
「何《なん》か、スパイ映画《えいが》みたいで
　おもしろいね。」
友《とも》だちのだれかが言《い》いました。
詩音《しおん》さんは旧校舎《きゅうこうしゃ》の中《なか》で
美術室《びじゅつしつ》を会場《かいじょう》に選《えら》びました。
窓《まど》からは夕暮《ゆうぐ》れの陽《ひ》がさす中《なか》
いよいよ怪談会《かいだんかい》は始《はじ》まりました！

　百物語《ひゃくものがたり》の本式《ほんしき》のやり方《かた》は
よくわからないことと、
あまり帰《かえ》りが遅《おそ》くなると
親《おや》が心配《しんぱい》するので、

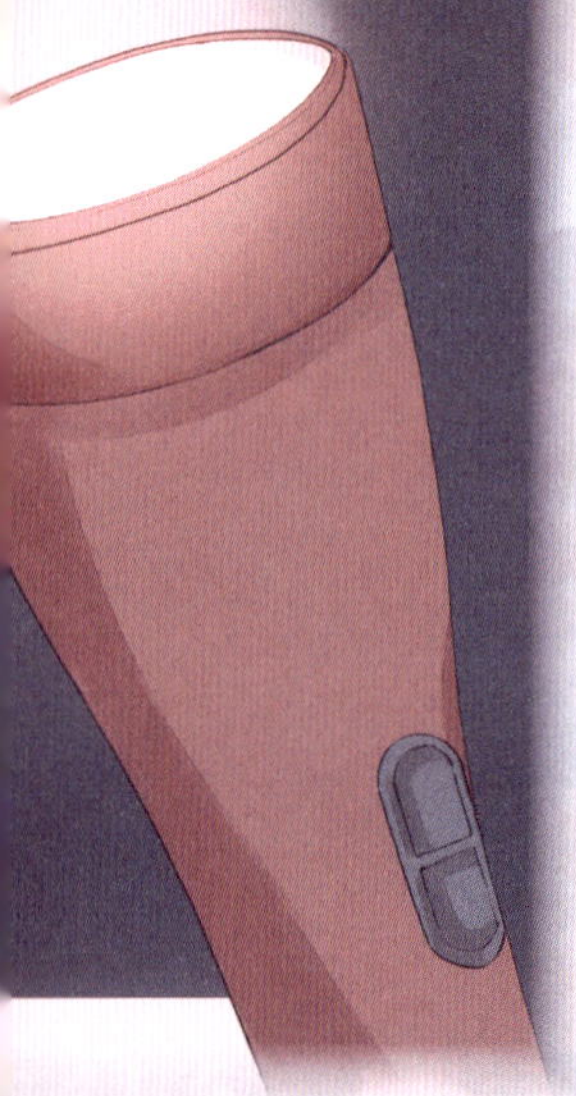

みんな一本《いっぽん》ずつ懐中電灯《かいちゅうでんとう》を持《も》って
下《した》から自分《じぶん》の顔《かお》を照《て》らし、
一人《ひとり》が話《はな》すごとに、
自分《じぶん》の懐中電灯《かいちゅうでんとう》を消《け》す…
というルールにしました。

一人目《ひとりめ》。

「だれもいない女子《じょし》トイレの一番奥《いちばんおく》の
個室《こしつ》だけが閉《し》まっているとき、
絶対《ぜったい》にノックをしては
いけないんだって…。
昔《むかし》そこで自殺《じさつ》した生徒《せいと》の霊《れい》が
追《お》っかけてくるっていうの…。」

二人目《ふたりめ》。

「夕方《ゆうがた》四時《よじ》四十四分《よんじゅうよんぷん》四十四秒《よんじゅうよんびょう》に
屋上《おくじょう》に続《つづ》く階段《かいだん》を上《のぼ》りきると、
あの世《よ》への入《い》り口《ぐち》が開《ひら》いて、
恐《おそ》ろしい霊《れい》が出《で》てくるの！」

三人目《さんにんめ》。……。

詩音《しおん》さんは、
正直《しょうじき》がっかりしていました。
どの話《はなし》も、本《ほん》やネットで
知《し》っている話《はなし》ばかりだったからです。
詩音《しおん》さんは一番最後《いちばんさいご》に
話《はな》す順番《じゅんばん》だったので、
ちょっと待《ま》ちくたびれていました。
『聞《き》いたこともないような、
怖《こわ》い話《はなし》が聞《き》きたいなあ。』
詩音《しおん》さんは、ずっとそんなことを
考《かんが》えていました。

そんな話《はなし》が続《つづ》いて、九人目《きゅうにんめ》。

外《そと》はすっかり暗《くら》くなって、
残《のこ》った二本《にほん》の懐中電灯《かいちゅうでんとう》の
明《あ》かりだけが顔《かお》を照《て》らしていました。
九人目《きゅうにんめ》が話《はな》し始《はじ》めました。

「…ある女《おんな》の子《こ》が大《おお》きな災害《さいがい》にあって、
家族《かぞく》でその子《こ》だけが生《い》き残《のこ》って、
親戚《しんせき》の家《いえ》に引《ひ》っ越《こ》してきたの。
初《はじ》めは慣《な》れない土地《とち》での生活《せいかつ》に
戸惑《とまど》っていたんだけどね。
ある日《ひ》、その親戚《しんせき》の家《いえ》で
犬《いぬ》が歩《ある》いているのを見《み》たの。
被災《ひさい》した家《いえ》で飼《か》っていた犬《いぬ》で、
庭《にわ》につないだまま死《し》んじゃった犬《いぬ》。」

そのとき、どこかで
犬《いぬ》の遠吠《とおぼ》えが聞《き》こえたような気《き》がして、
詩音《しおん》さんはついビクッとしました。

「その日《ひ》からね。その親戚《しんせき》の家《いえ》に、
おじいちゃん、おばあちゃん、
お父《とう》さん、お母《かあ》さん、
お姉《ねえ》ちゃんに妹《いもうと》っていうふうに、
毎日《まいにち》死《し》んだ家族《かぞく》が
現《あらわ》れるようになったの。
毎日順番《まいにちじゅんばん》に現《あらわ》れて、一週間《いっしゅうかん》で
家族《かぞく》が全員《ぜんいん》そろったんだって。」

これは怖《こわ》い…。
詩音《しおん》さんは恐怖《きょうふ》と期待《きたい》で
いっぱいになりました。

「でね、一週間《いっしゅうかん》たって
家族《かぞく》が全員《ぜんいん》そろったら、
みんな口々《くちぐち》にその子《こ》に言《い》うの。
〝…おいで…こっちに
おいで…〟
って。」
また、どこかで犬《いぬ》が鳴《な》きました。
詩音《しおん》さんには気《き》のせいか、
さっきより鳴《な》き声《ごえ》が

近《ちか》づいているように思《おも》えました。

「でね、『ごめんね、行《い》けないの。

私《わたし》は一緒《いっしょ》に行《い》けないの。』って、

その女《おんな》の子《こ》は言《い》うわけ。

でも、その子《こ》の親戚《しんせき》には、

独《ひと》り言《ごと》にしか見《み》えなくて。

それでも、その子《こ》が

『ごめんね』って謝《あやま》るたびに、

仏壇《ぶつだん》がガタガタ揺《ゆ》れるんだって。

それで、気味《きみ》が悪《わる》いから、

親戚《しんせき》の人《ひと》がお坊《ぼう》さんを呼《よ》んで、

お祓《はら》いすることになって…。」

みんな、この先《さき》の話《はなし》が

どうなるのかが気《き》になって、

神妙《しんみょう》な顔《かお》で聞《き》いています。

「それから独《ひと》り言《ごと》は、

なくなったんだけど…、

ある日《ひ》、その親戚《しんせき》のおばさんが

聞《き》いちゃったの。

その子《こ》がだれもいないところに

向《む》かって、

『わかってる。やっぱり

家族《かぞく》みんな一緒《いっしょ》が

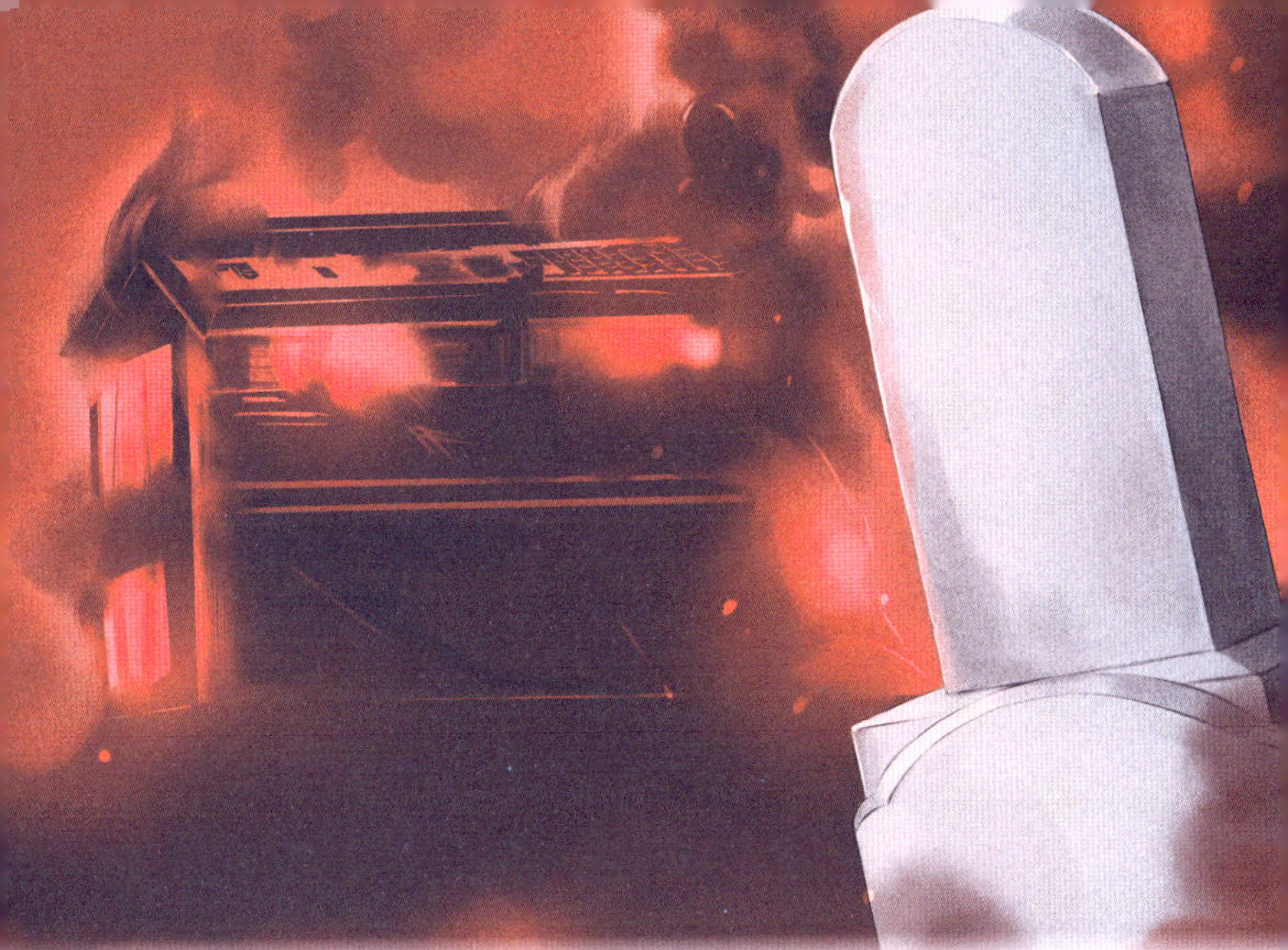

一番《いちばん》いいよね…。」

って言《い》ってるのを。

それからも、位牌《いはい》が急《きゅう》に倒《たお》れたり、
夜中《よなか》に〝バチッ!!〟って
変《へん》な音《おと》がしたりが続《つづ》いて…。

そしてついには、
その家《いえ》が原因不明《げんいんふめい》の火事《かじ》になって。
その子《こ》は軽《かる》いやけどを負《お》ったけど、
親戚《しんせき》の人《ひと》たちもみんな助《たす》かって。
住《す》むところがなくなったから、
全員《ぜんいん》でアパートに引《ひ》っ越《こ》すことに
なったんだけど…。」

彼女《かのじょ》は言葉《ことば》を切《き》りました。

「どうも、その子《こ》の家族《かぞく》は
アパートにもついてきてる
みたいなの。」

また、犬《いぬ》の鳴《な》き声《ごえ》が聞《き》こえた
気《き》がしました。

「今《いま》はね、その子《こ》の近《ちか》くに行《い》くと
『早《はや》くおいで……。』
って声《こえ》が聞《き》こえるんだって。
で、その女《おんな》の子《こ》ってね、
実《じつ》は…私《わたし》なの。」

そう言《い》って、九人目《きゅうにんめ》の女《おんな》の子《こ》は
懐中電灯《かいちゅうでんとう》を消《け》し、
美術室《びじゅつしつ》はいきなり真《ま》っ暗《くら》になりました。

詩音《しおん》さんが
『えっ？』
と思《おも》ったそのとき…。

「早《はや》くおいで……。」

耳元《みみもと》で、だれかの声《こえ》が
はっきり聞《き》こえてきました！
驚《おどろ》いて瞬《まばた》きすると、
詩音《しおん》さんはいつの間《ま》にか

自分《じぶん》の部屋《へや》にいました。

『え？　え？　何《なん》で…？　夢《ゆめ》……？』

いきなりのことに

詩音《しおん》さんは呆然《ぼうぜん》として、

気《き》を失《うしな》うように眠《ねむ》ってしまいました。

次《つぎ》の日《ひ》、学校《がっこう》に行《い》くと遊《ゆう》さんが

「昨日《きのう》の詩音《しおん》の話《はなし》、怖《こわ》かったね。」

と笑《わら》って声《こえ》をかけてきました。

「え？」

詩音《しおん》さんには、話《はな》した覚《おぼ》えが

まったくありません。

何《なん》と遊《ゆう》さんの話《はなし》では、

あの九人目《きゅうにんめ》の女《おんな》の子《こ》の話《はなし》は

詩音《しおん》さんがしたことに

なっていたのです。

「でも、十人《じゅうにん》みんな知《し》らないメンバー

いなかったでしょ？」

「詩音《しおん》、何《なに》言《い》ってんの。

昨日《きのう》は九人《きゅうにん》だったよ。」

そんなはずはありませんでした。
全員《ぜんいん》、顔《かお》を知《し》っているメンバーで
行《い》ったのに。
でも、メンバー全員《ぜんいん》だれに聞《き》いても
答《こた》えは同《おな》じでした。
『みんなで私《わたし》にいたずらを
しかけてるんじゃないの？』
そう思《おも》いながらも、
詩音《しおん》さんは気《き》がつきました。
『…あの九人目《きゅうにんめ》の子《こ》、
顔知《かおし》ってるはずなのに……
だれだか思《おも》い出《だ》せない…!?』

知《し》っているはずなのに、
そこにいたはずなのに、
だれだかわからない女《おんな》の子《こ》。

詩音《しおん》さんは、今《いま》でもあの子《こ》が
だれかわからないまま、
あの〝早《はや》くおいで〟という声《こえ》だけが
耳《みみ》に残《のこ》っているのです。

心《しん》霊《れい》ネット探《たん》偵《てい》団《だん》新《しん》聞《ぶん》情《じょう》報《ほう》局《きょく》 一

全国《ぜんこく》から怖《こわ》〜い話《はなし》が、続々《ぞくぞく》と届《とど》いています。

心霊《しんれい》ネット探偵団《たんていだん》の活躍《かつやく》は、289〜319ページを見《み》てね。

通信《つうしん》1 転《てん》校《こう》生《せい》 【東京都《とうきょうと》】

麻未《あさみ》さんと親友《しんゆう》の舞《まい》さんは低学年《ていがくねん》の頃《ころ》からいつも一緒《いっしょ》でしたが、六年生《ろくねんせい》になると二人《ふたり》の仲《なか》は悪《わる》くなりました。

「麻未《あさみ》。隣《となり》のクラスの転校生《てんこうせい》、うちの近所《きんじょ》なの。いろいろと教《おし》えてあげたいから、今日《きょう》は別々《べつべつ》に帰《かえ》るね。」と言《い》われたとき、麻未《あさみ》さんは『一緒《いっしょ》じゃダメなの?』と思《おも》いました。

何日《なんにち》かたって下校《げこう》の時間《じかん》になると舞《まい》さんは、「あ、転校《てんこう》生《せい》の桜《さくら》さんが、私《わたし》のこと呼《よ》んでる。聞《き》こえるでしょ?」と言《い》いながら、教室《きょうしつ》を出《で》ていくようになりました。一《いっ》か月《げつ》ぐらいすぎたときです。「麻《あさ》未《み》、影《かげ》で私《わたし》の悪口《わるくち》を言《い》っているんだって?」舞《まい》さんが言《い》うには、転校生《てんこうせい》の桜《さくら》さんがそう話《はな》したそうです。そんなことしていないと言《い》っても、舞《まい》さんは聞《き》いてくれません。隣《となり》のクラスの子《こ》に転校生《てんこうせい》がどの子《こ》か聞《き》いてみると、「このクラスに転校生《てんこうせい》なんていないよ。」とのことです。そのことを舞《まい》さんに言《い》うと「あんた、バカじゃないの。ほら、聞《き》こえるよ。帰《かえ》ろーって。麻未《あさみ》、大《だい》っきらい!」そう言《い》って、舞《まい》さんは教室《きょうしつ》を出《で》ていきました。

次《つぎ》の日《ひ》から舞《まい》さんは学校《がっこう》に来《こ》なくなり、やがて舞《まい》さん一《いっ》家《か》はどこかに引《ひ》っ越《こ》していきました。クラスのだれも、舞《まい》さんを呼《よ》ぶ声《こえ》を聞《き》いたことはないそうです。

通信《つうしん》2

課外授業《かがいじゅぎょう》

【長野県《ながのけん》】

愛《あい》さんは、この日《ひ》、天体観測《てんたいかんそく》のために学校《がっこう》の屋上《おくじょう》にいました。片《かた》づけも終《お》わって、下《した》の階《かい》に下《お》りたときです。親友《しんゆう》の奈緒《なお》さんが忘《わす》れ物《もの》をしたからつきあってと言《い》ってきました。「実《じつ》は、何日《なんにち》か前《まえ》に今夜《こんや》の夢《ゆめ》を見《み》たんだけど…まさかね。」そう言《い》って笑《わら》う奈緒《なお》さんに、「どんな夢《ゆめ》？」と愛《あい》さんが聞《き》こうとしたときでした。〃パタパタッ〃と屋上《おくじょう》のほうから足音《あしおと》が聞《き》こえました。すると、奈緒《なお》さんは急《きゅう》に怯《おび》え出《だ》したのです。「愛《あい》、お願《ねが》い。私《わたし》はここで待《ま》っているから、忘《わす》れ物《もの》を取《と》ってきて。」愛《あい》さんはしかたなく一人《ひとり》で屋上《おくじょう》に戻《もど》り、忘《わす》れ物《もの》を探《さが》していました。「お姉《ねえ》ちゃん、遊《あそ》ぼ！」振《ふ》り向《む》くと、小《ちい》さな男《おとこ》の子《こ》がいます。愛《あい》さんはクラスのだれかの弟《おとうと》かと思《おも》い、何《なに》か言《い》おうとすると「ねぇ、遊《あそ》ぼうよ。」と愛《あい》さんの腕《うで》を握《にぎ》りしめてきました。その強《つよ》さとあまりの痛《いた》さに悲鳴《ひめい》が出《で》てしまうくらいでした。校庭《こうてい》には、みんなが集《あつ》まっていて、屋上《おくじょう》にいる愛《あい》さんに手《て》を振《ふ》っています。男《おとこ》の子《こ》は「遊《あそ》ぼうよ、遊《あそ》ぼうよ。」と言《い》って、ぐいぐい腕《うで》を引《ひ》っ張《ぱ》ります。

腕《うで》がちぎれちゃうと悲鳴《ひめい》を上《あ》げて目《め》を覚《さ》ますと、そこは保健室《ほけんしつ》のベッドの上《うえ》でした。奈緒《なお》さんと先生《せんせい》が屋上《おくじょう》に行《い》くと、愛《あい》さんは気《き》を失《うしな》っていたそうです。後日《ごじつ》、奈緒《なお》さんが見《み》た夢《ゆめ》はどんな夢《ゆめ》だったのか聞《き》いてみました。「小《ちい》さな男《おとこ》の子《こ》に腕《うで》をつかまれて、そのまま真《ま》っ暗《くら》な世界《せかい》に連《つ》れていかれちゃったの…。」

恐《きょう》怖《ふ》-2

闇《やみ》の足《あし》音《おと》 日《にち》常《じょう》の絶《ぜっ》叫《きょう》体《たい》験《けん》

恐怖《きょうふ》ース
闇《やみ》の足音《あしおと》 日常《にちじょう》の絶叫体験《ぜっきょうたいけん》
第《だい》1話《わ》
死《し》んだはずのあの子《こ》
水島みき
親友《しんゆう》の晴人《はると》が死《し》んだ。
まだ高二《こうに》だったのに。
夏《なつ》には元気《げんき》だったのに、
入院《にゅういん》してからあっという間《ま》だったんだって。
理沙子《りさこ》？
もう、帰《かえ》るの？
うん。

ただいま…。
理沙子《りさこ》。
どうだった？
うん。
泣《な》くと思《おも》ってた
理沙子《りさこ》…。
晴人《はると》くんとすごく
仲良《なかよ》かったもんね。
お母《かあ》さんも後《あと》で
お線香《せんこう》あげに
行《い》ったほうが…。
…ううん…。
大丈夫《だいじょうぶ》だよ。
パタン。
晴人《はると》は私《わたし》と
映画《えいが》とかの
趣味《しゅみ》が
ぴったり同《おな》じで
どの女友《おんなとも》だちより
気《き》やすく話《はな》せて
ウマがあった。
男《おとこ》と女《おんな》の友情《ゆうじょう》って
アリだな！
おまえと
しゃべってると
そう思《おも》うもん。

こんなに早《はや》く死《し》んじゃうなんて、
バカ…。
もう
映画《えいが》の話《はなし》とかバカ話《ばなし》とか
だれともできないじゃん…。
ブルル
村木晴人《むらきはると》
村木晴人《むらきはると》
こんな時間《じかん》に…？
晴人《はると》!?
がばっ
…よう…
…理沙子《りさこ》…。

そんな…。
だれかのイタズラ?
でも、たしかに晴人《はると》の声《こえ》だ。
…理沙子《りさこ》…。
聞《き》こえてる? 理沙子《りさこ》。
う…
うん…。
なんだよ元気《げんき》ないなー
……ところで、こないだ言《い》ってた新作映画《しんさくえいが》見《み》た?
オレはまださー。
あネタバレ禁止《きんし》だからなっ
ヒロインがすんげーカワイイってウワサで…。
なつかしい声《こえ》。
気《き》が抜《ぬ》けるほどたわいない話題《わだい》。
あはは
晴人《はると》…。
ん?
晴人《はると》…の一番好《いちばんす》きな映画《えいが》って…何《なん》だっけ…。
え?
どきん
いいから言《い》って!!
どきん
……。
言《い》えるかよ。そんなもん…。
どきん

…一緒《いっしょ》に見《み》に行《い》った
おまえなら、知《し》ってるだろ。
恋愛《れんあい》もので あんなに 大泣《おおな》きしたなんて
見《み》んなよ もーっ
くっそう 泣《な》かせ やがってっ
あはは
晴人《はると》。
恥《は》ずかしくて だれにも 言《い》えねーよ。
本当《ほんとう》に 晴人《はると》だ。
……。
おい…？ 理沙子《りさこ》？
それから、晴人《はると》の電話《でんわ》は 毎晩《まいばん》かかってきました。
夜十一時《よるじゅういちじ》 きっかりに いつも。
ブルル
晴人《はると》!?
オッス。 おきてた？ 理沙子《りさこ》。
うんっ。

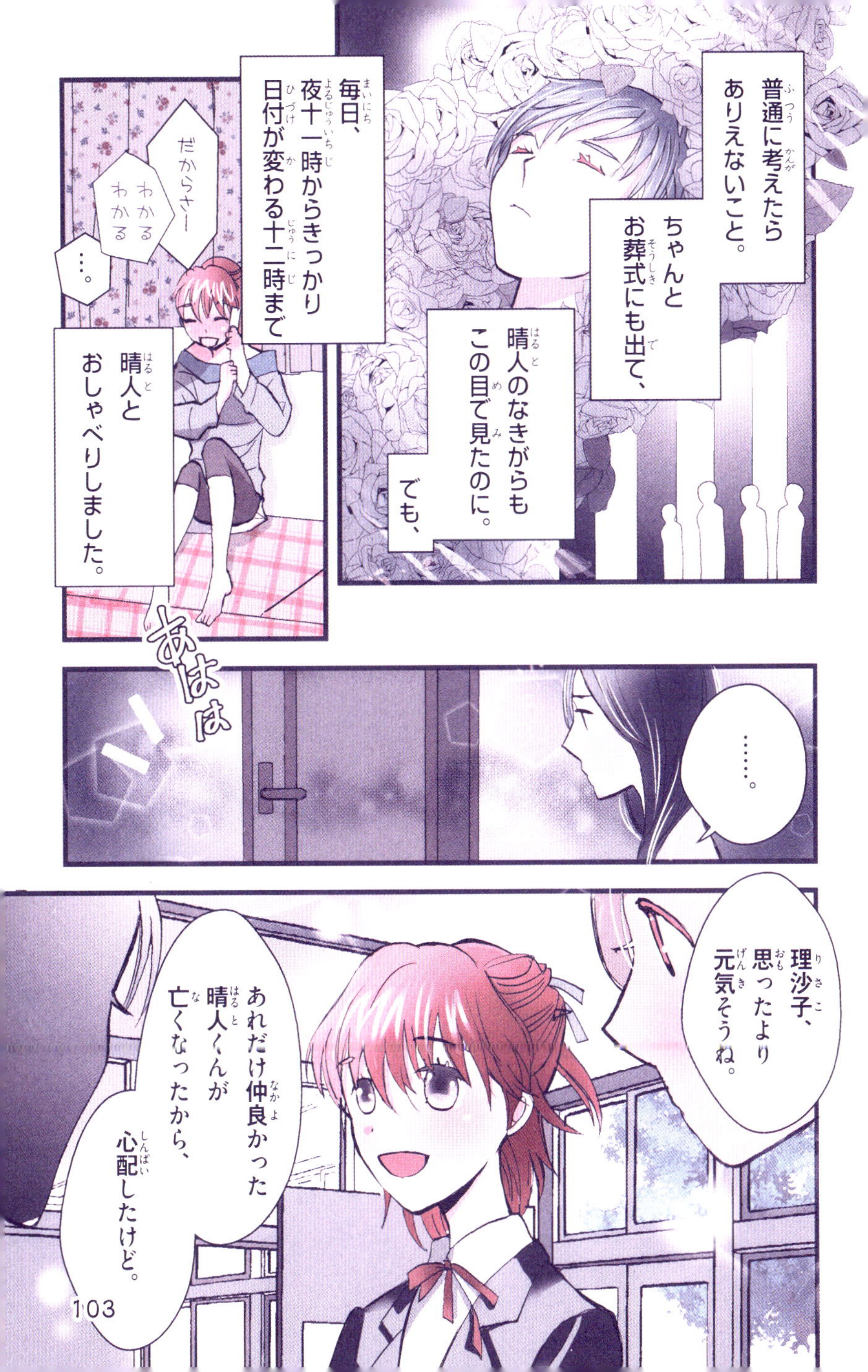
普通《ふつう》に考《かんが》えたらありえないこと。
ちゃんとお葬式《そうしき》にも出《で》て、
晴人《はると》のなきがらもこの目《め》で見《み》たのに。
でも、
毎日《まいにち》、夜十一時《よるじゅういちじ》からきっかり日付《ひづけ》が変《か》わる十二時《じゅうにじ》まで
だからさー
わかるわかる
…。
晴人《はると》とおしゃべりしました。
あはは
……。
理沙子《りさこ》、思《おも》ったより元気《げんき》そうね。
あれだけ仲良《なかよ》かった晴人《はると》くんが亡《な》くなったから、心配《しんぱい》したけど。

でも、ちょっと元気《げんき》すぎない？
あはは
ムリに元気《げんき》出《だ》してるのかな…。
理沙子《りさこ》!!
ここから落《お》ちたらケガじゃすまないかもよ。
大丈夫《だいじょうぶ》？
…あ…。
…そして、一《いっ》か月《げつ》と少《すこ》し
「あの日《ひ》」がやってきたのです。
心配《しんぱい》だわ…。ちょうどお父《とう》さんは出張中《しゅっちょうちゅう》だし、
一晩《ひとばん》、理沙子《りさこ》を一人《ひとり》にするなんて。
平気《へいき》だよ。
田舎《いなか》のおばあちゃん、ギックリ腰《ごし》なんでしょ？
気《き》をつけて行《い》ってきて

……。
理沙子《りさこ》。
ん？
いつも夜遅《よるおそ》く、
いったいだれと電話《でんわ》してるの？
べ…、別《べつ》に。
理沙子《りさこ》。
あなた
あれから
晴人《はると》くんの家《いえ》にお線香《せんこう》あげに行《い》ってないでしょ。
え…。
な…、何《なに》…急《きゅう》に。
どきん
どきん
あれほど仲良《なかよ》かったのに。
おばさんも理沙子《りさこ》のこと待《ま》ってるって。

別《べつ》にいいでしょ!!
お母《かあ》さんに指示《しじ》されることじゃない!!
晴人《はると》の家《いえ》に行《い》けば
いやおうなく現実《げんじつ》を見《み》てしまう。
でも、ここで毎晩《まいばん》晴人《はると》の電話《でんわ》を待《ま》っていれば、
あの頃《ころ》の晴人《はると》と話《はなし》ができる。
…来《こ》ない…。
どうして…?
この時間《じかん》には毎晩《まいばん》必《かなら》ずかかってきたのに。
ピンポーン…
びくっ

ピンポーン…
こんなに夜遅《よるおそ》くに…。
お母《かあ》さんが戻《もど》ってきた？
ピンポーン…
…ううん。
お母《かあ》さんならカギを持《も》ってるはず。
ピンポーン
まさか…。
今《いま》までは声《こえ》だけだったから
深《ふか》く考《かんが》えてなかったけど、
それは…幽霊《ゆうれい》…。
どんな姿《すがた》に…。
もし、晴人《はると》がここまで来《き》たら
どきん
理沙子《りさこ》…。
どきん

だめだ。
開《あ》けちゃだめ。
なのに
体《からだ》が
動《うご》いてしまう。
だめ…。
ガチャ…
よっ！
理沙子《りさこ》!!
久《ひさ》しぶり！
晴人《はると》…。

今日《きょう》はおばさんたちいないのか。
こんな夜《よる》に男《おとこ》が一人《ひとり》来《く》るなんて、マズかったかなー
なんてな
コンビニでおやつはちゃんと買《か》って…。
おまえの好《す》きなやつ
もう！
ぱっ！
何《なに》…。
そんなのんきな顔《かお》で、
何《なに》、バカなこと言《い》ってんのよ。
もう…。
おまえの泣《な》き顔《がお》なんて、
長《なが》いつきあいで初《はじ》めて見《み》るな…。
ごめんな…。
どきん
それは不思議《ふしぎ》な時間《じかん》でした。
普通《ふつう》に考《かんが》えたらありえないことなのに、
映画《えいが》のこと、学校《がっこう》のこと、
たわいもないおしゃべりがずっと続《つづ》き…。
…ねえ…。

どうして…、今日《きょう》は
……、
…だってさ…。
……。
電話《でんわ》じゃなくて、ここまで会《あ》いに来《き》てくれたの？
今日《きょう》は…。
ちら
…オレ…、
そろそろ行《い》くよ…。
ま…
待《ま》って!!
待《ま》って、晴人《はると》。
行《い》かないで!!
カチ

……。
…じゃ…。
またな。
そのとき、
パタン…
気《き》づきました。
晴人《はると》が、もう遠《とお》くへ行《い》ってしまうこと。
本当《ほんとう》に
これが晴人《はると》とのお別《わか》れだったこと。
……。

…来《き》てくれて ありがとう。理沙子《りさこ》ちゃん。
昨日《きのう》がちょうど四十九日《しじゅうくにち》だったのよ…。
…ああ…
それで…。
たぶん、あのまま晴人《はると》は旅立《たびだ》ったんだ。
日付《ひづけ》が変《か》わるまでの最後《さいご》の時間《じかん》を私《わたし》のために使《つか》ってくれたんだ…。
……。
それで、
これが遺品《いひん》の中《なか》から出《で》てきたの。
見《み》せようかどうしようか迷《まよ》ったけど…。

おまえとのバカ話《ばなし》
すごく楽《たの》しかった
ありがとう 理
ありがとう 理沙子《りさこ》
男女《だんじょ》でも友情《ゆうじょう》は
成立《せいりつ》するっていってたけど
理沙子《りさこ》
オレは おまえのことが
ずっと
…バカ…。
そして、
その日《ひ》から
夜十一時《よるじゅういちじ》に
私《わたし》の携帯《けいたい》が
鳴《な》ることは
ありませんでした。
今《いま》でも、
その時間《じかん》になると
あの日《ひ》、訪《おとず》れた
晴人《はると》のことを
思《おも》い出《だ》すのです。

恐怖《きょうふ》・2

ポスティング

闇《やみ》の足音《あしおと》 日常《にちじょう》の絶叫体験《ぜっきょうたいけん》 第《だい》2話《わ》

大学《だいがく》で建築学《けんちくがく》を学《まな》ぶ梨香《りか》さんは、お客様《きゃくさま》の注文《ちゅうもん》を聞《き》いて家《いえ》を建《た》てる〝ハウスメーカー〟の会社《かいしゃ》でアルバイトを始《はじ》めました。

ある日《ひ》の午後《ごご》。

梨香《りか》さんは先輩《せんぱい》と一緒《いっしょ》に展示会《てんじかい》の案内《あんない》などのチラシを入《い》れた封筒《ふうとう》のポスティングに出《で》かけました。

ポスティングとは担当地区《たんとうちく》の各家庭《かくかてい》をまわり、封筒《ふうとう》などを郵便《ゆうびん》ポストや新聞受《しんぶんう》けに入《い》れていく作業《さぎょう》です。

梨香《りか》さんの担当地区《たんとうちく》は市内《しない》のA《エー》地区《ちく》でした。

進学《しんがく》をきっかけに引《ひ》っ越《こ》してきた梨香《りか》さんは、この地域《ちいき》にまだなじみが

ありませんでしたが、
たくさん住宅《じゅうたく》が立《た》ち並《なら》ぶ場所《ばしょ》での
ポスティングを任《まか》されました。

『さあ！　急《いそ》いでやんなきゃ！』
一日《いちにち》でかなりの数《かず》の封筒《ふうとう》を
ポスティングしなければならないので、
梨香《りか》さんは、一軒一軒《いっけんいっけん》、
かけ足《あし》で封筒《ふうとう》を投《な》げこんでいきました。
そして、ある一角《いっかく》の大《おお》きな
一軒家《いっけんや》に差《さ》しかかりました。
その家《いえ》は、リビングと二階《にかい》の窓《まど》に
ピンク色《いろ》をした変《か》わった柄《がら》の
レースのカーテンがかかっていました。
門《もん》に郵便《ゆうびん》ポストがなかったので、
梨香《りか》さんは化粧砂利《けしょうじゃり》が敷《し》いてある
アプローチを歩《ある》いて玄関《げんかん》に向《む》かいました。
先《さき》を見《み》ると、家《いえ》のまわりにも
きれいに化粧砂利《けしょうじゃり》が敷《し》いてあります。
そして、玄関《げんかん》にたどり着《つ》くか
着《つ》かないかのときでした。

『え？　あれ⁉』
気《き》がつくと庭先《にわさき》に
一人《ひとり》の女性《じょせい》が立《た》っていました。

『‼　びっくりしたぁ…。
いつの間《ま》に来《き》たんだろ…？』

格好《かっこう》からして、どうもそのお宅《たく》の
奥様《おくさま》のようです。
「あ、こんにちは！」
声《こえ》をかける梨香《りか》さんですが、
女性《じょせい》はまったく返事《へんじ》をしません。
ただ…、ニコニコほほえみながら
梨香《りか》さんを見《み》ています。
「あのぉ…私《わたし》、○○○会社《がいしゃ》の
立花《たちばな》と申《もう》します。」
梨香《りか》さんは封筒《ふうとう》を差《さ》し出《だ》しました。
けれど、女性《じょせい》は相変《あいか》わらず
ニコニコとほほえんでいるだけで
封筒《ふうとう》を受《う》け取《と》ってくれません。

「今度《こんど》○○展示場《てんじじょう》で
イベントがあるんです。」
梨香《りか》さんは説明《せつめい》を続《つづ》けました。
「来場《らいじょう》された方《かた》には
もれなく記念品《きねんひん》の…。」
その女性《じょせい》は梨香《りか》さんの話《はなし》に
まったく興味《きょうみ》がない様子《ようす》です。
今度《こんど》はだれもいないところに
視線《しせん》を向《む》けてニコニコしています。
『何《なん》か変《へん》な人《ひと》だなぁ…。』
そう思《おも》った梨香《りか》さんは、
「あ、これ新聞受《しんぶんう》けに

入《い》れておきますね。
もしよろしければ、
ごらんになってください。
それでは失礼《しつれい》します！」

あまりしつこくならないように接《せっ》し、
頭《あたま》を下《さ》げてその場《ば》を後《あと》にしました。

アプローチから道路《どうろ》に出《で》るとき、
梨香《りか》さんは振《ふ》り返《かえ》り
もう一度《いちど》あいさつをしようとしました。
「おじゃまをしまし……。」
ところが、もうそこには
女性《じょせい》の姿《すがた》はありません。
『あれぇ…？
…いついなくなったんだろ…？』
家《いえ》のまわりも見《み》てみましたが、
どこにも女性《じょせい》の姿《すがた》はありませんでした。

ポスティングを終《お》えて
集合場所《しゅうごうばしょ》へ歩《ある》いて戻《もど》る途中《とちゅう》、
先輩《せんぱい》が合流《ごうりゅう》してきました。
「梨香《りか》、全部《ぜんぶ》まわれた？」
「はい、まわりました。
でも、一軒変《いっけんへん》な奥《おく》さんが
いたんですよ。」
梨香《りか》さんは、先《さき》ほどの家《いえ》の女性《じょせい》の
ことを、先輩《せんぱい》に話《はな》して聞《き》かせました。
すると！
「ちょっと待《ま》って、梨香《りか》。どこの家《いえ》？」
梨香《りか》さんの話《はなし》を聞《き》き終《お》わらないうちに、
先輩《せんぱい》はどの家《いえ》か聞《き》いてきました。

「ですから、あそこの角《かど》の家《いえ》ですよ。」

「やだぁ…、梨香《りか》。冗談《じょうだん》やめなよ。」

「冗談《じょうだん》じゃなくて！　あの角《かど》の家《いえ》で、
こんな格好《かっこう》した奥《おく》さんが……。」

少《すこ》しムキになりながら話《はな》している
梨香《りか》さんを見《み》て、

「…え？　見《み》たの…？

梨香《りか》はさ、知《し》らないかな？」

先輩《せんぱい》は、少《すこ》し青《あお》ざめながら
聞《き》いてきました。

「知《し》らないって…何《なに》がですか？」

「あのね…、あそこの家《いえ》ってさ…

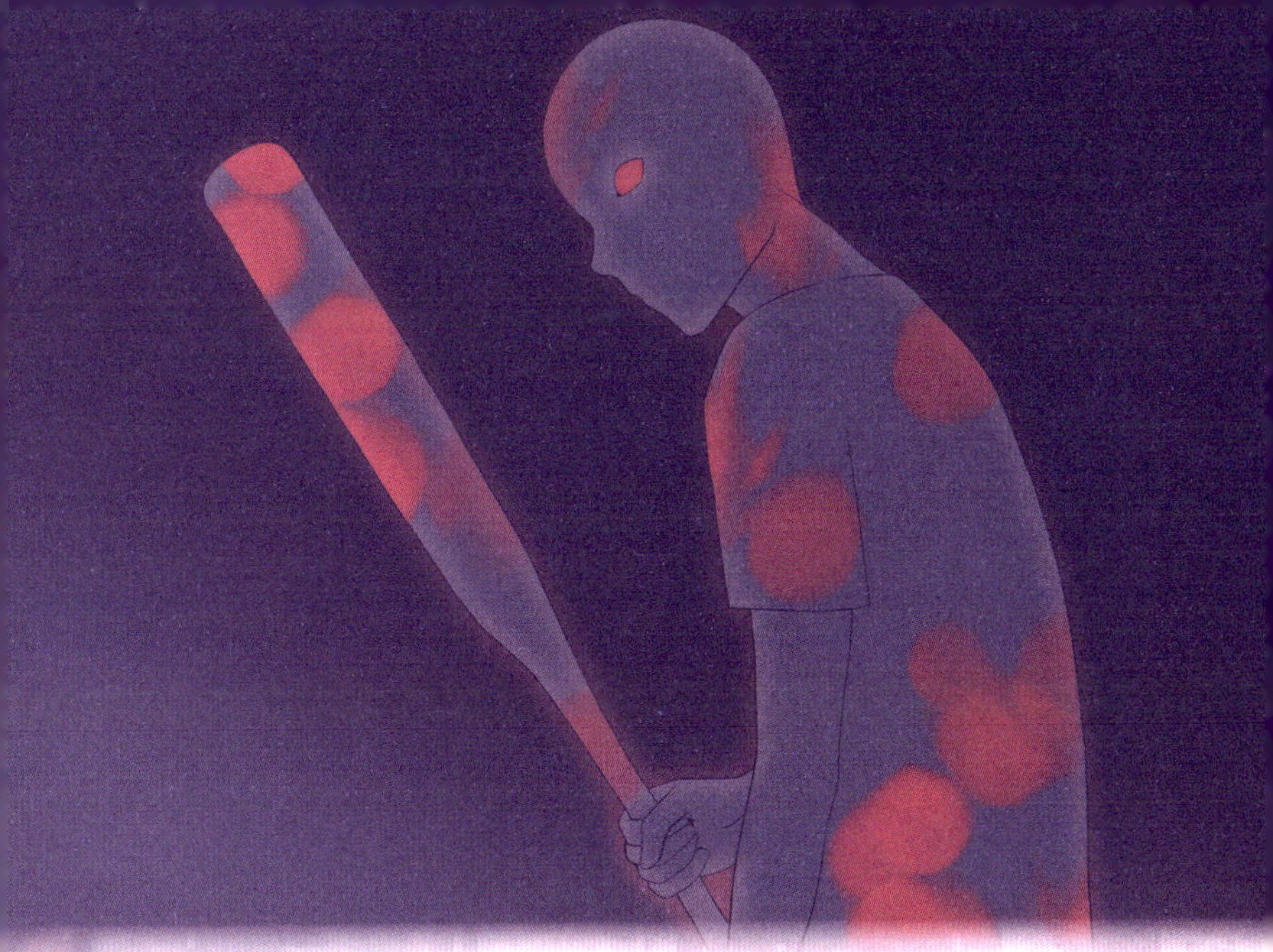

一家《いっか》が惨殺《ざんさつ》された
家《いえ》なんだよ。」

「え？」

「ほら、息子《むすこ》が…
金属《きんぞく》バットだったか何《なに》かで……。」

梨香《りか》さんは思《おも》い出《だ》しました。
以前《いぜん》、テレビのニュースで
騒《さわ》がれていた殺人事件《さつじんじけん》のことを…。
自分《じぶん》の住《す》む県《けん》ではなかったのですが、
息子《むすこ》が親兄弟《おやきょうだい》を皆殺《みなごろ》しにした
凄惨《せいさん》な事件《じけん》だったので、

いやがおうにも記憶《きおく》に
残《のこ》っていたのです。

「…、それ知《し》ってますけど……。

えええ――っ!!　あの家《いえ》なんですか!?」

「梨香《りか》…見《み》たんだ……奥《おく》さん……。」

「…先輩《せんぱい》、そう言《い》えば…。」

梨香《りか》さんはその女性《じょせい》が
目《め》の前《まえ》に立《た》っていたときも
いなくなるときも、
女性《じょせい》の足音《あしおと》を聞《き》いていないことを
思《おも》い出《だ》しました。
アプローチや家《いえ》のまわりに
敷《し》かれている、
あの化粧砂利《けしょうじゃり》を踏《ふ》む音《おと》を
聞《き》いていなかったのです。

梨香《りか》さんは先輩《せんぱい》と二人《ふたり》で、
もう一度《いちど》その家《いえ》まで歩《ある》いて
見《み》に行《い》きました。けれど、
リビングの窓《まど》にも二階《にかい》の窓《まど》にも…、
カーテンはかかっていませんでした。
その家《いえ》は、
完全《かんぜん》な
空《あ》き家《や》だったのです。

恐怖《きょうふ》・2　闇《やみ》の足音《あしおと》　日常の絶叫体験　第《だい》3話《わ》

ソファー

大学《だいがく》一年生《いちねんせい》で念願《ねんがん》の一人《ひとり》暮《ぐ》らしを
始《はじ》めたばかりの美波《みなみ》さん。
部屋《へや》の家具《かぐ》は、
近所《きんじょ》のインテリアショップで
手頃《てごろ》な値段《ねだん》の物《もの》を
買《か》いそろえていましたが、
美波《みなみ》さんは、
少《すこ》し古《ふる》めで、特《とく》にアメリカンな
デザインの家具《かぐ》に興味《きょうみ》があり、
アンティーク家具《かぐ》のお店《みせ》を
見《み》てまわるのが楽《たの》しみでした。
しかし、アンティークの家具《かぐ》は
とても高価《こうか》で手《て》が出《で》ません。

ある日《ひ》、美波《みなみ》さんは駅《えき》の向《む》こう側《がわ》に
リサイクルショップを見《み》つけ、
中《なか》に入《はい》ってみました。
広《ひろ》いお店《みせ》で、家具《かぐ》もたくさん並《なら》んでいます。

お店《みせ》の奥《おく》のほうまで行《い》くと、
『わぁ、これいいな…。』
ちょうど美波《みなみ》さんの好《この》みにぴったりの
こげ茶色《ちゃいろ》でどっしりとした
ソファーが売《う》りに出《で》ていました。
革《かわ》もほとんど傷《いた》みがなくて
とても良《よ》い状態《じょうたい》でした。
『このソファーを部屋《へや》に置《お》きたい！
ほしいな。
買《か》いたいけど…。』
値段《ねだん》が高《たか》くて
美波《みなみ》さんは悩《なや》んだ末《すえ》、
買《か》うのをあきらめました。

その代《か》わりに、安《やす》く売《う》っていた
折《お》りたたみ式《しき》のベッドを
買《か》って帰《かえ》ろうと決《き》めました。

「すみません！」
美波《みなみ》さんは、お店《みせ》の人《ひと》に声《こえ》をかけて、
ベッドを購入《こうにゅう》することを伝《つた》えました。
そのついでにソファーの話題《わだい》を
投《な》げかけてみました。
その人《ひと》は、お店《みせ》の店長《てんちょう》でした。
「これは、とてもていねいな作《つく》りで
状態《じょうたい》もいいですよ。」
「すごくすてきなソファーですよね。

こんなソファーを置《お》くのが
夢《ゆめ》だったんです！　いいなあ…。
でも、お値段《ねだん》が…。」
「お客《きゃく》さん、このソファーを
とても気《き》に入《い》ってくれましたね。
その熱意《ねつい》に応《こた》えて…。」
店長《てんちょう》は、大幅《おおはば》に下《さ》げた値段《ねだん》を
提示《ていじ》してくれました。
　美波《みなみ》さんは悩《なや》んだ結果《けっか》、
「そこまで安《やす》くなるなら、買《か》います!!」
笑顔《えがお》で決断《けつだん》し、折《お》りたたみベッドと
ともにソファーを購入《こうにゅう》しました。

一緒《いっしょ》に配送《はいそう》してもらうことを頼《たの》み、
いい買《か》い物《もの》ができた美波《みなみ》さんは、
「このソファー、どんな人《ひと》が
持《も》っていたんですか。」
と、テンションが上《あ》がったまま
店長《てんちょう》に話《はな》しかけました。店長《てんちょう》は、
「これね、どっちも郊外《こうがい》にある
大《おお》きな家《いえ》の人《ひと》が使《つか》っていて、
海外《かいがい》へ移住《いじゅう》するので手放《てばな》したんだよ。」
「へぇ～。」
　数日後《すうじつご》、美波《みなみ》さんの部屋《へや》に
ソファーと折《お》りたたみベッドが

届《とど》きました。
広《ひろ》い部屋《へや》ではありませんが、
ベッドは折《お》りたためるので
部屋《へや》の隅《すみ》に立《た》てかけ、
ソファーは部屋《へや》の一番奥《いちばんおく》の
窓《まど》の前《まえ》に置《お》きました。
『やったぁ！　すっごいイイ感《かん》じ!!』
早速《さっそく》その週末《しゅうまつ》に、数人《すうにん》の友《とも》だちが
遊《あそ》びにやってきました。
ソファーに座《すわ》って
おしゃべりで盛《も》り上《あ》がりましたが、
楽《たの》しい時間《じかん》は

あっという間《ま》にすぎて、
友《とも》だちは、一人《ひとり》、また一人《ひとり》と
帰《かえ》っていきました。
『ああ、楽《たの》しかったし…疲《つか》れた…。』
美波《みなみ》さんは片《かた》づけ物《もの》を終《お》わらせて、
広《ひろ》げた折《お》りたたみベッドの上《うえ》に
倒《たお》れこむように寝《ね》てしまいました。

そして、深夜《しんや》。
〝ギユッギユギユギユ…〟
『…ん？』
美波《みなみ》さんは、家鳴《やな》りのような音《おと》で

目《め》が覚《さ》めました。

〝ギユッギユギユギユ…〟

この部屋《へや》に引《ひ》っ越《こ》してから

初《はじ》めて聞《き》く音《おと》です。

『…何《なん》だろう？』

と、一瞬《いっしゅん》思《おも》った美波《みなみ》さんでしたが、

疲《つか》れからそのまま寝《ね》てしまいました。

翌日《よくじつ》の夜《よる》。

〝ギユッギユギユギユ…〟

『あの音《おと》だ。』

寝《ね》る準備《じゅんび》をして、

テレビを消《け》したとたんに
昨日《きのう》と同《おな》じ音《おと》が聞《き》こえてきました。
美波《みなみ》さんはその音《おと》がどこから
聞《き》こえてくるのか、
耳《みみ》に意識《いしき》を集中《しゅうちゅう》して探《さぐ》りました。
『あれ…？』
その音《おと》の出所《でどころ》は…、
何《なん》とソファーからでした。
〝ギュッギュギュギュ…〟
『え？　だれもいないのに、
何《なん》で音《おと》がするの？』
美波《みなみ》さんは、不思議《ふしぎ》な現象《げんしょう》に
驚《おどろ》きながらも、
音《おと》を出《だ》す張本人《ちょうほんにん》を
想像《そうぞう》してゾッとしました。

ソファーを見《み》ても
だれも座《すわ》っていないのに
だれかが座《すわ》っている感《かん》じがする。
そして、革《かわ》がすれる独特《どくとく》な音《おと》がして、
だれかが体勢《たいせい》を
変《か》えているのがわかる…。
『これって…幽霊《ゆうれい》!?』
美波《みなみ》さんは怖《こわ》いながらも
しばらくソファーを観察《かんさつ》しました。

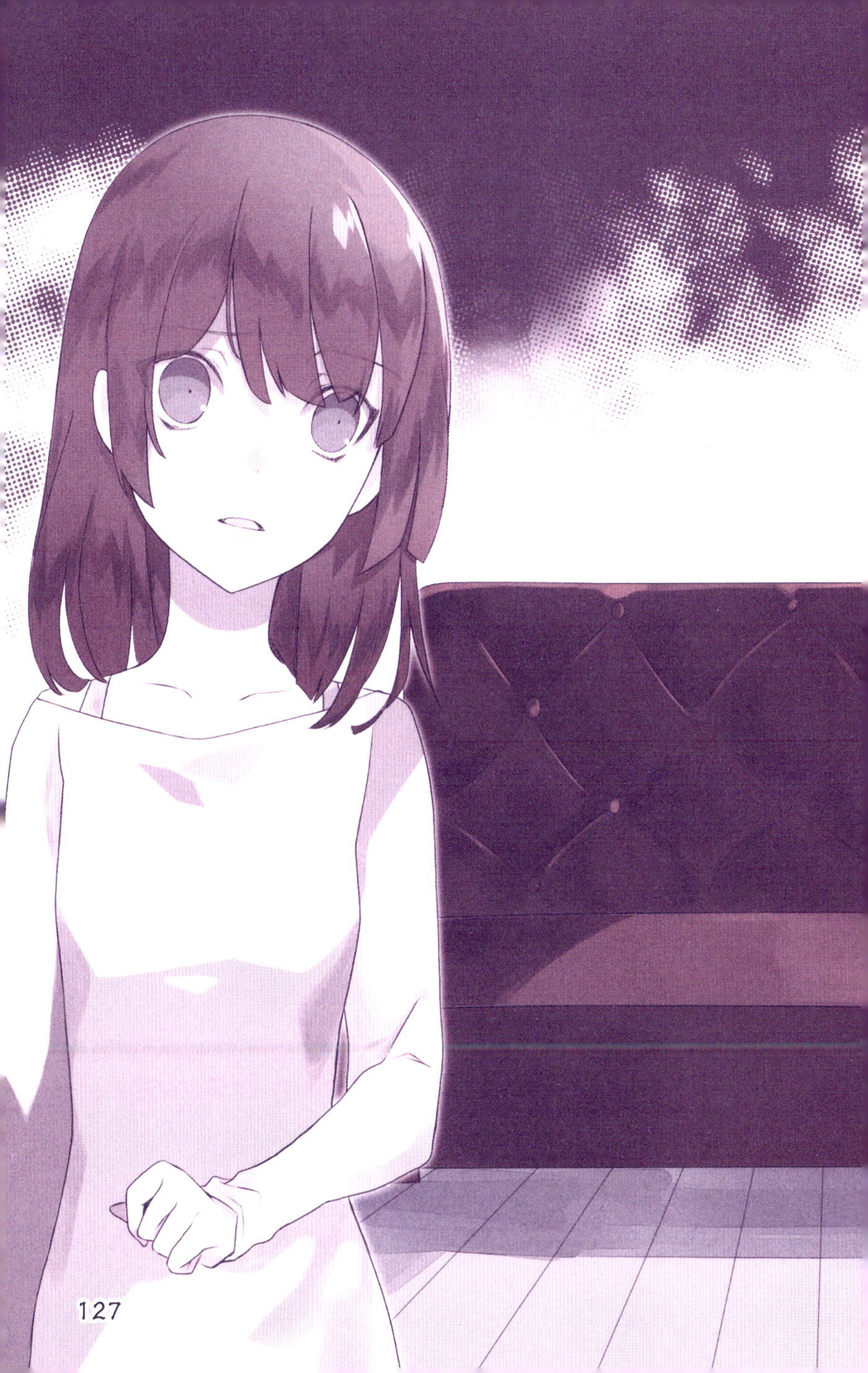

すると突然《とつぜん》、
音《おと》は何《なに》もしなくなりました。
シーンと静《しず》まりかえった部屋《へや》…。
気味《きみ》が悪《わる》くなった美波《みなみ》さんは、
とりあえず電気《でんき》をつけたままにして
眠《ねむ》ることにしました。

そして、翌日《よくじつ》の夜《よる》。

〝ギュッギュギュギュ…〟

昨日《きのう》と同《おな》じ時間《じかん》にまたあの不気味《ぶきみ》な
音《おと》が鳴《な》り出《だ》しました。
『何《なに》よ…これ！』

〝ギュッギュギュギュ…〟

美波《みなみ》さんは恐怖《きょうふ》のあまり、
ベッドの布団《ふとん》に潜《もぐ》りこみ、

すぐさまスマホの
フリマアプリにソファーを出品《しゅっぴん》。
すぐに手放《てばな》したいので、
買《か》った値段《ねだん》よりもうんと安《やす》い金額《きんがく》で
見《み》ず知《し》らずの人《ひと》に
売《う》ることにしたのです。
幸《さいわ》いすぐに買《か》い手《て》がつきましたが、
発送《はっそう》が終《お》わるまでは
近《ちか》くの友人《ゆうじん》の家《いえ》に泊《と》めてもらいました。

そして二日後《ふつかご》、
ソファーの発送《はっそう》を済《す》ませた美波《みなみ》さんは
部屋《へや》に戻《もど》ったのですが、
『もう！　まだ怖《こわ》いよ…。』
ソファーが
なくなったのにもかかわらず、
〝ギュッギュギュギュギュ…〟
という音《おと》が頭《あたま》から離《はな》れず、
恐怖心《きょうふしん》も消《き》えません。
『もうソファーはないんだから、
気持《きも》ちを切《き》り替《か》えよう！』
美波《みなみ》さんは恐怖心《きょうふしん》を振《ふ》り払《はら》うように

電気《でんき》を消《け》し、
折《お》りたたみベッドで眠《ねむ》りにつきました。
すると…。
〝スゥ〜　ハァ〜
スゥ〜　ハァ〜〟
突然《とつぜん》、寝息《ねいき》のような音《おと》が
美波《みなみ》さんのそばで聞《き》こえ出《だ》しました。
『え？　今度《こんど》は何《なに》!?』
飛《と》びおきた美波《みなみ》さんは
折《お》りたたみベッドに腰《こし》かけて、
豆電球《まめでんきゅう》だけが照《て》らすオレンジ色《いろ》の
部屋《へや》の中《なか》を、ゆっくりと見渡《みわた》しましたが、

もちろんだれもいません。
でも、だれかがいる。
いや、だれかが寝《ね》ている。
〝スゥ〜　ハァ〜
スゥ〜　ハァ〜〟
寝息《ねいき》が聞《き》こえる。
そして、人《ひと》の気配《けはい》……。
美波《みなみ》さんが身動《みうご》きせずに
目《め》の動《うご》きだけであたりをうかがうと、
〝ギッギッギッギッ……〟
まるで、だれかが横《よこ》たわり
寝返《ねがえ》りを打《う》っているかのように

折《お》りたたみベッドのマットレスが
きしみ始《はじ》めたのです。
「いやああああああ!!!」
ベッドから転《ころ》げ落《お》ちた美波《みなみ》さんは、
パジャマのまま部屋《へや》を飛《と》び出《だ》し、
再《ふたた》び近《ちか》くの友人《ゆうじん》の家《いえ》に
逃《に》げこみました。

そして、折《お》りたたみベッドは、
その夜《よる》のうちにまたもや
フリマアプリで出品《しゅっぴん》。
数日後《すうじつご》に
ほかの人《ひと》の手《て》に渡《わた》ったのです。

あのソファーとベッドには、
どんな霊《れい》が取《と》り憑《つ》いて
いたのでしょうか?
もしかすると、あの家具《かぐ》たちは、
またフリマアプリで出品《しゅっぴん》されて、
今《いま》は、あなたの家《いえ》に
置《お》いてあるかもしれません……。

恐怖《きょうふ》-ス
闇《やみ》の足音《あしおと》 日常《にちじょう》の絶叫体験《ぜっきょうたいけん》
第《だい》4話《わ》
沢音千尋
お盆《ぼん》の時期《じき》だけ
学園女子寮
そこまで言《い》うなら、わかった! あんたなんて帰《かえ》ってこなくていいわよ。
お盆《ぼん》は勝手《かって》に寮《りょう》ですごしなさい!!
ということで、寮母《りょうぼ》さん親《おや》の理解《りかい》を得《え》られてますので、
お盆《ぼん》はここでお留守番《るすばん》しますよ。
万理華《まりか》さん…。
ここは私《わたし》の高校《こうこう》の学生寮《がくせいりょう》。

家《いえ》が遠《とお》くて通学《つうがく》しにくい生徒《せいと》のための寮《りょう》だ
というか、
寮《りょう》があるから私《わたし》はこの学校《がっこう》を選《えら》んだ。
あの親《おや》から離《はな》れるために。
うちの親《おや》いっつもあんな感《かん》じなんです。
ガミガミ
小言《こごと》ばかりでいやになっちゃう。
それは、
「あなたのこと心配《しんぱい》してるから」
ですか。
っていう、お決《き》まりの文句《もんく》聞《き》き飽《あ》きました。
……。
だけどいいの？
お盆《ぼん》の間《あいだ》、この寮《りょう》にたった一人《ひとり》になるんだ。
寮母《りょうぼ》さんも帰省《きせい》するんでしょ。
私《わたし》はまだ許可《きょか》してませんけど。
このボロ寮《りょう》、セキュリティーだけは最新《さいしん》だけど、
こっちのセキュリティーはわからないよ。

お守《まも》り…。
この寮《りょう》って、古《ふる》くて何《なに》か化《ば》けて出《で》そうじゃない？
※寮生《りょうせい》がいるときならまだしも。
まあ、おもしろそう。
化《ば》けて…。
寮母《りょうぼ》さん？
わかった。お留守番《るすばん》任《まか》せるわ。何《なに》かあったら連絡《れんらく》ちょうだい。
何《なに》かなくても気軽《きがる》に連絡《れんらく》して！
？

※寮生《りょうせい》…学生寮《がくせいりょう》で生活《せいかつ》している学生《がくせい》・生徒《せいと》。

家鳴《やな》りか…。
木《き》の家《いえ》に多《おお》いという…。
ぎしッ
ぎしッ
寮生《りょうせい》がいるときは、気《き》にならなかったけど。
何《なん》か、
ラップ音《おん》みた…。
はッ
あいつらがお守《まも》りなんて渡《わた》すから
変《へん》な想像《そうぞう》しちゃうじゃないの
ふいッ
え………。
だれ!?
ばッ
いない…。

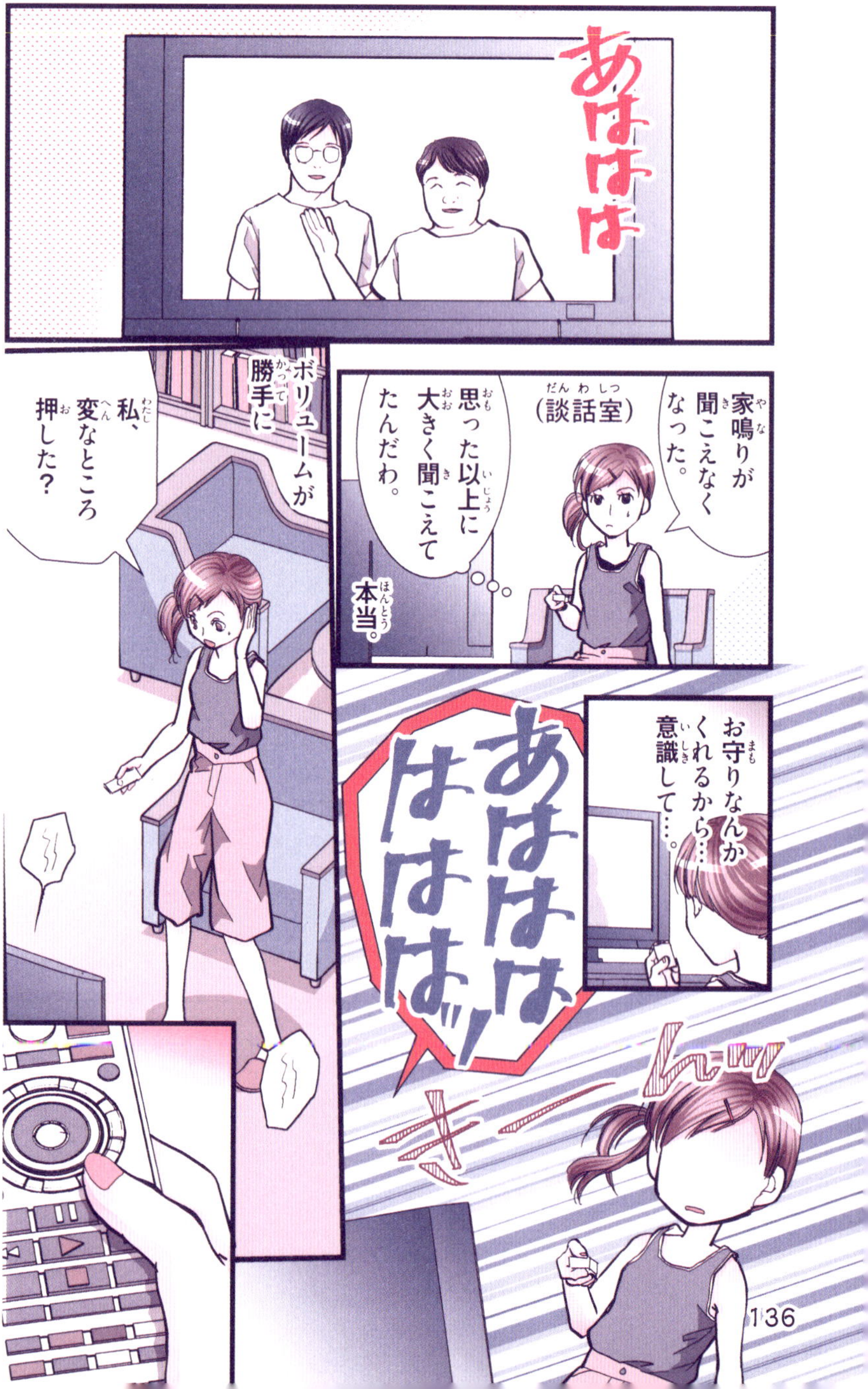
あははは
家鳴《やな》りが聞《き》こえなくなった。
(談話室《だんわしつ》)
思《おも》った以上《いじょう》に大《おお》きく聞《き》こえてたんだわ。
本当《ほんとう》。
ボリュームが勝手《かって》に
私《わたし》、変《へん》なところ押《お》した?
お守《まも》りなんかくれるから……意識《いしき》して……。
あははははッ!
きーんッ

リモコンが効《き》かない。
はッ
チャンネルまで勝手《かって》に変《か》わって。
プッ
プッ
ぶぢッ
ぜーはー
ぜーはーッ
電源《でんげん》さえ引《ひ》っこ抜《ぬ》けば大丈夫《だいじょうぶ》。
あははははは
わはははッ

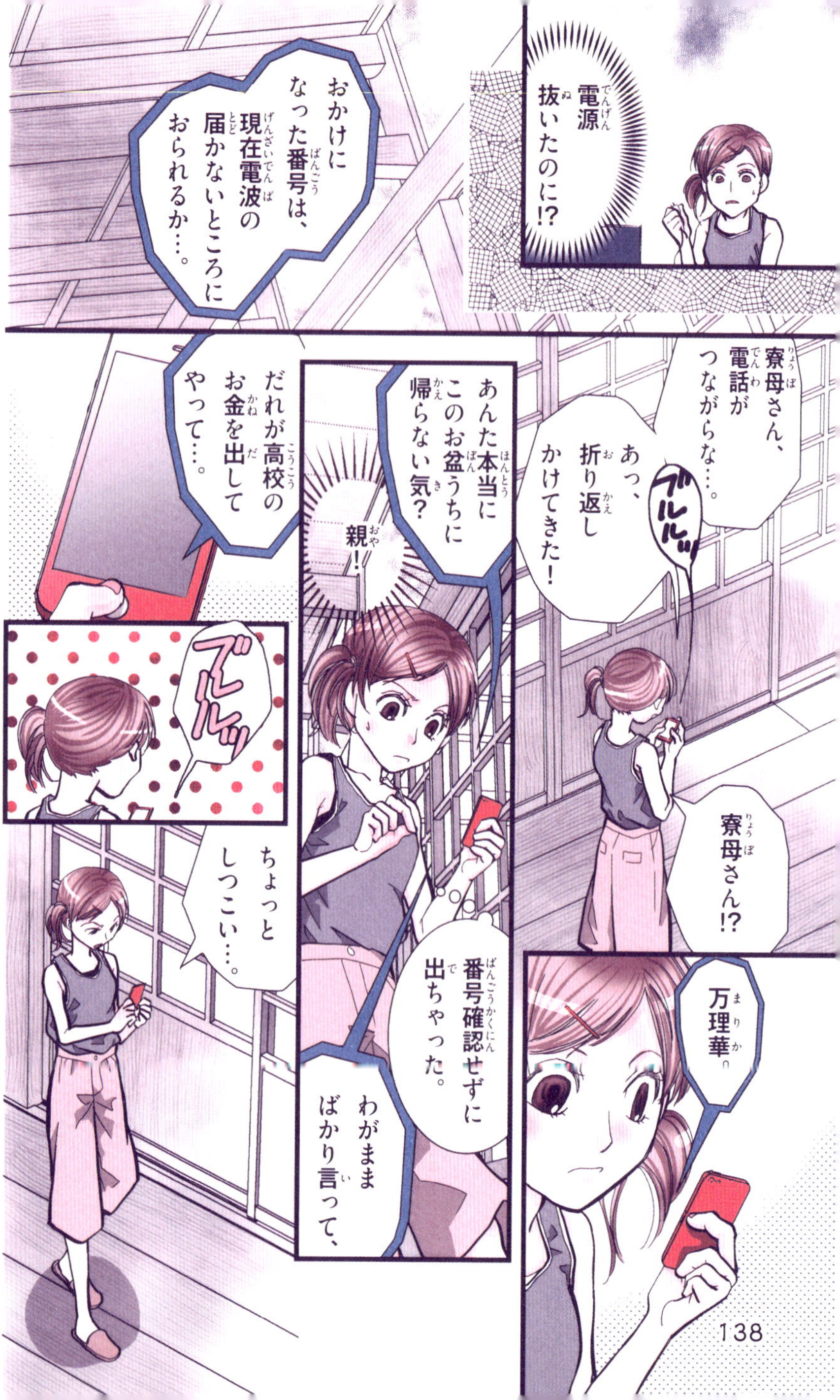
電源《でんげん》抜《ぬ》いたのに!?
おかけになった番号《ばんごう》は、現在《げんざい》電波《でんぱ》の届《とど》かないところにおられるか…。
寮母《りょうぼ》さん、電話《でんわ》がつながらな…。
ブルルッ
あっ、折《お》り返《かえ》しかけてきた!
寮母《りょうぼ》さん!?
親《おや》!
あんた本当《ほんとう》にこのお盆《ぼん》うちに帰《かえ》らない気《き》?
だれが高校《こうこう》のお金《かね》を出《だ》してやって…。
万理華《まりか》∩
番号確認《ばんごうかくにん》せずに出《で》ちゃった。
わがままばかり言《い》って、
ブルルッ
ちょっとしつこい…。

寮母《りょうぼ》さん!?
今度《こんど》こそ折《お》り返《かえ》しかけてきてくれて…。
ブルッ
着信画面
寮母
…。
やめよう。
寮母《りょうぼ》さんに連絡《れんらく》したら、家《いえ》に帰《かえ》らされる。
パタン
多少《たしょう》はがまんしよう。
はっきりと幽霊《ゆうれい》を見《み》たわけじゃないし、
でも談話室《だんわしつ》には近付《ちかづ》かないようにしよう
テレビだって何《なに》か原因《げんいん》が…。
ぽたっ
水《みず》…?
ぬっ…

ニヤリ
きゃあああ。
すいません。
学園女子寮
すいません。だれか！
はッ
すいません。
万理華《まりか》!?
お父《とう》さん。
何《なに》やってる!? 外《そと》に出《で》る時間《じかん》じゃないだろう。

お父《とう》さんこそ…何《なん》でここに…。
はたッ
いつからここにいたの？
さっきの電話《でんわ》から十分《じっぷん》もたっていない。
家《いえ》から車《くるま》で一時間《いちじかん》はかかるのにー。
だいぶ前《まえ》から？
私《わたし》を連《つ》れ戻《もど》すために？
お前《まえ》は家族《かぞく》に反抗《はんこう》したいだけだろう。親戚《しんせき》の前《まえ》でわしらに恥《はじ》をかかせるな。
お前《まえ》は家族《かぞく》というものを何《なん》だと思《おも》ってるんだ。
うざいと思《おも》ってる。

なん…。
じゃあ、たまには私《わたし》をほめれば？
小言《こごと》ばかり言《い》って、
そりゃ私《わたし》に至《いた》らないところはあるんだろうけど。
イライラが形《かたち》になる。
自分《じぶん》でもわからなかったもやもやが言葉《ことば》になる。
産《う》んでくれた親《おや》に小言《こごと》を言《い》われるのって、
常《つね》に親《おや》にクズって言《い》われている気持《き》ち《も》になるのよ。
戻《もど》ってしまった…。

アレがまだいるかもしれないのに……。
今日《きょう》は寝《ね》てしまおう。
夜《よ》が明《あ》ければあんなのは出《で》ないわ。そうだ。
さっきもらったお守《まも》りを身《み》につけて寝《ね》よう。
お風呂《ふろ》
ガラッ…
寮母《りょうぼ》さんお風呂《ふろ》わかしてくれてた。
悪《わる》いけど、お風呂《ふろ》は明日《あした》の朝《あさ》シャワーにしよう。
水《みず》を落《お》としとこう……
もやっ…

ザッ
息《いき》が…
ゴボッ
ゴボッ
息《いき》が
できない。

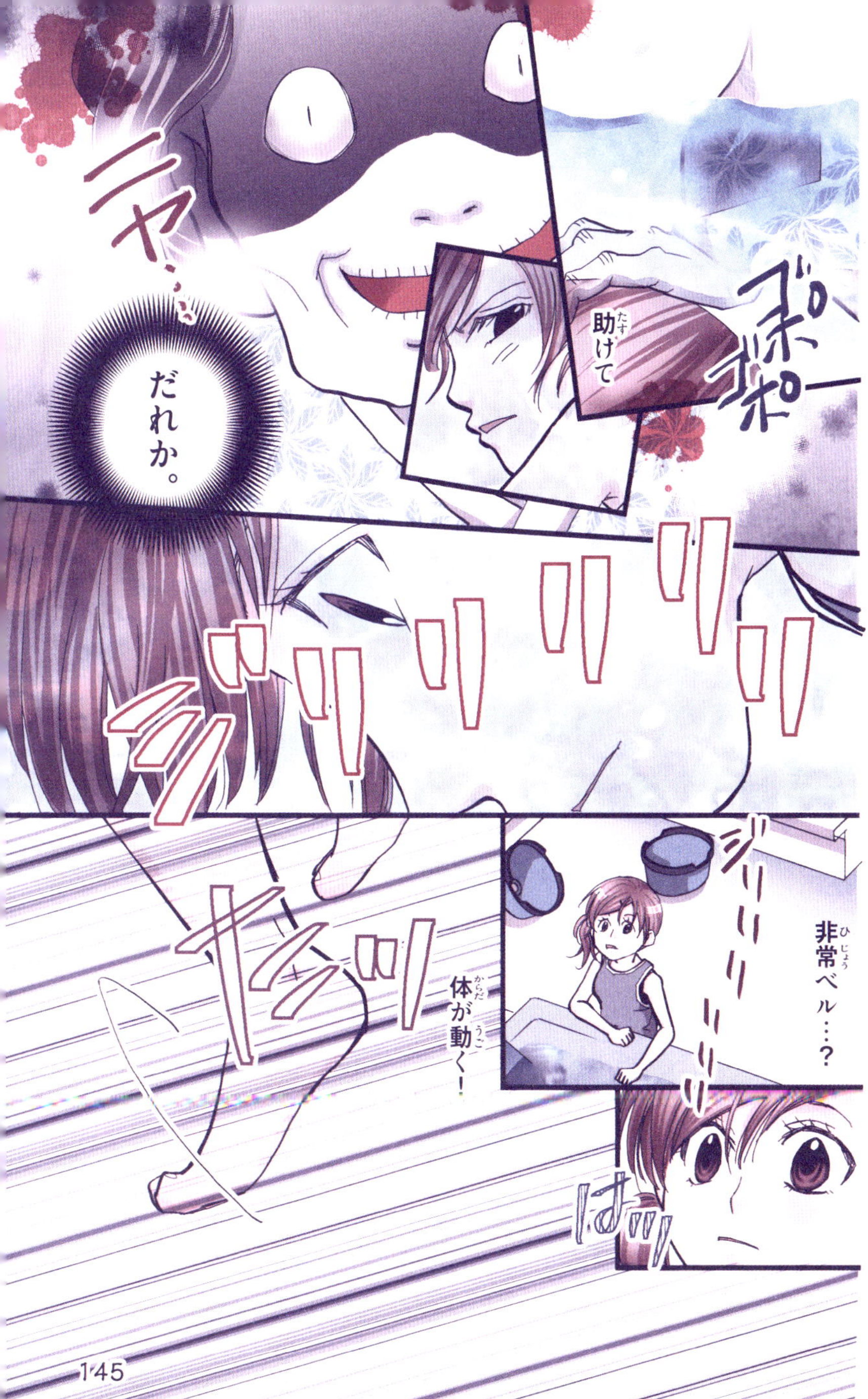
ゴポ
ゴポ
助《たす》けて
ニヤ…
だれか。
非常《ひじょう》ベル…?
体《からだ》が動《うご》く!
はっ

万理華《まりか》。
お父《とう》さん!
ジリリリリ
何《なん》だ この非常《ひじょう》ベル。
それにお前《まえ》 びしょ濡《ぬ》れ…。
わっ。
ばっ
どうした。何《なに》があって… …ん? あれは寮母《りょうぼ》さん。
寮《りょう》…母《ぼ》…?
じゃないよな。たしか寮母《りょうぼ》さんって、
もっと若《わか》い人《ひと》だったような…。
ゆらっ…
○○学園女子寮

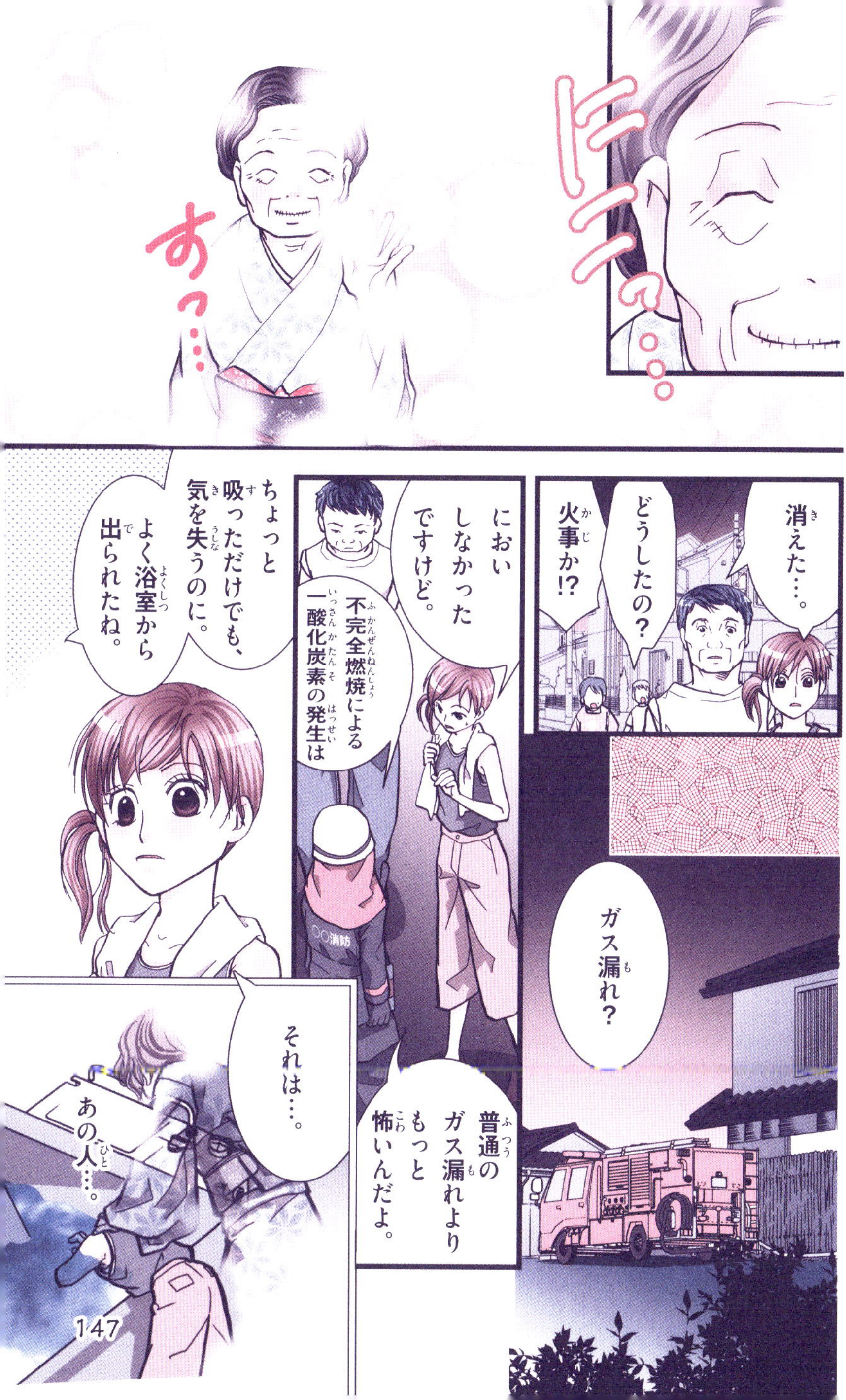
ニコッ…
すっ…
消《き》えた…。
どうしたの?
火事《かじ》か!?
においしなかったですけど。
不完全燃焼《ふかんぜんねんしょう》による一酸化炭素《いっさんかたんそ》の発生《はっせい》は
ちょっと吸《す》っただけでも、気《き》を失《うしな》うのに。
よく浴室《よくしつ》から出《で》られたね。
ガス漏《も》れ?
普通《ふつう》のガス漏《も》れよりもっと怖《こわ》いんだよ。
それは…。
あの人《ひと》…。

私《わたし》を助《たす》けてくれて…？
万理華《まりか》ちゃん。
いえ、すんだことですから、
もちろん一人《ひとり》にするつもりはなかったんです。
寮母《りょうぼ》さん。
…と、お父《とう》さん。今回《こんかい》は申《もう》しわけありませんでした。
お嬢《じょう》さんを一人《ひとり》にした上《うえ》に、下手《へた》したら死《し》んでたかもしれないなんて。
ペこーペこーッ
私《わたし》もお嬢《じょう》さんがすぐ「帰《かえ》りたい」と言《い》うと思《おも》って…。ああもう。
幽霊《ゆうれい》に任《まか》せるんじゃなかったわ。
「幽霊《ゆうれい》に任《まか》せる」…？
え？あ…あの。
え…えと　とりあえず寮母《りょうぼ》さん。

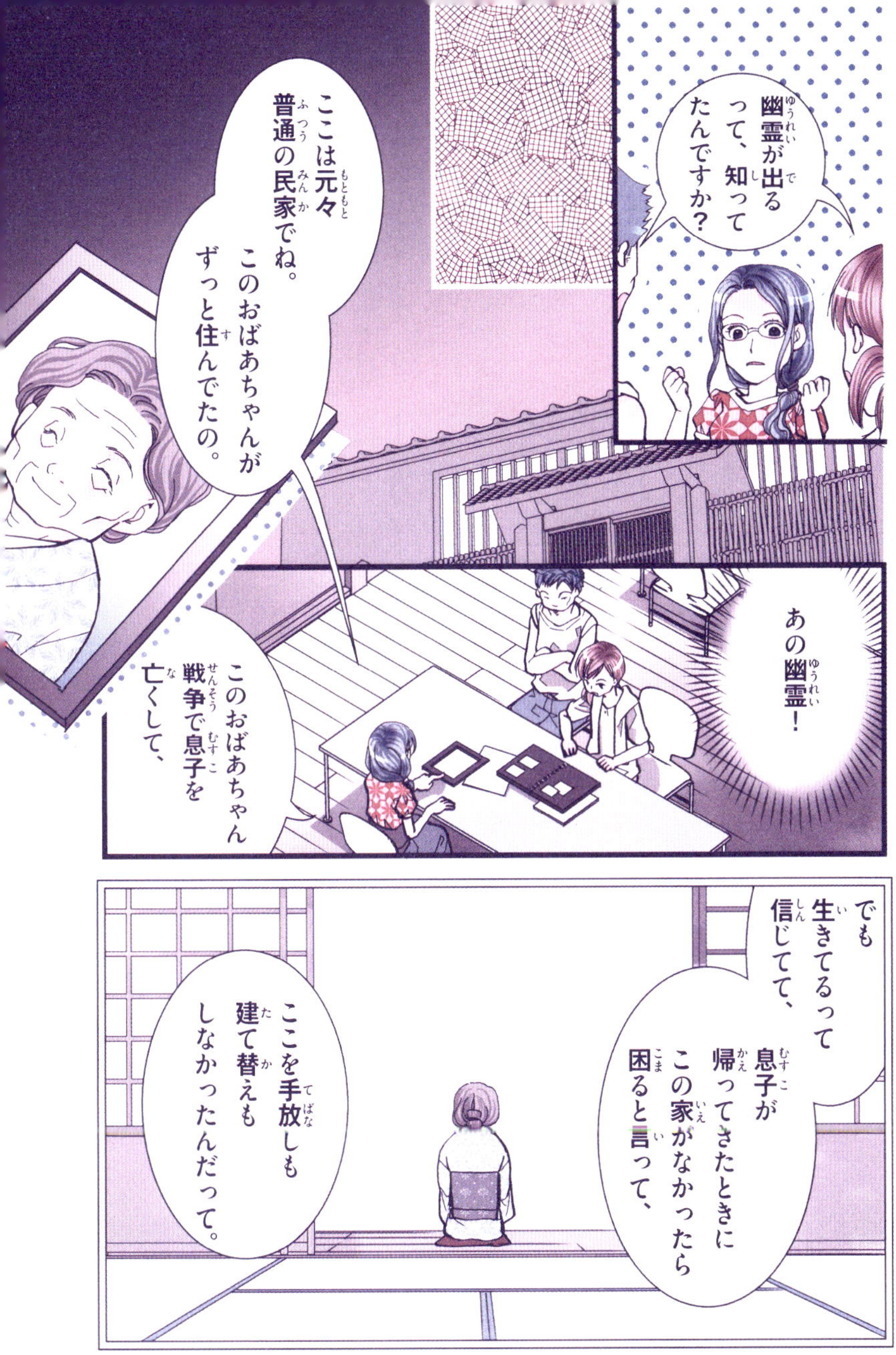

幽霊《ゆうれい》が出《で》るって、知《し》ってたんですか?
ここは元々《もともと》普通《ふつう》の民家《みんか》でね。このおばあちゃんがずっと住《す》んでたの。
あの幽霊《ゆうれい》!
このおばあちゃん戦争《せんそう》で息子《むすこ》を亡《な》くして、
でも生《い》きてるって信《しん》じてて、
息子《むすこ》が帰《かえ》ってきたときにこの家《いえ》がなかったら困《こま》ると言《い》って、
ここを手放《てばな》しも建《た》て替《か》えもしなかったんだって。

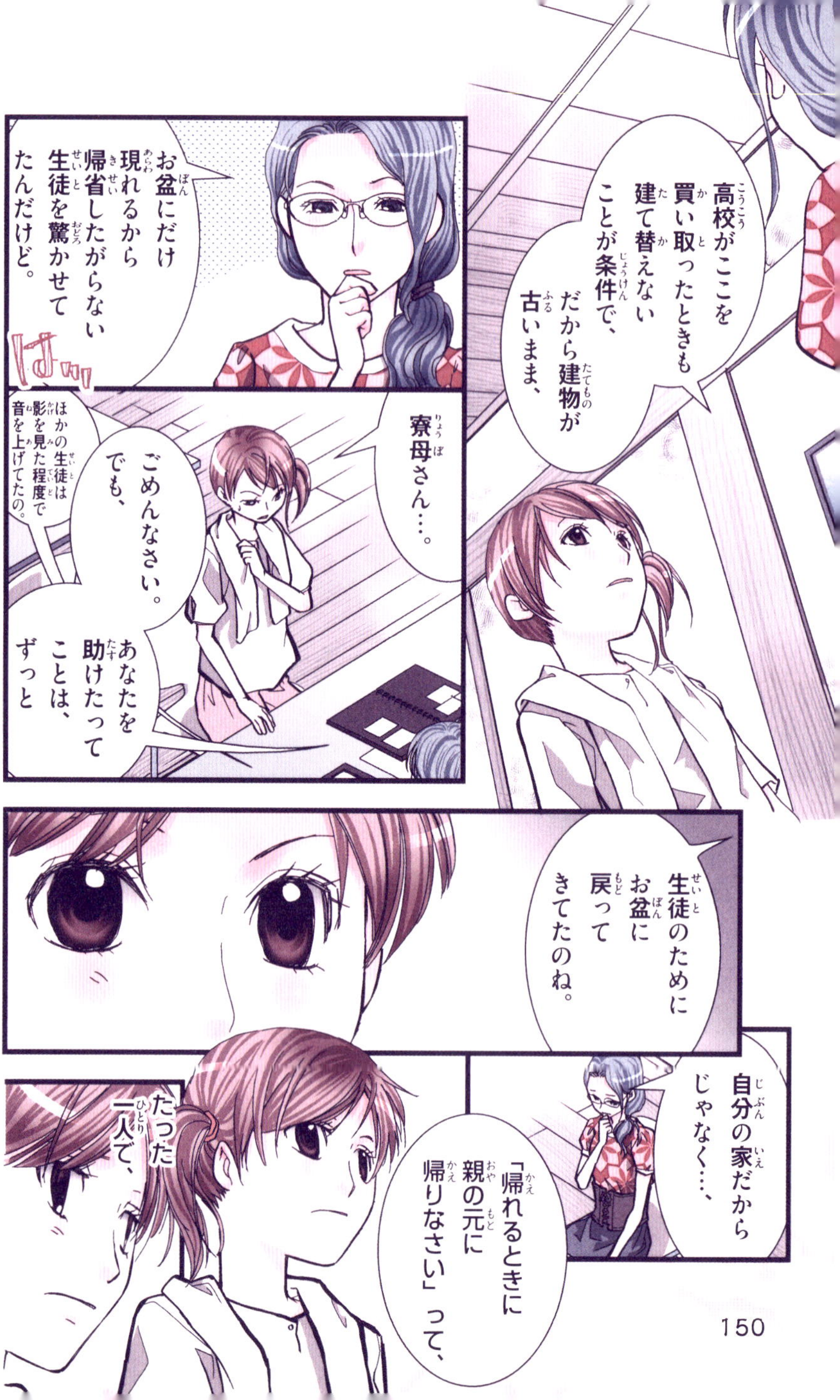

高校《こうこう》がここを買《か》い取《と》ったときも建《た》て替《か》えないことが条件《じょうけん》で、だから建物《たてもの》が古《ふる》いまま、
お盆《ぼん》にだけ現《あらわ》れるから帰省《きせい》したがらない生徒《せいと》を驚《おどろ》かせてたんだけど。
はぁ…
寮母《りょうぼ》さん…。
ごめんなさい。でも、
ほかの生徒《せいと》は影《かげ》を見《み》た程度《ていど》で音《ね》を上《あ》げてたの。
あなたを助《たす》けたってことは、ずっと
生徒《せいと》のためにお盆《ぼん》に戻《もど》ってきてたのね。
自分《じぶん》の家《いえ》だからじゃなく…、
「帰《かえ》れるときに親《おや》の元《もと》に帰《かえ》りなさい」って、
たった一人《ひとり》で、

息子《むすこ》を待《ま》ち続《つづ》けたおばあさんの家《いえ》…。
帰《かえ》ろう、万理華《まりか》。
その…いろいろ悪《わる》かったな。
私《わたし》は
来年《らいねん》も再来年《さらいねん》も、お盆《ぼん》は自分《じぶん》の家《いえ》に帰《かえ》るだろう。
あたしもひどいこと言った
その一方《いっぽう》で思《おも》うのだ。
あのおばあちゃんにお礼《れい》を言《い》いたい。
できないならせめて、隅々《すみずみ》まで掃除《そうじ》をしてお盆《ぼん》の時期《じき》をすごさせてあげたい。
そうやってあのおばあちゃんが息子《むすこ》を待《ま》っていたように。

恐怖《きょうふ》・え

闇《やみ》の足音《あしおと》　日常《にちじょう》の絶叫体験《ぜっきょうたいけん》

第《だい》5話《わ》

危険地帯《きけんちたい》

強《つよ》い霊感《れいかん》を持《も》つ高校生《こうこうせい》の寧々《ねね》さん。
その親友《しんゆう》の千雪《ちゆき》さんが、
今《いま》まで住《す》んでいたマンションから
家族《かぞく》とともに
一軒家《いっけんや》へ引《ひ》っ越《こ》しをしました。
「だからさぁ、寧々《ねね》。
ちょっと新《あたら》しい家《いえ》の様子《ようす》を
見《み》てほしいんだよ。」
様子《ようす》を見《み》るというのは、新《あたら》しい家《いえ》に
ヘンなものがついていないか、
寧々《ねね》さんの霊感《れいかん》でチェックして
もらいたいということでした。
「ったく。しょうがないなぁ。
でも何《なん》かごちそうしてよ。」
「わかってる。お昼《ひる》食《た》べていってって！」
寧々《ねね》さんは幼《おさな》い頃《ころ》から日常的《にちじょうてき》に
いろいろな幽霊《ゆうれい》を見《み》てきました。

正直《しょうじき》、二度《にど》と会《あ》いたくないような
恐《おそ》ろしい体験《たいけん》もしてきましたが、
親友《しんゆう》の頼《たの》みとあっては断《ことわ》れないと、
さっそく、週末《しゅうまつ》に千雪《ちゆき》さんの家《いえ》を
訪問《ほうもん》することにしました。

「ここだよ！」
最寄《もよ》り駅《えき》まで迎《むか》えに来《き》た千雪《ちゆき》さんが、
寧々《ねね》さんを新居《しんきょ》の前《まえ》まで
案内《あんない》してくれました。
千雪《ちゆき》さんの家《いえ》は、
とある住宅街《じゅうたくがい》の突《つ》き当《あ》たりにあり、
中古《ちゅうこ》ながら、雰囲気《ふんいき》のいい
たたずまいでした。

「ふーん。全然問題《ぜんぜんもんだい》なさそうだよ。」
屋外《おくがい》、そして屋内《おくない》からもヘンな
雰囲気《ふんいき》を感《かん》じなかった寧々《ねね》さんは、
リラックスして千雪《ちゆき》さんの部屋《へや》に入《はい》り、
おしゃべりしたり、
ランチをごちそうになったりしました。
気《き》がつけば、午後四時頃《ごごよじごろ》に
なっていたので、寧々《ねね》さんは
「そろそろ帰《かえ》るね！」
と帰《かえ》り支度《じたく》を始《はじ》めました。
玄関《げんかん》で靴《くつ》を履《は》いて出《で》ようとしたとき、
千雪《ちゆき》さんの弟《おとうと》で小学四年生《しょうがくよねんせい》の
隼人《はやと》くんがサッカーを終《お》えて

帰《かえ》ってきました。

「寧《ね》々《ね》ちゃん！

あれ？　もう帰《かえ》っちゃうの？」

「うん。また来《く》るよ。」

寧《ね》々《ね》さんは、隼人《はやと》くんが小《ちい》さい頃《ころ》から
よく一緒《いっしょ》に遊《あそ》んでいて、
隼人《はやと》くんにも少《すこ》し霊感《れいかん》があることを
知《し》っていました。

「隼人《はやと》くんは、この家《いえ》どう？

問題《もんだい》ない？」

「うん。家《いえ》は問題《もんだい》ないよ。…でも…。」

「でも？」

「ちょっと見《み》て。」
寧《ね》々《ね》さんは、帰《かえ》ってきたばかりの
玄関《げんかん》から出《で》ていく隼人《はやと》くんについて
外《そと》へ出《で》ました。
「あそこ、見《み》える？」
隼人《はやと》くんが指差《ゆびさ》す塀《へい》の向《む》こう側《がわ》に、
時代《じだい》から取《と》り残《のこ》されたような
古《ふる》い家《いえ》が並《なら》んでいました。
そのうちの一軒《いっけん》の家《いえ》の前《まえ》に、
五十歳代《ごじっさいだい》ぐらいのエプロンをした
おばさんが立《た》っているのが見《み》えました。
「…ああ。あれか…。」

寧々《ねね》さんは思《おも》わずため息《いき》を
ついてしまいました。
なぜなら、見《み》えていたおばさんの姿《すがた》は
透《す》けていたのです！

「見《み》えたでしょ？

おばさんいるよね？」

「……うん。」

寧々《ねね》さんと隼人《はやと》くんの会話《かいわ》に
ついていけない千雪《ちゆき》さんは、

「ねえ！　おばさんって何《なに》よ？」

と二人《ふたり》の間《あいだ》に割《わ》って入《はい》りました。

「姉《ねえ》ちゃんには

見《み》えてなかっただろうけど、
あの家《いえ》のおばさん、
僕《ぼく》らがこの家《いえ》に
引《ひ》っ越《こ》してきたとき、
こっちに向《む》かって頭《あたま》を下《さ》げて
あいさつしたんだよ。
無表情《むひょうじょう》でめっちゃ怖《こわ》かったよ！」
「えーっ！　何《なに》それ⁉　あんた、
まだそういうの見《み》えてたの？」
二人《ふたり》の会話《かいわ》を聞《き》きながら寧々《ねね》さんは、
「千雪《ちゆき》、私《わたし》より隼人《はやと》くんに
聞《き》いたほうが早《はや》かったね。」
と声《こえ》をかけました。

するとに何《なに》かに気《き》づいた隼人《はやと》くんが
指差《ゆびさ》しながら、
「寧々《ねね》ちゃん！　あれ‼」
と叫《さけ》びました。
見《み》ると、おばさんの霊《れい》が立《た》つ家《いえ》に
スーツ姿《すがた》の中年男性《ちゅうねんだんせい》が帰《かえ》ってきました。
そして男性《だんせい》の背中《せなか》に
おばさんの霊《れい》がぴったりとくっついて、
一緒《いっしょ》に家《いえ》の中《なか》に入《はい》っていったのです。

「ねえ、寧々《ねね》ちゃん、
あれっていい霊《れい》じゃないよね？」
そう聞《き》いてくる隼人《はやと》くんに

「そうだね。とりあえずこっちに
近《ちか》づいてこないように
したほうがいいな。
千雪《ちゆき》、玄関《げんかん》の前《まえ》に盛《も》り塩《じお》をしといて。
後《あと》は…。」
寧々《ねね》さんは、独学《どくがく》ながら簡単《かんたん》な
結界《けっかい》のようなものを張《は》ることができ、
悪《わる》い霊《れい》が近《ちか》づかないようにしました。
その儀式《ぎしき》の後《あと》、
千雪《ちゆき》さんと一緒《いっしょ》に駅《えき》へ向《む》かいました。
『何《なん》かすごくイヤな感《かん》じ…。』
あたりが暗《くら》くなる中《なか》、

街《まち》は、午前中《ごぜんちゅう》に見《み》た様子《ようす》と
かなりちがって見《み》えました。
「この辺《へん》は再開発《さいかいはつ》がまだ進《すす》んでなくて
空《あ》き家《や》が多《おお》いんだって。
私《わたし》が見《み》ても不気味《ぶきみ》だよ。」
千雪《ちゆき》さんがそう言《い》う街《まち》の一角《いっかく》は、
まるでゴーストタウンのような
状態《じょうたい》でした。
寧々《ねね》さんは、
「こうやってさ、本当《ほんとう》は
人《ひと》が使《つか》えるものを使《つか》わないで
放置《ほうち》するとよくないんだよ。」
と答《こた》えました。

寧々《ねね》さんの目《め》には、
たくさんの空《あ》き家《や》の中《なか》に、
タチの悪《わる》そうな霊《れい》が少《すこ》しずつ、
そして大勢《おおぜい》見《み》えてきました。
その霊《れい》たちは、
明《あき》らかに寧々《ねね》さんに敵意《てきい》を持《も》ち、
こちらをにらみつけています。
「早《はや》く出《で》ていけ!!」
「呪《のろ》ってやろうか!」
「呪《のろ》ってやろうか!」
霊《れい》たちの脅《おど》しとも言《い》える声《こえ》が、
寧々《ねね》さんの耳《みみ》に入《はい》ってきました。

『千雪《ちゆき》の家《いえ》は大丈夫《だいじょうぶ》だけど、
この地区全体《ちくぜんたい》がヤバイな…。
人《ひと》がすごく通《とお》るところに、
これだけ空《あ》き家《や》があると、
どんどん悪《わる》いものが
たまっていっちゃう。』
でも、寧々《ねね》さん一人《ひとり》の力《ちから》では
どうにもなりません…。

駅《えき》に着《つ》いた寧々《ねね》さんは、
とりあえず自分《じぶん》と千雪《ちゆき》さんに
悪《わる》い霊《れい》が憑《つ》いてこないよう、
水晶《すいしょう》の棒《ぼう》で音叉《おんさ》を
〝チーン！〟と鳴《な》らして
悪《わる》いものを祓《はら》おうとしました。
すると、

〝ゴン！〟

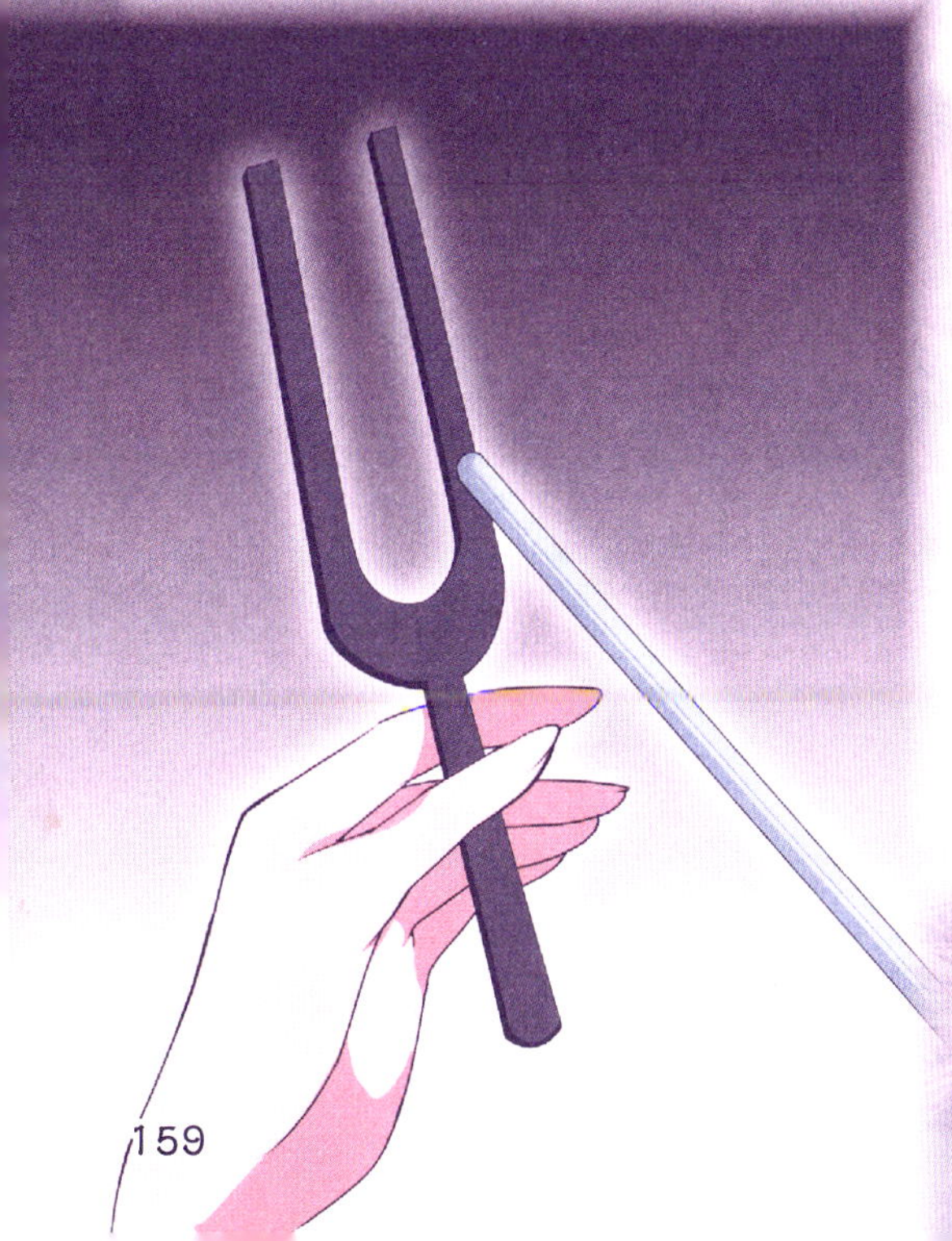

「えええええ!!」

澄《す》みきった〝チーン!〟という音《おと》が
鳴《な》るはずなのに、
まるで、太《ふと》い金属《きんぞく》の棒《ぼう》を
たたくような
鈍《にぶ》い音《おと》がしました。
『……これは…本当《ほんとう》にヤバイから、
こんな音《おと》になるんだろうな……。』
寧々《ねね》さんはくり返《かえ》し音叉《おんさ》を鳴《な》らし、
ようやく※4096Hz《ヘルツ》の澄《す》んだ音《おと》が
し始《はじ》めたところで
電車《でんしゃ》に乗《の》って帰《かえ》りました。

その後《ご》、千雪《ちゆき》さんの家《いえ》に
霊的《れいてき》な現象《げんしょう》はおこっていません。
ですが、街《まち》では原因不明《げんいんふめい》の火事《かじ》や、
交通事故《こうつうじこ》が
後《あと》を絶《た》たないそうです。
街全体《まちぜんたい》を包《つつ》んだ悪《わる》い空気《くうき》を
取《と》り払《はら》うことは、
そう簡単《かんたん》にはいかないようです。
あなたの街《まち》に、たくさんの
空《あ》き家《や》はありませんか?
そこには危険《きけん》な悪霊《あくりょう》たちが
たむろしているかもしれませんよ…。

※ヘルツ(Hz《ヘルツ》)とは周波数《しゅうはすう》・振動数《しんどうすう》の単位《たんい》で、1ヘルツとは1秒間《びょうかん》に1回《かい》の周波数《しゅうはすう》・振動数《しんどうすう》のこと。4096Hz《ヘルツ》は、聞《き》く人《ひと》の心《こころ》と体《からだ》が調和《ちょうわ》されるという心地《ここち》よい「澄《す》んだ音《おと》」。

恐怖《きょうふ》・3

芸能界《げいのうかい》恐怖《きょうふ》のメッセージ

恐怖《きょうふ》-3

芸能界《げいのうかい》 恐怖《きょうふ》のメッセージ 第《だい》1話《わ》

芸能界《げいのうかい》の怪談《かいだん》①

沖野れん

映像《えいぞう》の専門学校《せんもんがっこう》に通《かよ》っている私《わたし》たちは、
体験学習《たいけんがくしゅう》の一環《いっかん》でAD《エーディー》として
映画《えいが》の撮影《さつえい》に参加《さんか》させてもらうことになりました。
いよいよ撮影《さつえい》始《はじ》まるね！
あこがれの撮影現場《さつえいげんば》に参加《さんか》できるなんて夢《ゆめ》みたい!!
穂乃香《ほのか》ったら、すっかりはしゃいじゃって。

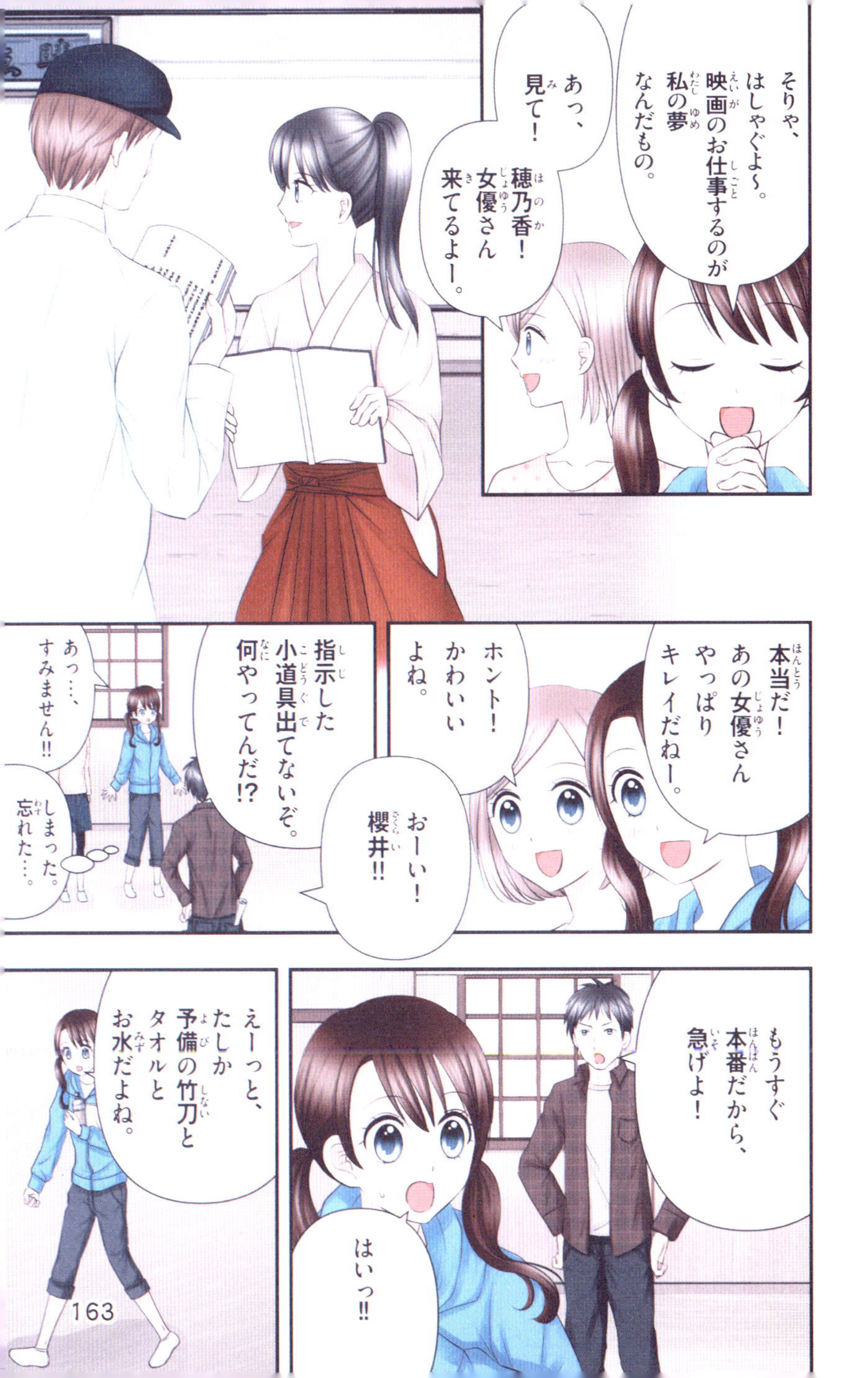

そりゃ、はしゃぐよ～。映画《えいが》のお仕事《しごと》するのが私《わたし》の夢《ゆめ》なんだもの。
あっ、見《み》て！穂乃香《ほのか》！女優《じょゆう》さん来《き》てるよー。
本当《ほんとう》だ！あの女優《じょゆう》さんやっぱりキレイだねー。
ホント！かわいいよね。
おーい！櫻井《さくらい》!!
指示《しじ》した小道具《こどうぐ》出《で》てないぞ。何《なに》やってんだ!?
あっ…、すみません!!
しまった。忘《わす》れた…。
もうすぐ本番《ほんばん》だから、急《いそ》げよ！
はいっ!!
えーっと、たしか予備《よび》の竹刀《しない》とタオルとお水《みず》だよね。

これを窓際《まどぎわ》に置《お》いて……。
よしOK《オーケイ》!
たたっ
間《ま》にあったわ。
うん、危《あぶ》なかった。
それじゃあ、本番《ほんばん》いきます。
5秒前《びょうまえ》…、
4、3、2…。
1。
カチンッ!!
スッ…

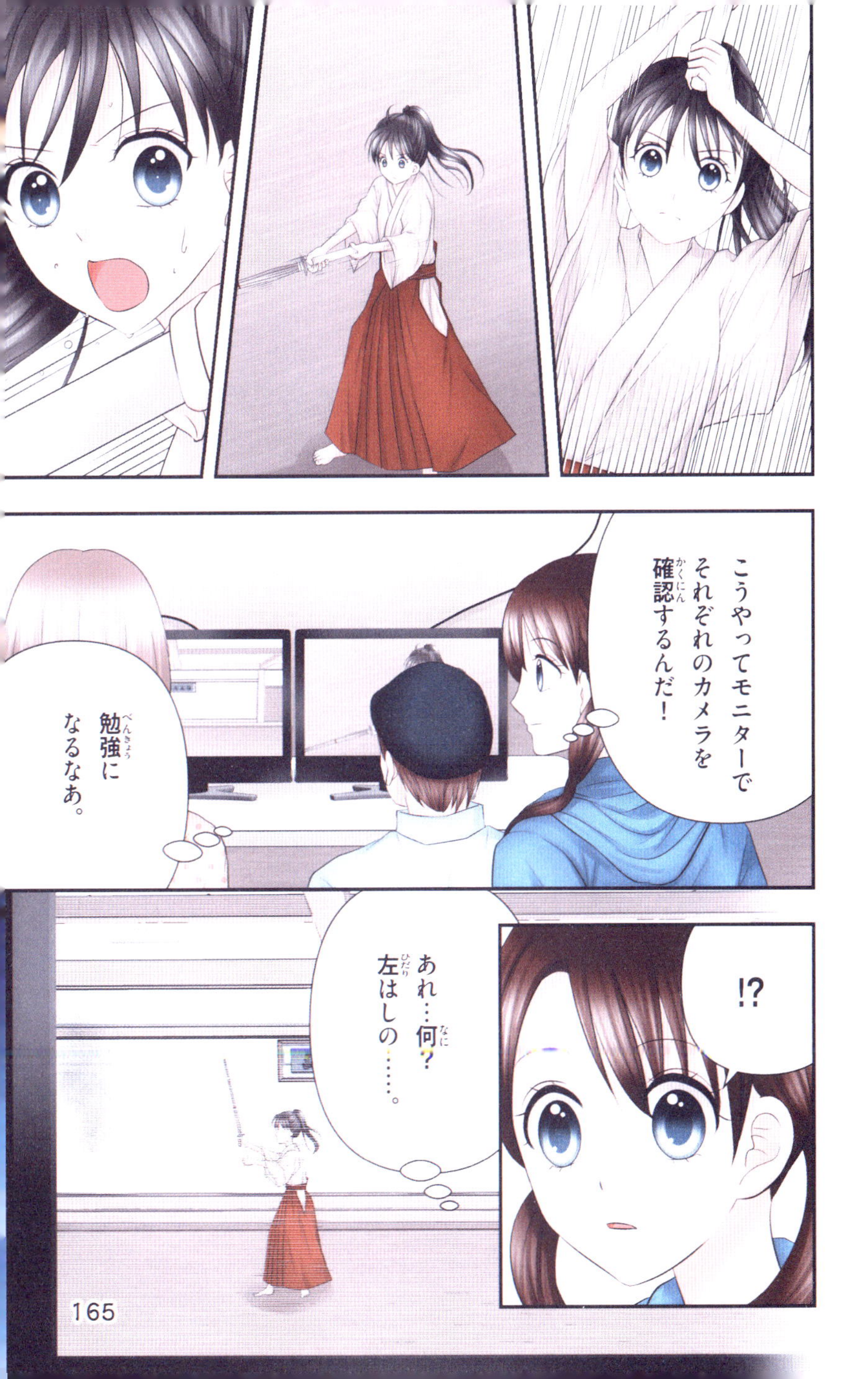
こうやってモニターで
それぞれのカメラを
確認《かくにん》するんだ！
勉強《べんきょう》に
なるなあ。
!?
あれ…何《なに》？
左《ひだり》はしの……。

何《なん》か…黒《くろ》いもやがかかってる？
気《き》のせいかなあ…？
はい、カット。OK《オーケイ》です。
それじゃあ次《つぎ》は二階《にかい》で撮影《さつえい》だから、必要《ひつよう》な機材《きざい》を持《も》って移動《いどう》してくれ。
はい!!
櫻井《さくらい》！何《なに》、ぼーっとしてるんだ！
あっ…、すみません!!

きみたち二人《ふたり》はここに残《のこ》って、使《つか》わない機材《きざい》を機材《きざい》ごとに運《はこ》んでくれ。
はい！
わかりました。
桃子《ももこ》！がんばって。
ありがと、穂乃香《ほのか》もね。
それじゃあ、すぐに次《つぎ》のシーン撮影《さつえい》始《はじ》めます！

5秒前《びょうまえ》、4、3、2、1…。
カチンッ!!
そういえば桃子《ももこ》たち遅《おそ》いなあ。
もう片《かた》づけ終《お》わってるだろうに何《なに》してんだろ?
あの二人《ふたり》遅《おそ》いな…。櫻井《さくらい》、ちょっと様子《ようす》見《み》に行《い》ってくれ。
はい。
!?

ちょっと桃子《ももこ》たち、何《なに》してんの!?
チーフ、怒《おこ》ってるよ!
……………。
何《なに》?
上《うえ》に何《なに》か……。

えええっ…!?
なっ、なっ、何《なに》……あれ……!?

はっ
ちょっと二人《ふたり》とも大丈夫《だいじょうぶ》!?
桃子《ももこ》!!
パチン!
しっかりして!!
パチン!
よかった!気《き》づいた!?
あ……、穂乃香《ほのか》…。
あの…、あそこに…。

あれ……?
いない…!?
今《いま》、たしかに…。
ねっ、いたよね!?
私《わたし》も見《み》たよ…!!
穂乃香《ほのか》も…!?
すごく不気味《ぶきみ》な…。
青白《あおじろ》い男《おとこ》の子《こ》が浮《う》かんでた……。

あれ…いったい何《なん》なの⁉
わからないよ。気《き》づいたら目《め》の前《まえ》にいて…、
あっという間《ま》に動《うご》けなくなって、
す…ごく怖《こわ》かった…‼
でも、よかったよ。櫻井《さくらい》さんが来《き》てくれて…。
もし、ずっとあのままだったら……。
おれたち二人《ふたり》とも、
どうにかなってたかもしれない……。
コラッ‼三人《さんにん》ともいつまでも何《なに》やってんだ‼

チーフ！
すみません!!
すぐ行《い》きます!!
幽霊《ゆうれい》とかそういったものは、
バタ
バタ
バタ…
私《わたし》は信《しん》じてないのだけど……。
でも、聞《き》いたことがある。
撮影現場《さつえいげんば》みたいな華《はな》やかでにぎやかな場所《ばしょ》こそ……、
霊《れい》が集《あつ》まりやすいんだってこと……。

※182ページの「芸能界《げいのうかい》の怪談《かいだん》②」に続《つづ》きます。

ずっと一緒《いっしょ》にいたもの

※穂乃香《ほのか》さんの同級生《どうきゅうせい》・二宮崇《にのみやたかし》さんもロケ先《さき》である体験《たいけん》をしていました。

二宮《にのみや》さんはある映像製作会社《えいぞうせいさくがいしゃ》でアルバイトをしています。

ある日《ひ》、二宮《にのみや》さんはＣＭ《シーエム》の撮影《さつえい》で、湖《みずうみ》とはいかないまでも少《すこ》し大《おお》きな池《いけ》にロケに行《い》きました。

池《いけ》のまわりはうっそうとした林《はやし》です。

横長《よこなが》で広《ひろ》い池《いけ》には何《なん》か所《しょ》か橋《はし》がかけられていました。

知《し》りあった地元《じもと》の人《ひと》からは、この池《いけ》のどこかに、必《かなら》ず幽霊《ゆうれい》の出《で》るところがあると聞《き》かされていました。

※穂乃香《ほのか》さん
162〜175ページの「芸能界《げいのうかい》の怪談《かいだん》①」で怖《こわ》い体験《たいけん》をした女《おんな》の子《こ》。

赤《あか》い服《ふく》を着《き》た長《なが》い髪《かみ》の女性《じょせい》が自殺《じさつ》していて、その幽霊《ゆうれい》が現《あらわ》れるのだそうです。

「何《なん》かいやですけど、霊感《れいかん》ゼロだから別《べつ》にいいです。」

二宮《にのみや》さんはそんなことを先輩《せんぱい》たちと話《はな》しながら照明機材《しょうめいきざい》を持《も》って移動《いどう》していました。

池《いけ》の真《ま》ん中《なか》あたりの陸地《りくち》が撮影現場《さつえいげんば》で、二宮《にのみや》さんはそこから少《すこ》し離《はな》れた橋《はし》の向《む》こう側《がわ》に照明《しょうめい》をセットして待機《たいき》しました。

離《はな》れた場所《ばしょ》といっても、陸地《りくち》にいる人《ひと》の顔《かお》が判別《はんべつ》できないほど遠《とお》くではありません。

撮影《さつえい》が珍《めずら》しいのか、二宮《にのみや》さんは、地元《じもと》の学校《がっこう》の生徒《せいと》や、女性《じょせい》の先生《せんせい》に話《はな》しかけられたりしました。

撮影《さつえい》は長時間《ちょうじかん》にわたり、撮影《さつえい》が終了《しゅうりょう》したのは次《つぎ》の日《ひ》の明《あ》け方《がた》でした。

機材《きざい》を片《かた》づけていると、

「おい、うまくいったのか？　ちゃんと誘《さそ》ったのか？」

と先輩《せんぱい》に声《こえ》をかけられました。

「は？　何《なに》がですか？」

二宮《にのみや》さんがそう答《こた》えると、

「とぼけるなよ。こっちからはちゃんと見《み》えてんだからな。美人《びじん》だったじゃないかよ！」

「美人《びじん》？　…ああ、あれ、地元《じもと》の学校《がっこう》の先生《せんせい》ですよ。すぐ行《い》っちゃいました。」

「まったまたぁ〜。さっきまで一緒《いっしょ》にいたろ？　お前《まえ》とずーっと！」

「え？　いないっすよ。ぼく一人《ひとり》ですよ。」

「いいんだって、ごまかさなくても。ちゃんと見《み》てたんだから。」
そのとき二宮《にのみや》さんは、はっと思《おも》い出《だ》しました。
地元《じもと》の人《ひと》から聞《き》いた幽霊《ゆうれい》の話《はなし》です。
『え？　……まさか……？』
「じゃあ、どんな女性《じょせい》かちゃんと言《い》ってみてくださいよ。」
そう先輩《せんぱい》にたずねると、
「ああ、言《い》えるよ。髪《かみ》が長《なが》くてわりといい女《おんな》だよな。
赤《あか》いロングの服着《ふくき》てただろ？」
そこまで聞《き》くと、
二宮《にのみや》さんはさらに変《へん》なことを思《おも》い出《だ》しました。
撮影中《さつえいちゅう》、何度《なんど》か自分《じぶん》のすぐ後《うし》ろで

「うふふ……。」

という女《おんな》の笑《わら》い声《ごえ》がしていたことを。

振《ふ》り向《む》くとだれもいないのですが、たしかにすぐ後《うし》ろで聞《き》こえていたのです。

二宮《にのみや》さんは改《あらた》めて、ゾーッとしました。

ずーっとその幽霊《ゆうれい》に寄《よ》り添《そ》われていたのですから。

ロケ車《しゃ》に乗《の》って池《いけ》から離《はな》れるとき、赤《あか》いものが視界《しかい》の隅《すみ》に入《はい》ったような気《き》がしましたが、無視《むし》しました。

今《いま》のところ、二宮《にのみや》さんは、先輩《せんぱい》たちから背後《はいご》に女性《じょせい》がいると指摘《してき》されることはないので、少《すこ》し安心《あんしん》しています。

※175ページの「芸能界《げいのうかい》の怪談《かいだん》①」から続《つづ》きます。

恐怖《きょうふ》-3
第《だい》3話《わ》
芸能界《げいのうかい》 恐怖《きょうふ》のメッセージ
芸能界《げいのうかい》の怪談《かいだん》②
あれから数日後《すうじつご》——。
今度《こんど》は、また別《べつ》のホラー映画《えいが》の撮影《さつえい》に参加《さんか》することになりました。
ふうっ……。これでよしっと。
沖野れん
穂乃香《ほのか》、準備《じゅんび》終《お》わった？
うん！桃子《ももこ》は…？
私《わたし》も終《お》わったよ。
じゃあ、後《あと》は始《はじ》まるのを待《ま》つだけだね。

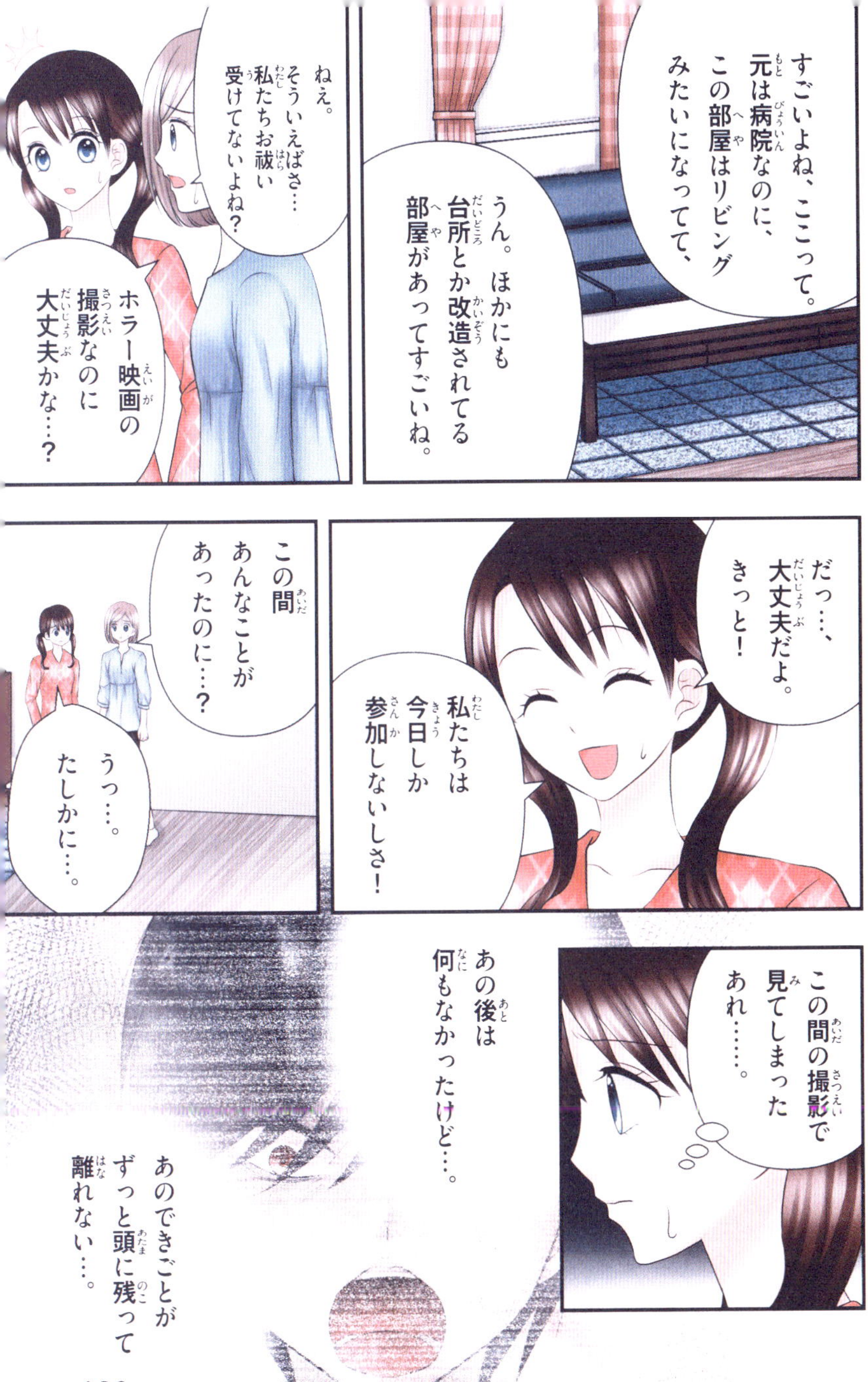
すごいよね、ここって。元《もと》は病院《びょういん》なのに、この部屋《へや》はリビングみたいになってて、
うん。ほかにも台所《だいどころ》とか改造《かいぞう》されてる部屋《へや》があってすごいね。
ねえ。そういえばさ…私《わたし》たちお祓《はら》い受《う》けてないよね?
ホラー映画《えいが》の撮影《さつえい》なのに大丈夫《だいじょうぶ》かな…?
だっ…、大丈夫《だいじょうぶ》だよ。きっと!
私《わたし》たちは今日《きょう》しか参加《さんか》しないしさ!
この間《あいだ》あんなことがあったのに…?
うっ…。たしかに…。
この間《あいだ》の撮影《さつえい》で見《み》てしまったあれ……。
あの後《あと》は何《なに》もなかったけど…。
あのできごとがずっと頭《あたま》に残《のこ》って離《はな》れない…。

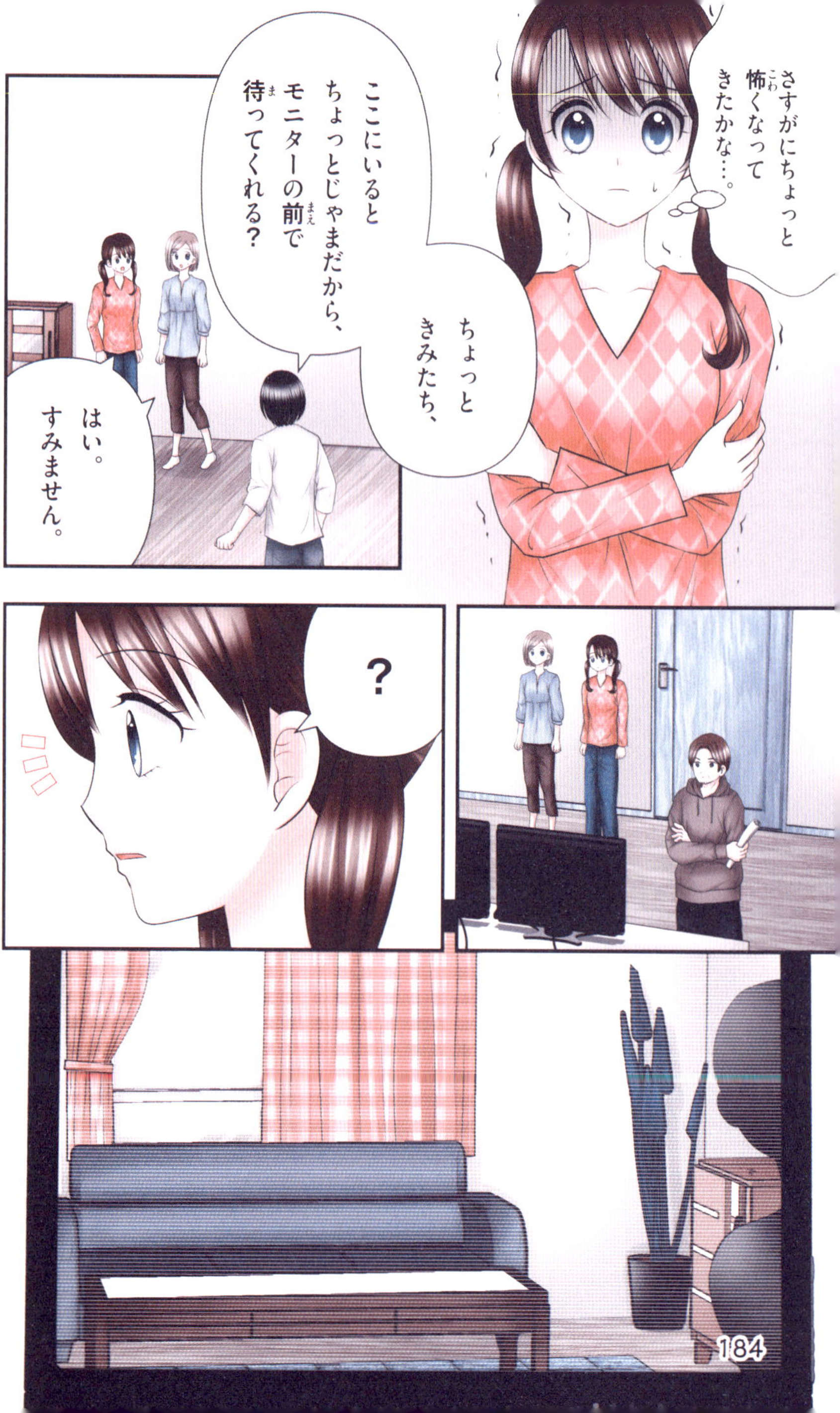
さすがにちょっと
怖《こわ》くなって
きたかな…。
ちょっと
きみたち、
ここにいると
ちょっとじゃまだから、
モニターの前《まえ》で
待《ま》っててくれる？
はい。
すみません。
？

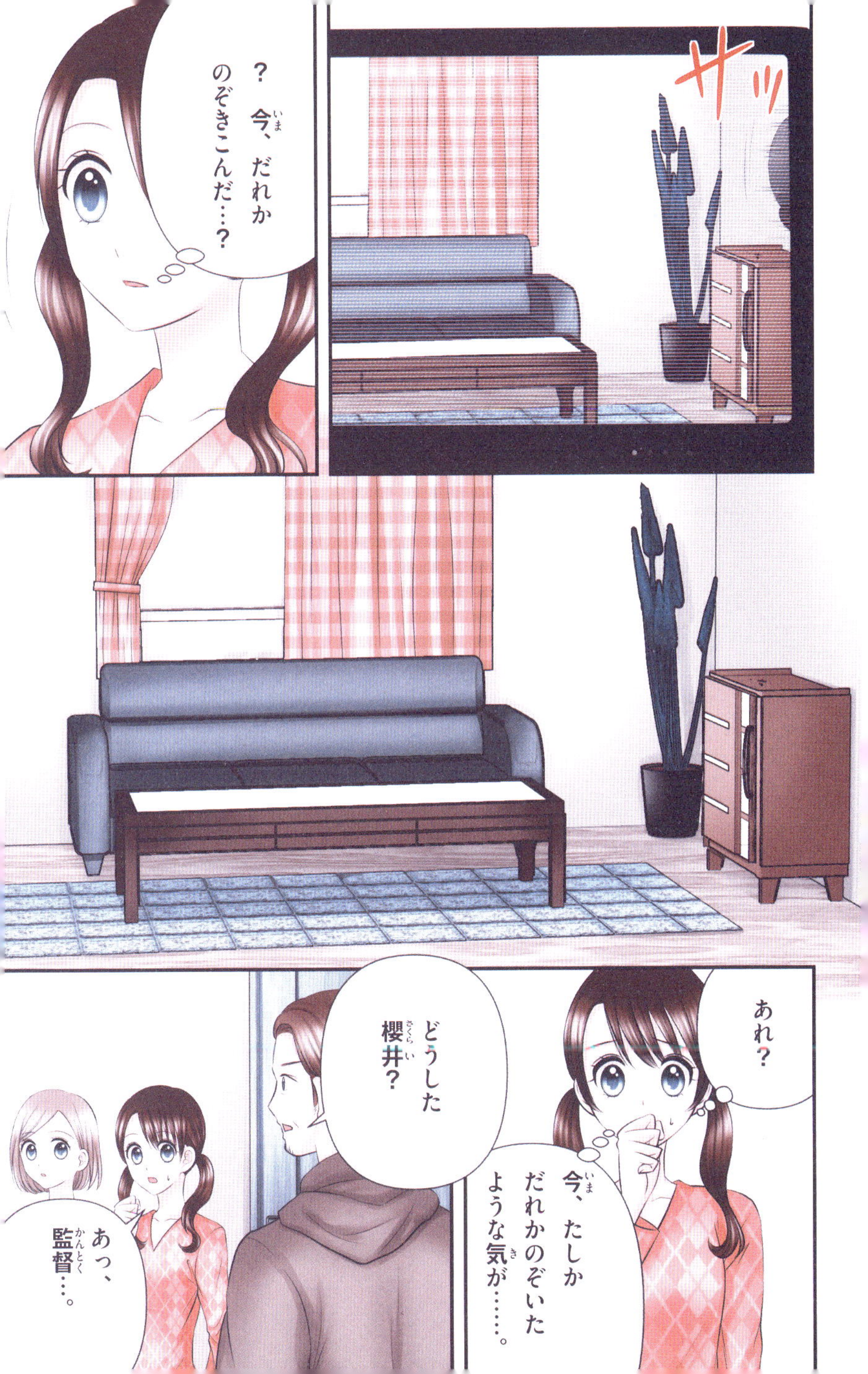
ザッ
？ 今《いま》、だれかのぞきこんだ…？
あれ？
今《いま》、たしかだれかのぞいたような気《き》が……。
どうした櫻井《さくらい》？
あっ、監督《かんとく》…。

何《なに》かあった?
いや、何《なに》かっていうか変《へん》だなあって!
何《なに》か見《み》たのか!?
いや……あの、右側《みぎがわ》にだれもいないじゃないですか?
やっぱり!?
今《いま》、だれかのぞいたよな!?
えっ!?
櫻井《さくらい》も見《み》たか。そうなんだよ。
真《ま》っ黒《くろ》いのがのぞいたの、たしかにおれも見《み》たんだよ!!
ええっ!?やっぱりここって、幽霊的《ゆうれいてき》なもの出《で》るんですか!?

まあ、うわさはあるね…。

だれかに後《うし》ろから肩《かた》を押《お》されたけど、振《ふ》り向《む》いてもだれもいなかったとか何《なん》か…いっぱい…。

まあ、人《ひと》が亡《な》くなってる場所《ばしょ》だから、出《で》てもおかしくないさ。

それに、こういう話《はなし》は、撮影《さつえい》スタジオじゃよくあることなんだ。

そうなんですか⁉

撮影《さつえい》スタジオって、事件現場《じけんげんば》や病院跡《びょういんあと》みたいにワケありの土地《とち》に作《つく》られることがちょくちょくあるんだよ。

な…何《なに》か…、ますます怖《こわ》くなってきたよね…。

う…うん……。

監督《かんとく》の話《はなし》で、さらに恐怖《きょうふ》が増《ま》すなか撮影《さつえい》は進《すす》み――。

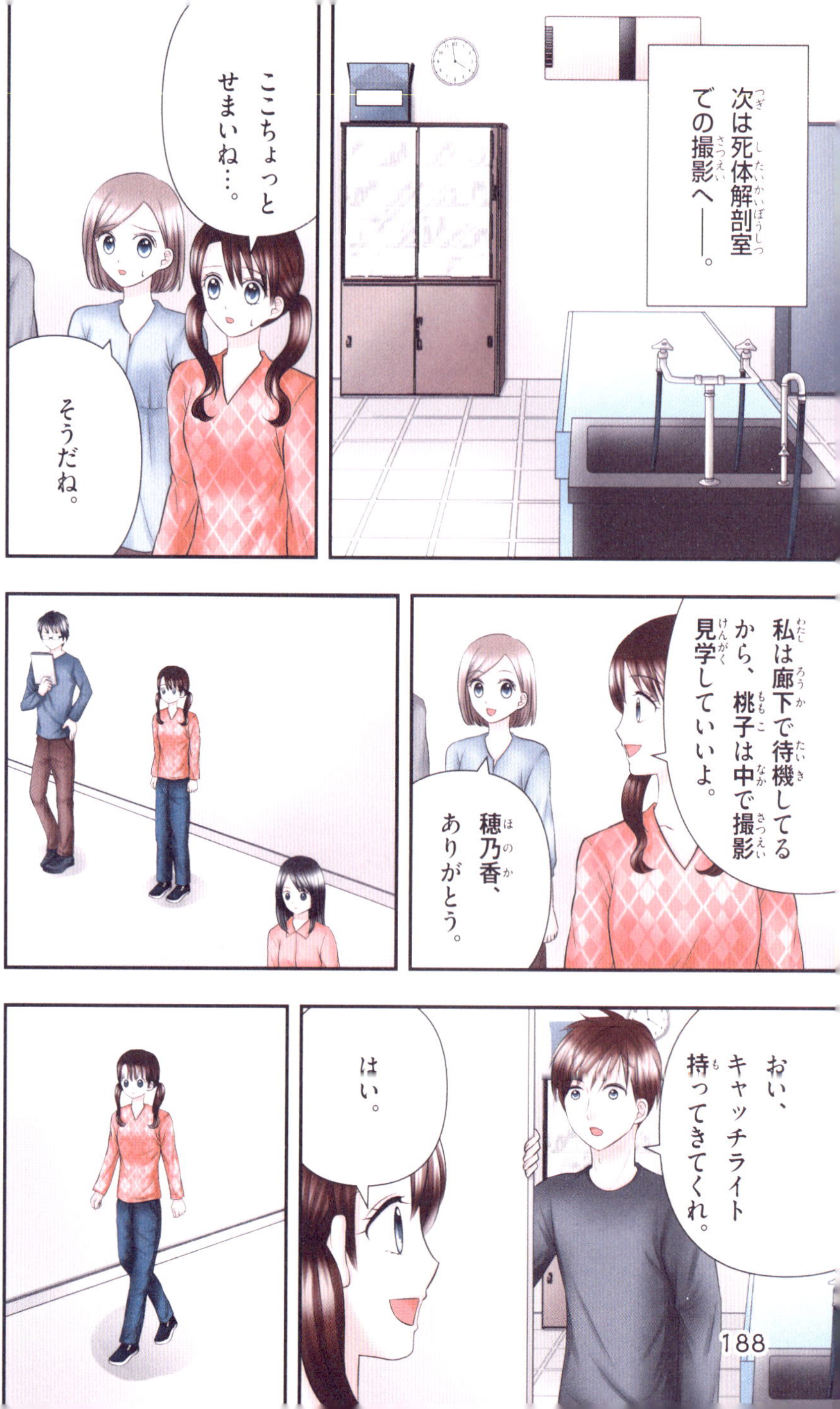

次《つぎ》は死体解剖室《したいかいぼうしつ》での撮影《さつえい》へ——。
ここちょっとせまいね…。
そうだね。
私《わたし》は廊下《ろうか》で待機《たいき》してるから、桃子《ももこ》は中《なか》で撮影《さつえい》見学《けんがく》していいよ。
穂乃香《ほのか》、ありがとう。
おい、キャッチライト持《も》ってきてくれ。
はい。

えーと…、キャッチライトは……。
トントン
？はい。
トントン
はいっ。何《なん》ですか？

ガチャ
ガチャ
あれ? 開《あ》かない。
カギかかってるの?
ガチャ
ガチャ
えっ…、
待《ま》って……。
はっ
何《なん》で廊下《ろうか》にいる私《わたし》が
ノックされてるの?
普《ふ》通《つう》逆《ぎゃく》でしょ……?
死体安置室《したいあんちしつ》
死体安置

死体安置室《したいあんちしつ》……？
あっ…!!
そうだ
機材《きざい》!!
機材《きざい》持《も》って
いかなきゃ!!
バタ
バタ
さっきの音《おと》は
風《かぜ》か何《なに》かの
いたずらだよ！
きっと…！
キャッチライト
持《も》ってきました。
ありがとう。
はあ…

あの…、すみません。
あっちに死体安置室《したいあんちしつ》ってありますよね。
うん、あるね。どうかした？
さっき、ノックしたような音《おと》がしたんですけど…。
風《かぜ》で窓《まど》でも揺《ゆ》れたんですよねえ？
風《かぜ》…？ う…ん。死体安置室《したいあんちしつ》だろ？
窓《まど》なんてないよ。しかも、ここは地下室《ちかしつ》だしなあ。
そんな…。
でも…。
変《へん》な音《おと》ならさっき、おれも聞《き》いたよ。
えっ!? 本当《ほんとう》ですか!?

ここ出《で》やすいんだよ。前《まえ》からいろんなうわさもあるし…。
ただでさえ、元病院《もとびょういん》だし、今日《きょう》はホラーの撮影《さつえい》だし…。
それに、こういう撮影現場《さつえいげんば》って集《あつ》まりやすいんだって。
幽霊《ゆうれい》って人気《ひとけ》のない場所《ばしょ》に現《あらわ》れそうなイメージだけど、
実《じつ》はこういう人《ひと》の出《で》入《い》りの多《おお》いにぎやかな場所《ばしょ》にこそ集《あつ》まりやすいらしい。
芸能界《げいのうかい》のほかに学校《がっこう》とか繁華街《はんかがい》なんかもそうだ。
きみも将来映画《しょうらいえいが》の仕事《しごと》をするなら、
ある程度《ていど》割《わ》り切《き》ったほうがいいよ。
こういうのよくあることだから…。

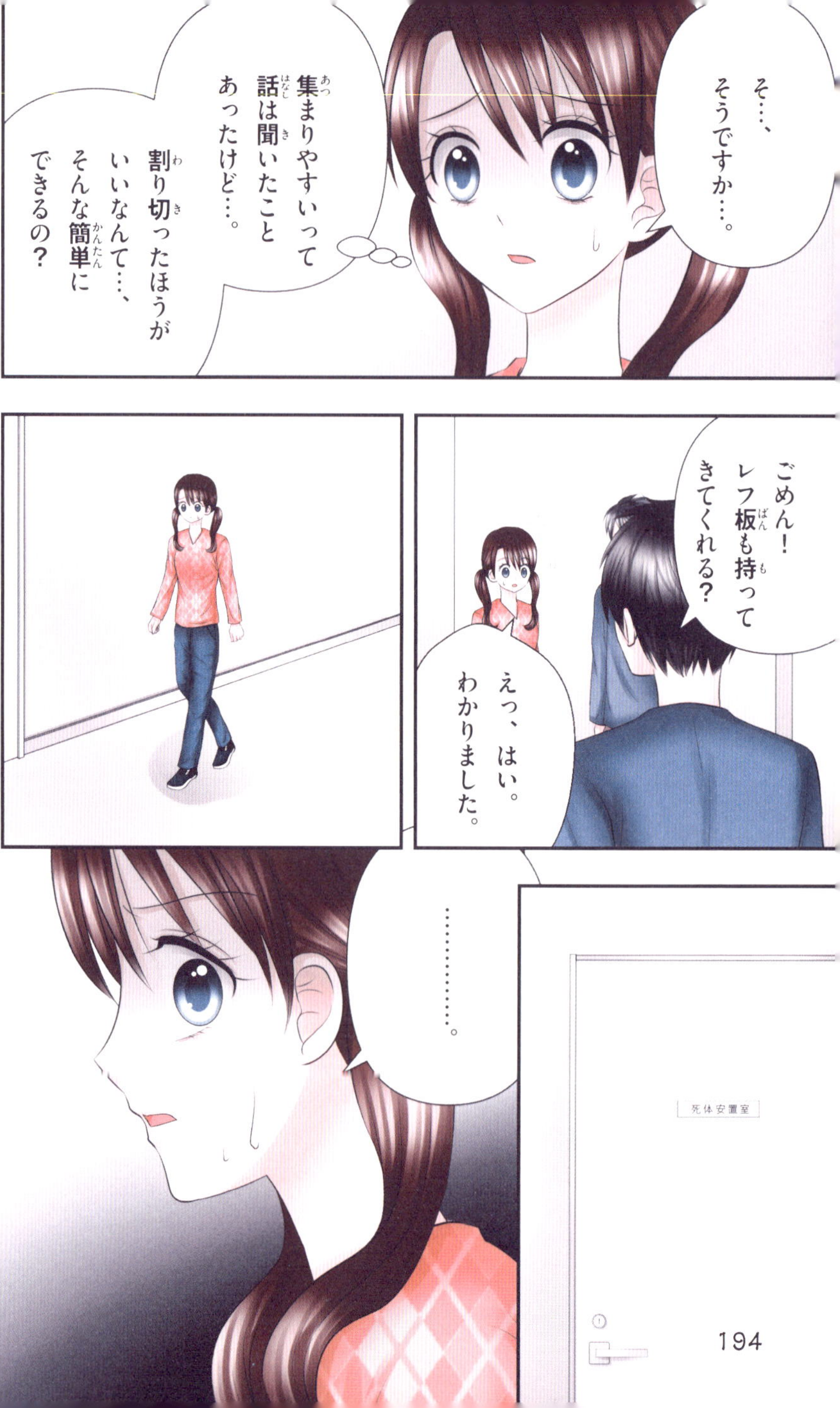
そ…、そうですか…。
集《あつ》まりやすいって話《はなし》は聞《き》いたことあったけど…。
割《わ》り切《き》ったほうがいいなんて…、そんな簡単《かんたん》にできるの？
ごめん！レフ板《ばん》も持《も》ってきてくれる？
えっ、はい。わかりました。
……………。
死体安置室

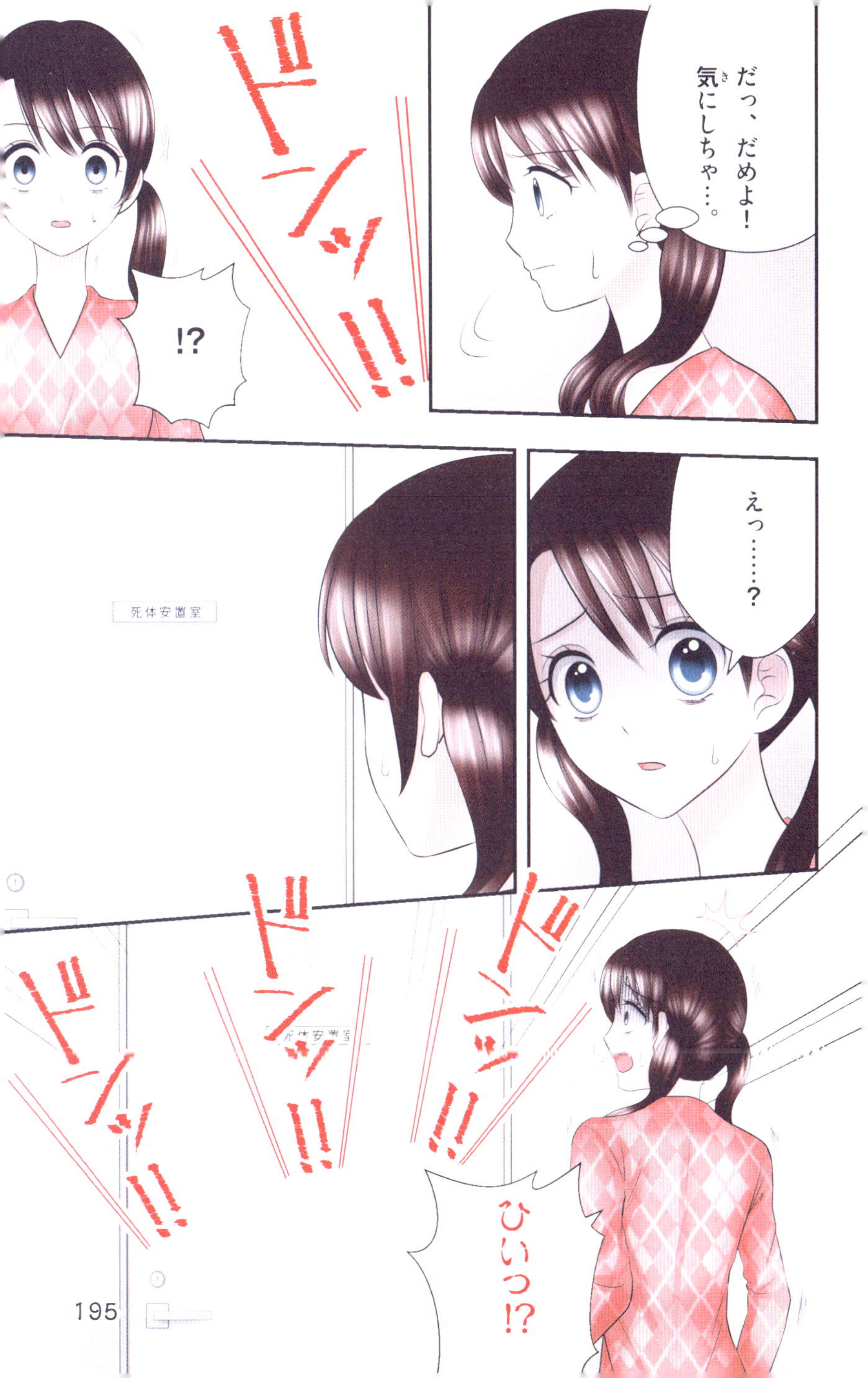
だっ、だめよ！
気《き》にしちゃ…。
ドーンッ!!
!?
えっ……？
死体安置室
ドーンッ!!
ドーンッ!!
ドーンッ!!
ひいっ!?

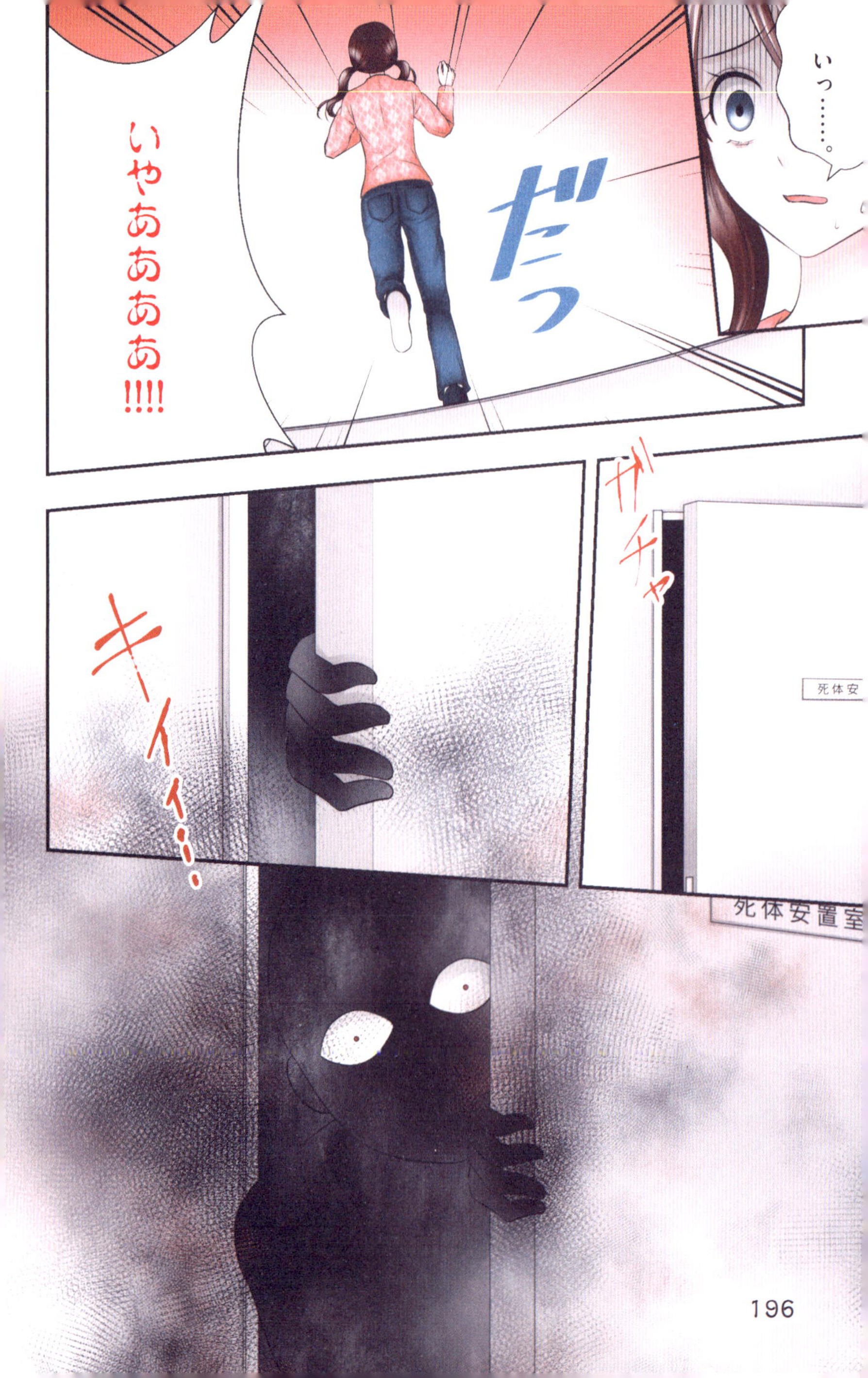

いっ……。
だっ
いやあああああ!!!!
ガチャ
死体安
キイィ…
死体安置室

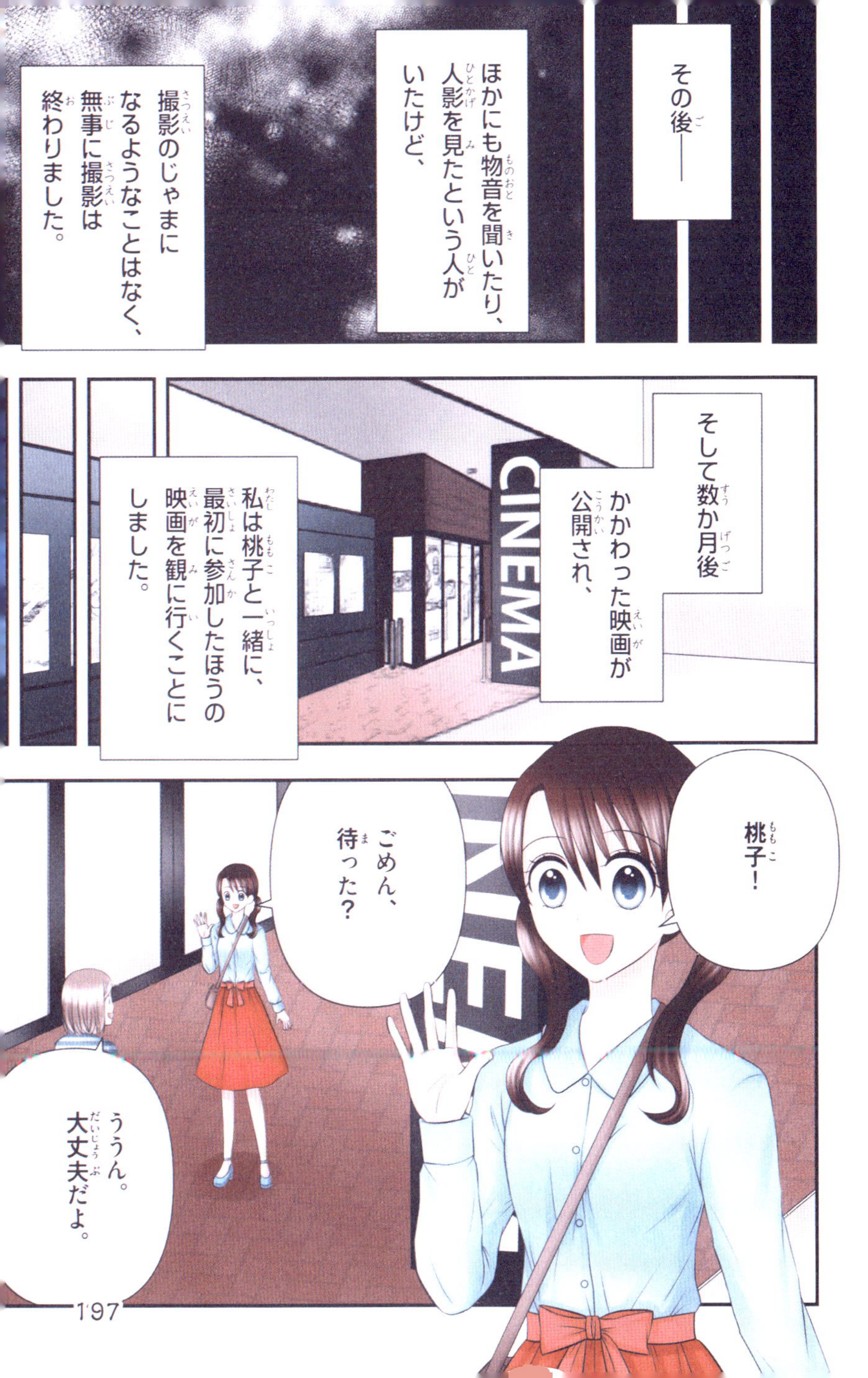
その後《ご》――
ほかにも物音《ものおと》を聞《き》いたり、人影《ひとかげ》を見《み》たという人《ひと》がいたけど、
撮影《さつえい》のじゃまになるようなことはなく、無事《ぶじ》に撮影《さつえい》は終《お》わりました。
そして数《すう》か月後《げつご》
かかわった映画《えいが》が公開《こうかい》され、
CINEMA
私《わたし》は桃子《ももこ》と一緒《いっしょ》に、最初《さいしょ》に参加《さんか》したほうの映画《えいが》を観《み》に行《い》くことにしました。
桃子《ももこ》!
ごめん、待《ま》った?
ううん。大丈夫《だいじょうぶ》だよ。

感動《かんどう》だよね。自分《じぶん》たちがかかわった映画《えいが》が公開《こうかい》って、
本当《ほんとう》！うれしいね！
撮影中《さつえいちゅう》は、怖《こわ》いこともあったけど…。
そ…そうだね。ホラー映画《えいが》は特《とく》に怖《こわ》かった…。
でも、今日《きょう》観《み》るのは剣道少女《けんどうしょうじょ》の青春《せいしゅん》ものだし、きっとおもしろいよ。
ひとまず怖《こわ》いことは忘《わす》れて楽《たの》しもう…。
うん、そうだね。
それじゃ、入《はい》ろうか。
うん。

あ、このシーン
手伝《てつだ》った
ところだ。
!?
え!? まさか…。
あのときのあれ…!?
まさか、映《うつ》ってるの
……!?

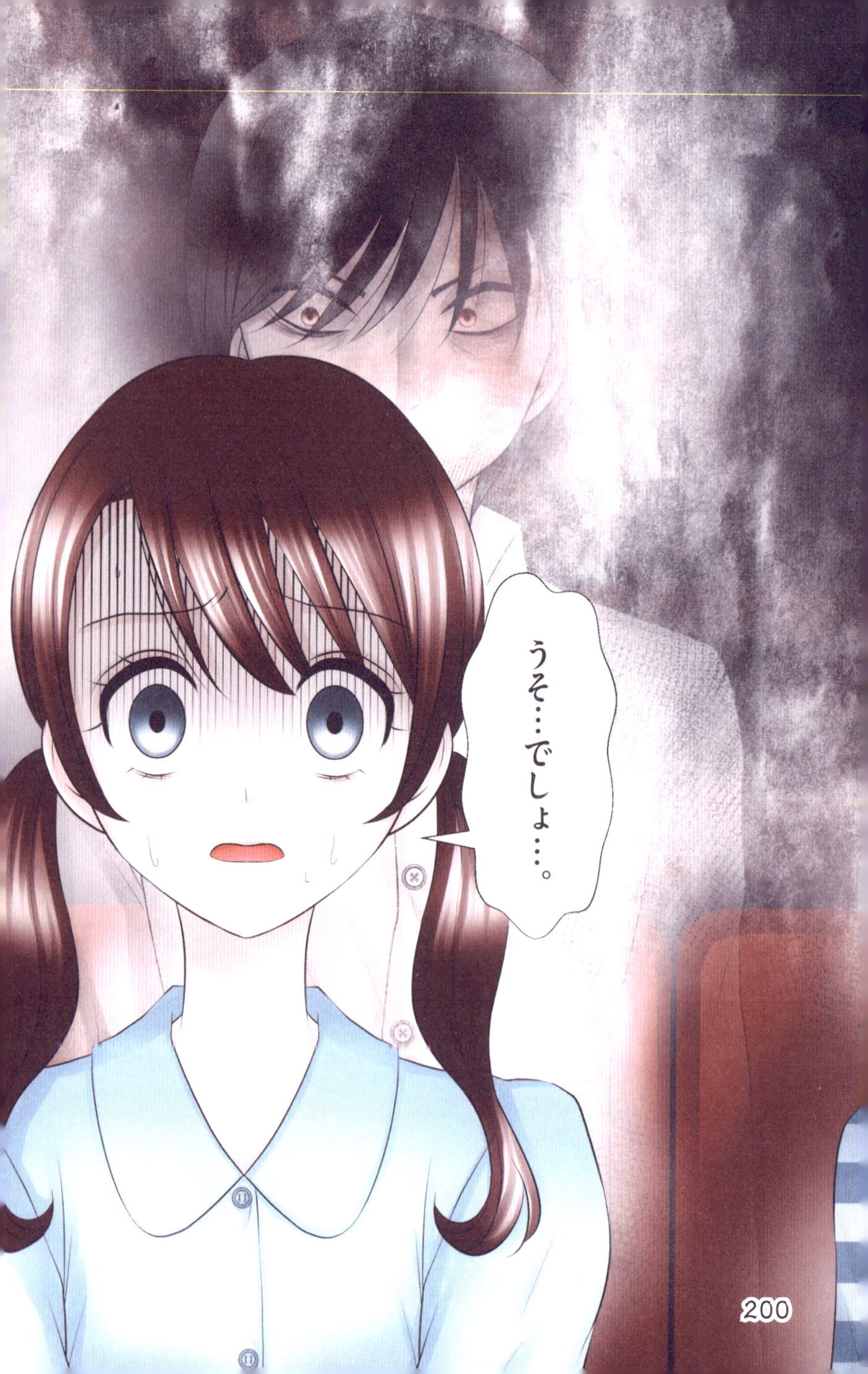
うそ…でしょ…。

!?
ぞわっ
え……?
私《わたし》たちが普段《ふだん》観《み》ている映画《えいが》やドラマ……。
あなたが何気《なにげ》なく観《み》ているその画面《がめん》にも…。
霊《れい》が映《うつ》りこんでいるかもしれませんよ…。

恐怖《きょうふ》・3

芸能界《げいのうかい》恐怖《きょうふ》のメッセージ 第《だい》4話《わ》

ドラマCD《シーディー》

若手声優《わかてせいゆう》の歩惟《あい》さんの話《はなし》。
歩惟《あい》さんはかけ出《だ》しだった高校生《こうこうせい》の頃《ころ》、
声優《せいゆう》の仕事《しごと》以外《いがい》にも
アルバイトをしながら、
自分《じぶん》でライブやコスプレのイベントを
企画《きかく》したりして活動《かつどう》していました。
その会場《かいじょう》では、自分《じぶん》の歌《うた》や
オーディオドラマのCD《シーディー》を作《つく》って
売《う》っていたのですが、

そのがんばりが認《みと》められたのか、
所属事務所《しょぞくじむしょ》が初《はじ》めてきちんとした
CD《シーディー》を作《つく》ってくれることになったのです。

いつもは自分《じぶん》の部屋《へや》で
録音《ろくおん》して作《つく》っていたCD《シーディー》を
スタジオで録音《ろくおん》してもらえる。
録音《ろくおん》の日《ひ》、歩惟《あい》さんは緊張《きんちょう》しながらも
大喜《おおよろこ》びでスタジオに向《む》かいました。

でも、まだまだ新人《しんじん》の歩惟《あい》さんに
そんなにお金《かね》はかけてくれません。
スタジオはとても古《ふる》くて、
小《ちい》さな場所《ばしょ》でした。
事務所《じむしょ》の先輩《せんぱい》が言《い》うには、
お化《ば》けが出《で》るという
うわさのあるスタジオだったのです。

スタジオを長《なが》い時間《じかん》借《か》りると
その分料金《ぶんりょうきん》がかかるので、
簡単《かんたん》な音《おと》チェックを済《す》ませると、
すぐに録音《ろくおん》は始《はじ》まりました。
今回《こんかい》のドラマＣＤ《シーディー》は
歩惟《あい》さんが一人《ひとり》で何役《なんやく》もする
構成《こうせい》になっていました。
まず一《ひと》つの役《やく》を演《えん》じて、
それが終《お》わると相手役《あいてやく》も
自分《じぶん》で声《こえ》を変《か》えて演《えん》じるのです。
なかなか大変《たいへん》なのですが、
歩惟《あい》さんは一《ひと》つ一《ひと》つ
確実《かくじつ》に演《えん》じていきました。

しばらく録音《ろくおん》を続《つづ》けていると、
録音《ろくおん》ブースのガラスの向《む》こう側《がわ》の
コントロールルームにいる
スタッフたちから

「ちょっと待《ま》ってね。」
と言《い》う声《こえ》が聞《き》こえてきました。
スタッフたちは、ちょっと厳《きび》しい顔《かお》で
何《なに》かの相談《そうだん》を始《はじ》めました。
『うわー、もしかして、
私《わたし》、何《なに》かドジったかな？』
すると、録音担当《ろくおんたんとう》のスタッフが、
「歩惟《あい》ちゃん。今《いま》のセリフのところ、
もう一回《いっかい》やろうか。」
と声《こえ》をかけてきました。
「はい！　わかりました！」
歩惟《あい》さんは、録音開始《ろくおんかいし》を伝《つた》える

赤《あか》いランプが点灯《てんとう》したのを確認《かくにん》して、
さっき演《えん》じたセリフを、
もう一度《いちど》一生懸命《いっしょうけんめい》に演《えん》じました。
ところがまた、ガラスの向《む》こう側《がわ》で
スタッフたちが厳《きび》しい顔《かお》で話《はな》しています。
さすがに歩惟《あい》さんも
心配《しんぱい》になってきました。
「歩惟《あい》ちゃん。今《いま》のところね、
相手《あいて》のところも連続《れんぞく》でセリフ言《い》える？」
「わかりました！」
歩惟《あい》さんは指示通《しじどお》り、
二役《ふたやく》のかけあいを連続《れんぞく》で

演《えん》じてみせました。
『今日《きょう》は待《ま》ちあわせ十時《じゅうじ》だよね？』
『そうだよ。』
それだけの短《みじか》いセリフでした。
『どうだったかな。
うまくできたかな？』
でも、ガラスの向《む》こうの
スタッフたちを見《み》ていると、
また何《なに》か話《はな》しあっています。
ディレクターは厳《きび》しいというより、
ちょっとあきらめたような顔《かお》に
なっていて、歩惟《あい》さんは
『え？　今《いま》の演技《えんぎ》、だめだったの？
どうしよう……。』
と、どんどん自信《じしん》がなくなってきました。
そのとき、録音《ろくおん》スタッフが
ドアを開《あ》けて、

「歩惟《あい》ちゃん、ちょっと来《き》てくれる？」
歩惟《あい》さんは、
『怒《おこ》られるのかな？』
と不安《ふあん》げに、録音《ろくおん》ブースから
コントロールルームのほうへ行《い》きました。
すると録音《ろくおん》スタッフが、
「あのね、歩惟《あい》ちゃん。
ちょっと聞《き》いてくれる？」
今録音《いまろくおん》したセリフを
スタッフが再生《さいせい》してくれました。
『今日《きょう》は待《ま》ちあわせ十時《じゅうじ》だよね？』
『そうだよ。』
「…わかる？」
歩惟《あい》さんは、ちょっとあわてました。
「あの、私《わたし》のお芝居《しばい》だめでしたか？
次《つぎ》はきちんとできます！
もう一回《いっかい》だけやらせてください!!」
「いや、そうじゃなくて。」
歩惟《あい》さんは、わけがわかりませんでした。
「わかんないか…。
続《つづ》けて再生《さいせい》するから、よく聞《き》いて。」
『今日《きょう》は待《ま》ちあわせ十時《じゅうじ》だよね？』
『そうだよ。』
『今日《きょう》は待《ま》ちあわせ十時《じゅうじ》だよね？』
〝……〟

『そうだよ。』

『今日《きょう》は待《ま》ちあわせ十時《じゅうじ》だよね？』

〝……う……〟

『そうだよ。』

『今日《きょう》は待《ま》ちあわせ十時《じゅうじ》だよね？』

〝……う……ぉ〟

『そうだよ。』

『今日《きょう》は待《ま》ちあわせ十時《じゅうじ》だよね？』

〝うそ〟

『そうだよ。』

「え……？　今《いま》の声《こえ》、何《なん》ですか？」

歩惟《あい》さんの問《と》いかけに、
スタッフたちは顔《かお》を見《み》あわせました。
「やっぱりわかるよね…。」
何度《なんど》聞《き》いても、自分《じぶん》しか
しゃべっていないセリフの間《あいだ》に、
別《べつ》の言葉《ことば》が入《はい》っていました。それは、
歩惟《あい》さんの声《こえ》ではなかったのです。

「歩惟《あい》ちゃん。これね、
ここだけ編集《へんしゅう》で消《け》すからね。
ここのスタジオでは
たまにあるんだけど、
ファンの人《ひと》にしゃべっちゃだめだよ。」

「…はぁ……わかりました。」
結局《けっきょく》、CD《シーディー》は
〝うそ〟の部分《ぶぶん》だけを消《け》して完成《かんせい》し、
歩惟《あい》さんの所属事務所《しょぞくじむしょ》の
オンラインショップで
限定百枚《げんていひゃくまい》だけ発売《はつばい》されました。
当然《とうぜん》、あの声《こえ》のことは秘密《ひみつ》でした。
なのに…発売《はつばい》したとたんに、
事務所《じむしょ》に問《と》いあわせが
続《つづ》くようになったのです。
「ドラマ部分《ぶぶん》の○分《ふん》○○秒《びょう》のところで、
歩惟《あい》ちゃんじゃないような

『うそ』ってセリフが入《はい》ってますけど、
あれはだれですか。」

「あのドラマのセリフの
『うそ』って…？」

いつの間《ま》にかネットにも、
うわさが広《ひろ》まって、
CD《シーディー》はあっという間《ま》に
完売《かんばい》してしまいました。

それがきっかけでCD《シーディー》は追加生産《ついかせいさん》されて、
ファンの人数《にんずう》も増加《ぞうか》。
テレビアニメの仕事《しごと》も
少《すこ》しずつ増《ふ》えてきました。

「ほんとに、あれがきっかけで
お仕事《しごと》が増《ふ》えて、
みなさんに私《わたし》を
知《し》ってもらえるようになったんです。
とても感謝《かんしゃ》しています。
ちょっと複雑《ふくざつ》ですけど…。

でも、あの声《こえ》は
初回盤《しょかいばん》の百枚《ひゃくまい》にしか
入《はい》ってないんです。

追加生産盤《ついかせいさんばん》のCD《シーディー》では
きれいに声《こえ》が消《き》えていて…
不思議《ふしぎ》ですけど…。」

芸能界《げいのうかい》 恐怖《きょうふ》のメッセージ 第《だい》5話《わ》

パーティー会場《かいじょう》

大学受験《だいがくじゅけん》に合格《ごうかく》した柚葉《ゆずは》さんは、
高校《こうこう》を卒業《そつぎょう》するまで
大《おお》きなホテルで
アルバイトをしていました。
仕事《しごと》にも慣《な》れてきたある日《ひ》のこと、
ある映画《えいが》の完成披露《かんせいひろう》パーティーに
応援《おうえん》として行《い》くことになりました。
くわしい内容《ないよう》はわからないまま

フロアに出《で》ると、
テレビカメラをかついだカメラマンや、
テレビや映画《えいが》で見《み》たことがある
女優《じょゆう》さんたちがいて、
柚葉《ゆずは》さんは、内心興奮《ないしんこうふん》しました。
しかし、バイトとはいっても仕事《しごと》です。
柚葉《ゆずは》さんは気持《きも》ちを切《き》りかえ、
飲《の》み物《もの》を運《はこ》んだり、
テーブルで足《た》りない物《もの》はないかなど、

会場中《かいじょうじゅう》をチェックして働《はたら》きました。

すると、

「……あれ？」

会場《かいじょう》の隅《すみ》っこで

飲《の》み物《もの》も持《も》たずに立《た》っている

おじいさんを見《み》つけました。

ベレー帽《ぼう》をかぶった、

白髪《はくはつ》のやさしそうなおじいさんでした。

おじいさんはだれと話《はな》すわけでもなく、

ずっとパーティーの様子《ようす》を見《み》て

ニコニコしています。

『何《なに》か飲《の》み物《もの》を持《も》っていかないと…。』

柚葉《ゆずは》さんは何種類《なんしゅるい》かの飲《の》み物《もの》を持《も》って、

おじいさんのところに向《む》かいました。

「失礼《しつれい》します。

お飲《の》み物《もの》はいかがですか？」

柚葉《ゆずは》さんが声《こえ》をかけても、

おじいさんはまるで

『大丈夫《だいじょうぶ》ですよ。』

とでも言《い》うように、ほほえみながら

ゆっくりと頭《あたま》を横《よこ》に振《ふ》りました。

「そうですか。何《なに》かご希望《きぼう》でしたら

おっしゃってくださいね。」

柚葉《ゆずは》さんはそう言《い》って、
また待機場所《たいきばしょ》のほうに戻《もど》ろうと
歩《ある》いていきました。
『……だれだろう？　あの雰囲気《ふんいき》、
何《なん》か大物《おおもの》みたいだけど。
どっかで見《み》たことが
あるような……。』
そんなことを思《おも》いながら
待機場所《たいきばしょ》に戻《もど》ると、
会場《かいじょう》が少《すこ》し暗《くら》くなり、
スピーチが始《はじ》まるようでした。
柚葉《ゆずは》さんも待機場所《たいきばしょ》で、

会場《かいじょう》の様子《ようす》を見《み》ていました。
あのおじいさんは、
さっきと同《おな》じように
ニコニコ笑《わら》いながら立《た》っています。
いろいろな人《ひと》のスピーチが続《つづ》きました。
映画《えいが》やテレビでも有名《ゆうめい》な女優《じょゆう》さんが
マイクの前《まえ》で話《はな》しています。
「……監督《かんとく》は、私《わたし》の先生《せんせい》で、
お父《とう》さんみたいな方《かた》でした。」
「ぼくにとっての監督《かんとく》は……。」
「監督《かんとく》は……。」
「監督《かんとく》は……。」
『……すごい。何《なん》かみんな
監督《かんとく》って人《ひと》のこと話してる。』
柚葉《ゆずは》さんも、
何《なん》だか気《き》になってきました。

次《つぎ》にマイクの前《まえ》に立《た》ったのは、
プロデューサーと呼《よ》ばれる人《ひと》でした。
「……出演者《しゅつえんしゃ》のみなさまが
生前《せいぜん》の監督《かんとく》の思《おも》い出《で》について
たくさんお話《はなし》をなさったので……。」
『あぁ、監督《かんとく》さんって、
亡《な》くなってたんだ。』
柚葉《ゆずは》さんは思《おも》いました。
『こんなにみんなに慕《した》われて、

監督《かんとく》さんは
幸《しあわ》せだったんじゃないのかな。』
「えー、監督《かんとく》はあのやさしそうな
姿《すがた》とは反対《はんたい》に、こうと決《き》めたら
やりとげる方《かた》でした。
病気《びょうき》のことがわかっていても、
『完成《かんせい》させるまでは、
死《し》ぬわけないだろ。』と、
笑《わら》っていらっしゃいました。
その言葉《ことば》の通《とお》り、映画《えいが》の完成《かんせい》を
見届《みとど》けるように旅立《たびだ》たれました。」
プロデューサーの言葉《ことば》は続《つづ》きます。

「きっと、みなさまと一緒《いっしょ》に
完成《かんせい》した映画《えいが》を
見《み》たかったでしょうし…。
ひょっとすると、この会場《かいじょう》のどこかに
いらっしゃるんじゃないですかね。」
それを聞《き》いて、会場《かいじょう》は、
そうであってほしいというような
温《あたた》かい笑《わら》いに包《つつ》まれました。
「…では、どこかに
いらっしゃるかもしれない監督《かんとく》と、
みなさまで一緒《いっしょ》にご覧《らん》ください。」
そう言《い》って、プロデューサーは
かたわらを手《て》で示《しめ》しました。

「あっ！」
柚葉《ゆずは》さんは思《おも》わず声《こえ》を上《あ》げました。
そこにあった大《おお》きな写真《しゃしん》に
写《うつ》っていたのは……、
あのおじいさんだったのです。
ベレー帽《ぼう》をかぶった白髪《はくはつ》のおじいさん。
亡《な》くなったという監督《かんとく》の姿《すがた》で
まちがいありませんでした。
柚葉《ゆずは》さんは、あわてておじいさんの
立《た》っていたところを見《み》ました。
たしかにあの写真《しゃしん》のおじいさんが
うれしそうに笑《わら》って立《た》っています。
すぐに会場《かいじょう》は暗《くら》くなって、

おじいさんの姿《すがた》は見《み》えなくなり、
映画《えいが》の制作風景《せいさくふうけい》の映像《えいぞう》が始《はじ》まりました。

映像《えいぞう》が終《お》わって明《あか》るくなったとき、
柚葉《ゆずは》さんはあたりを見《み》まわしましたが、
あのおじいさんの姿《すがた》は
どこにもありませんでした。
パーティーが終《お》わった後《あと》、
柚葉《ゆずは》さんは、
まわりのバイト仲間《なかま》たちに
おじいさんのことを聞《き》いてみましたが、
不思議《ふしぎ》なことに、だれもおじいさんの
姿《すがた》を見《み》た人《ひと》はいなかったのです。

でも、同期《どうき》のアルバイトの
貴羽《きわ》さんだけがこう言《い》いました。
「あ、片《かた》づけのときに
あのプロデューサーの人《ひと》がね。
あそこの隅《すみ》っこで『だれだ！
監督《かんとく》の帽子《ぼうし》をこんなところに
忘《わす》れちゃだめだろ！』って、
怒《おこ》ってたよ。」
貴羽《きわ》さんがそう言《い》って指差《ゆびさ》したのは、
あのおじいさんが
立《た》っていたところでした。
『やっぱりいたんだ、監督《かんとく》さん。』
柚葉《ゆずは》さんは、不思議《ふしぎ》と納得《なっとく》しました。

心霊《しんれい》ネット探偵団新聞情報局《たんていだんしんぶんじょうほうきょく》 二

全国《ぜんこく》から怖《こわ》〜い話《はなし》が、続々《ぞくぞく》と届《とど》いています。

心霊《しんれい》ネット探偵団《たんていだん》の活躍《かつやく》は、289〜319ページを見《み》てね。

通信《つうしん》3 洋服《ようふく》ダンス【千葉県《ちばけん》】

「うわぁぁぁあっ。」

深夜《しんや》、樹《いつき》さんは弟《おとうと》の悲鳴《ひめい》で飛《と》びおきました。部屋《へや》に行《い》ってみると、弟《おとうと》は、ベッドの上《うえ》でガタガタと震《ふる》えています。聞《き》くと、洋服《ようふく》ダンスから女《おんな》の人《ひと》が出《で》てきた夢《ゆめ》を見《み》たそうです。その日《ひ》から弟《おとうと》は両親《りょうしん》と一緒《いっしょ》に寝《ね》ることにしました。

ある日《ひ》、学校《がっこう》から樹《いつき》さんが帰宅《きたく》したときです。

〝ゴトゴト、ゴトゴト〟

何《なに》やら弟《おとうと》の部屋《へや》から物音《ものおと》がします。樹《いつき》さんは恐《おそ》る恐《おそ》る弟《おとうと》の部屋《へや》のドアを開《あ》けました。

〝ゴトゴト、ゴトゴト〟

いやな予感《よかん》通《どお》り、洋服《ようふく》ダンスが音《おと》を出《だ》しながら震《ふる》えるように動《うご》いています。思《おも》いきって、洋服《ようふく》ダンスの扉《とびら》を開《ひら》くとゴロンと何《なに》かが足元《あしもと》に落《お》ちてきました。それは白狐《しろぎつね》のお面《めん》でした。弟《おとうと》に聞《き》いてみると、学校《がっこう》からの帰《かえ》り道《みち》でそのお面《めん》を拾《ひろ》い、家族《かぞく》に見《み》つからないようタンスに隠《かく》したそうです。そして、夢《ゆめ》に出《で》てきた女《おんな》の人《ひと》は、その白狐《しろぎつね》のお面《めん》をつけていたと樹《いつき》さんに話《はな》しました。そのことを聞《き》いたお父《とう》さんは「不吉《ふきつ》だな。」と言《い》って、そのお面《めん》を外《そと》へ捨《す》てに行《い》きました。

その夜《よる》、「ギャーーッ。」と弟《おとうと》が以前《いぜん》よりひどい悲鳴《ひめい》を上《あ》げたのです。今度《こんど》は、あの白狐《しろぎつね》のお面《めん》をつけた女《おんな》の人《ひと》が玄関《げんかん》から入《はい》って、自分《じぶん》の部屋《へや》まで来《き》た夢《ゆめ》を見《み》たそうです。

通信《つうしん》4

鼻歌《はなうた》【島根県《しまねけん》】

若菜《わかな》さんがいつも通学《つうがく》している道《みち》には、踏切《ふみきり》があります。ある日《ひ》、電車《でんしゃ》が通過《つうか》するのを待《ま》っていたときでした。反対《はんたい》側《がわ》で待《ま》っている人《ひと》の中《なか》に、体《からだ》が透《す》けている人《ひと》がいたのです。驚《おどろ》いてその女性《じょせい》の顔《かお》を見《み》ようとした瞬間《しゅんかん》、急行電車《きゅうこうでんしゃ》が通過《つうか》したので、はっきりとは見《み》えませんでした。そして、遮断《しゃだん》機《き》が上《あ》がったときには、その女性《じょせい》の姿《すがた》はありませんでした。

その夜《よる》、若菜《わかな》さんが寝《ね》ていたときです。

〝フン、フフン♪〟

どこからか聞《き》こえる鼻歌《はなうた》で、若菜《わかな》さんは目《め》を覚《さ》ましました。外《そと》の通《とお》りから聞《き》こえてきたと思《おも》い、再《ふたた》び目《め》をつぶったとき、それはまちがいだと気《き》づきました。その鼻歌《はなうた》は、今《いま》、自分《じぶん》の寝《ね》ている部屋《へや》から聞《き》こえるものでした。

〝フン、フフン♪〟

恐怖《きょうふ》で泣《な》きそうになりながらも、恐《おそ》る恐《おそ》る目《め》を開《ひら》いたとき、若菜《わかな》さんは見《み》てしまいました。カーテンのすき間《ま》から片目《かため》だけでのぞいている女《おんな》の顔《かお》を…。

〝フン、フフン♪〟

鼻歌《はなうた》を歌《うた》いながら女《おんな》の顔《かお》が、カーテンの後《うし》ろで天井《てんじょう》まで上《あ》がっていきます。すると、次《つぎ》は下《さ》がり始《はじ》めて床《ゆか》までくると、今度《こんど》は女《おんな》の顔《かお》が上下逆《じょうげさか》さになってまた上《あ》がっていきます。

『えっ、胴体《どうたい》がない。生首《なまくび》!?』

気《き》がついたときは、すでに朝《あさ》になっていました。気《き》を失《うしな》っていたのか、それともただの怖《こわ》い夢《ゆめ》だったのか…。しかし、朝食《ちょうしょく》のときに妹《いもうと》が言《い》いました。

「お姉《ねえ》ちゃん、うるさいから鼻歌《はなうた》やめてよね。」

通信《つうしん》5 顔《かお》のない口《くち》【大阪府《おおさかふ》】

紅葉《もみじ》さんがこの街《まち》に引《ひ》っ越《こ》してきたときの体験《たいけん》です。回《かい》覧板《らんばん》に、『小《ちい》さいお子《こ》さんに一人《ひとり》歩《ある》きはさせないように』と注意書《ちゅういが》きがありました。

それから数週間《すうしゅうかん》がすぎた日《ひ》でした。紅葉《もみじ》さんのお母《かあ》さんはその注意《ちゅうい》をすっかり忘《わす》れてしまい、弟《おとうと》の宙《そら》くんに近所《きんじょ》のスーパーまで買《か》い物《もの》に行《い》かせたのです。紅葉《もみじ》さんが二階《にかい》の自分《じぶん》の部屋《へや》にいると、外《そと》から子《こ》どもの大《おお》きな泣《な》き声《ごえ》が聞《き》こえてきました。窓《まど》を開《あ》けると、道《みち》ばたにしゃがみこんで泣《な》き叫《さけ》んでいる宙《そら》くんがいました。お母《かあ》さんと二人《ふたり》で宙《そら》くんの元《もと》へかけつけると、宙《そら》くんの足《あし》から血《ち》が流《なが》れていました。犬《いぬ》に咬《か》まれたような傷《きず》が二《に》か所《しょ》ありました。

お母《かあ》さんが警察《けいさつ》に通報《つうほう》すると、交番《こうばん》から警官《けいかん》が二人《ふたり》やってきました。「どうしたの？」と警官《けいかん》が聞《き》くと、「…咬《か》まれた。」と答《こた》える宙《そら》くん。今度《こんど》はお母《かあ》さんが「それじゃわからないでしょ。どんな犬《いぬ》に咬《か》まれたの？」と聞《き》くと、「顔《かお》のない口《くち》。」と答《こた》えた宙《そら》くんは、また泣《な》き出《だ》す始末《しまつ》でした。宙《そら》くんがちゃんと答《こた》えられないので、紅葉《もみじ》さんたちは恥《は》ずかしさと申《もう》しわけなさを感《かん》じました。しかし、警官二人《けいかんふたり》は、その後《ご》も真剣《しんけん》に宙《そら》くんの話《はなし》を聞《き》き、メモを取《と》っていました。帰《かえ》り際《ぎわ》に警官《けいかん》は、「実《じつ》は、この近辺《きんぺん》で同《おな》じような通報《つうほう》が続《つづ》いているんです。気《き》をつけてください。」と言《い》いました。

紅葉《もみじ》さんやお母《かあ》さんとはちがって、警官《けいかん》は宙《そら》くんの話《はなし》を真剣《しんけん》に信《しん》じているようでした。

通信《つうしん》6 ラジオ体操《たいそう》【滋賀県《しがけん》】

「ん〜、気持《きも》ちのいい朝《あさ》！」

別荘《べっそう》のベッドで目覚《めざ》めた瑠美《るみ》さん。仕事《しごと》をしている両親《りょうしん》が休暇《きゅうか》を取《と》って、今日《きょう》から楽《たの》しみにしていた二週間《にしゅうかん》の避暑《ひしょ》です。さっそく、別荘《べっそう》の近所《きんじょ》を散策《さんさく》に出《で》かけました。すると、どこからかラジオ体操《たいそう》の音楽《おんがく》が聞《き》こえてきました。

『二週間《にしゅうかん》もここにいるし、私《わたし》も参加《さんか》させてほしいな。』

そう思《おも》った瑠美《るみ》さんは、音《おと》の聞《き》こえるほうへ向《む》かいました。音《おと》は、別荘地《べっそうち》の裏山《うらやま》から聞《き》こえてきました。林道《りんどう》に入《はい》ると、音楽《おんがく》と一緒《いっしょ》に集《あつ》まった人《ひと》たちの息《いき》づかいのような音《おと》も聞《き》こえてきました。

しかし、林道《りんどう》が上《のぼ》り坂《ざか》になると、音《おと》は消《き》えてしまい、ラジオ体操《たいそう》の場所《ばしょ》もわからなくなってしまいました。

次《つぎ》の朝《あさ》、同《おな》じ時間《じかん》に外《そと》へ出《で》ると、ラジオ体操《たいそう》の音《おと》が聞《き》こえました。おおよその場所《ばしょ》はわかっているので、今度《こんど》は迷《まよ》わず林道《りんどう》の中《なか》へと入《はい》っていきました。どんな人《ひと》たちが参加《さんか》しているのだろうと、わくわくしながら歩《ある》いていきました。

いよいよ音《おと》も大《おお》きくなり、たくさんの人《ひと》たちの息《いき》づかいが森《もり》の中《なか》からします。

「すみませーん。」

と声《こえ》をかけて、一歩《いっぽ》、森《もり》の中《なか》に入《はい》ると「!?」大勢《おおぜい》の人《ひと》などどこにもいません。それどころか、その場所《ばしょ》は墓場《はかば》で、もうラジオ体操《たいそう》の音《おと》もしません。

恐怖《きょうふ》に襲《おそ》われた瑠美《るみ》さんは、何度《なんど》も転《ころ》びながら、別荘《べっそう》まで走《はし》って逃《に》げ帰《かえ》りました。両親《りょうしん》はラジオ体操《たいそう》の音《おと》など、まったく聞《き》こえなかったそうです。

通信《つうしん》7 赤《あか》いセーター【東京都《とうきょうと》】

その日《ひ》、中学生《ちゅうがくせい》の芹那《せりな》さんは、大学生《だいがくせい》のお姉《ねえ》さんたちとドライブからの帰《かえ》り道《みち》でした。

「あれっ、事故《じこ》かな？」

運転《うんてん》していたお姉《ねえ》さんの友人《ゆうじん》、慎吾《しんご》さんが気《き》づきました。

パトカーが二台《にだい》、路上《ろじょう》に駐《ちゅう》車《しゃ》しています。横《よこ》を通《とお》りすぎるとき、芹那《せりな》さんは一人《ひとり》の男性《だんせい》が目《め》に入《はい》りました。赤《あか》いセーターを着《き》たその人《ひと》は、ガードレールに腰《こし》かけていて、頭《あたま》から血《ち》を流《なが》していました。

それから二《に》キロメートルくらい走《はし》って、信号待《しんごうま》ちをしていたときでした。

〝ドンドン、ドンドンドン〟

後部座席《こうぶざせき》に一人《ひとり》乗《の》っていた芹《せり》那《な》さんの横《よこ》の窓《まど》が響《ひび》きました。窓《まど》の外《そと》を見《み》た芹那《せりな》さんは、悲《ひ》鳴《めい》を上《あ》げました。さっきの赤《あか》いセーターの男性《だんせい》がいたのです。車《くるま》の窓《まど》をたたき顔《かお》は血《ち》で真《ま》っ赤《か》…。赤《あか》いセーターを着《き》ているように見《み》えたのですが、白《しろ》いセーターがべっとりと血《ち》だらけで真《ま》っ赤《か》になっていたのです。男《おとこ》は芹那《せりな》さんに何《なに》かを訴《うった》えているようでした。お姉《ねえ》さんたちが芹那《せりな》さんの悲鳴《ひめい》に驚《おどろ》いて後《うし》ろを振《ふ》り返《かえ》ったので、芹那《せりな》さんが車《くるま》の窓《まど》を指差《ゆびさ》しましたが…、車《くるま》の外《そと》にはだれもいませんでした。

後日《ごじつ》、わかったことは、あの場所《ばしょ》は交通事故《こうつうじこ》の現場《げんば》だったのではなく、殺人事件《さつじんじけん》の捜《そう》査《さ》が行《おこな》われていたそうです。

それにしても、二《に》キロメートルの距離《きょり》を車《くるま》と同《おな》じスピードで走《はし》ってきたあの男《おとこ》は、人間《にんげん》とは思《おも》えません…。そして、芹那《せりな》さんに、何《なに》を訴《うった》えようとしていたのでしょうか…。

通信《つうしん》8 だれかいる【愛知県《あいちけん》】

高校生《こうこうせい》の由衣《ゆい》さんの身《み》におきた不思議《ふしぎ》なできごとです。

★★★★

ある日《ひ》、私《わたし》が帰宅《きたく》したときでした。自宅前《じたくまえ》で何《なん》となく二《に》階《かい》の私《わたし》の部屋《へや》を見《み》ると、カーテンが閉《と》じられたところでした。部屋《へや》は私《わたし》と妹《いもうと》の共用《きょうよう》ですが妹《いもうと》は修学旅行中《しゅうがくりょこうちゅう》で留守《るす》だし、祖母《そぼ》は足《あし》が悪《わる》くなってからは、いつも一階《いっかい》の和室《わしつ》にいて、二《に》階《かい》に上《あ》がることはありません。

私《わたし》はてっきり母《はは》が仕事《しごと》から帰《かえ》っているのだと思《おも》い、「ただいま。」と声《こえ》をかけましたが、返事《へんじ》はなく母《はは》もいませんでした。祖母《そぼ》の部屋《へや》に行《い》くと、「ん～、いいから。いいから。」と何《なに》か独《ひと》り言《ごと》を言《い》っています。

それから数日後《すうじつご》、帰宅《きたく》すると、台所《だいどころ》から物音《ものおと》がしました。「お母《かあ》さん、ただいま。」と台《だい》所《どころ》に入《はい》りましたが、母《はは》の姿《すがた》はありません。祖母《そぼ》の部屋《へや》に行《い》くと、「ん～、待《ま》っておくれ。」と、また独《ひと》り言《ごと》です。

修学旅行《しゅうがくりょこう》から帰《かえ》ってきた妹《いもうと》に、そのことを話《はな》した夜《よる》のことです。夜中《よなか》に「うぅ～ん。」と妹《いもうと》がうなされているので、「大丈夫《だいじょうぶ》？」と声《こえ》をかけようしたとき、私《わたし》は恐怖《きょうふ》で動《うご》けなくなってしまいました。そこには妹《いもうと》ではなく、髪《かみ》が真《ま》っ白《しろ》になった祖母《そぼ》がいたからです。

翌朝《よくあさ》になると、いつもと変《か》わりなく隣《となり》には妹《いもうと》が寝《ね》ていました。しかし、祖母《そぼ》は自室《じしつ》で明《あ》け方《がた》に亡《な》くなっていたのです。

今《いま》から思《おも》うと、祖母《そぼ》の独《ひと》り言《ごと》は、だれかと話《はな》していたような気《き》がします。そして、私《わたし》たちの二階《にかい》の部屋《へや》は、祖父《そふ》が生前《せいぜん》に使《つか》っていた部屋《へや》でした。

通信《つうしん》9 ポスター

【北海道《ほっかいどう》】

つぐみさんは、アイドルグループの○○くんの大《だい》ファンです。部屋《へや》には等身大《とうしんだい》のポスターが貼《は》ってあり、毎晩《まいばん》寝《ね》る前《まえ》に『いつか必《かなら》ず会《あ》うことができますように。』とポスターに願《ねが》いごとをしていました。

ある日《ひ》、学校《がっこう》から帰宅《きたく》したときです。ポスターの異変《いへん》に気《き》づきました。ちょうど○○くんの顔《かお》のところに手《て》のひらくらいの赤茶色《あかちゃいろ》の染《し》みができていたのです。何《なん》とか拭《ふ》きとろうとしたのですが、染《し》みは日《ひ》を追《お》うごとに大《おお》きくなり、ポスターの裏《うら》の壁《かべ》を見《み》ても、染《し》みの原因《げんいん》はわかりません。

つぐみさんは、そのポスターがとても気《き》に入《い》っていましたが、すでに○○くんの顔《かお》の半分《はんぶん》は染《し》みにおおわれてしまったので、新《あたら》しいポスターに替《か》える決心《けっしん》をしました。そして、ネットで新《あたら》しいポスターを注文《ちゅうもん》したその夜《よる》、恐怖《きょうふ》がつぐみさんを襲《おそ》いました。

寝《ね》ていたつぐみさんは激《はげ》しい耳鳴《みみな》りと同時《どうじ》に目《め》を覚《さ》ましたのですが、金縛《かなしば》りで身動《みうご》きがとれません。怖《こわ》いと同時《どうじ》に安心《あんしん》もしたくて、部屋《へや》の中《なか》を目《め》だけ動《うご》かして確認《かくにん》しました。はがそうと決《き》めたポスターを見《み》ると、染《し》みはさらに大《おお》きくなっていました。よく見《み》ると、それは染《し》みではなく、ポスターの前《まえ》に全身赤茶色《ぜんしんあかちゃいろ》をした人《ひと》が立《た》っていたのです。

「つぐみ。願《ねが》い通《どお》り、会《あ》いに来《き》たよ～。」

次《つぎ》の日《ひ》、アイドルグループの○○くんは、舞台《ぶたい》から落下《らっか》して入院中《にゅういんちゅう》というニュースが流《なが》れていました。

通信《つうしん》10 ランドセル【大分県《おおいたけん》】

麻結《まゆ》さんの弟《おとうと》の蒼介《そうすけ》くんは、小学一年生《しょうがくいちねんせい》でランドセルが大《だい》好《す》きです。ときには背負《せお》ったまま遊《あそ》びに行《い》くので、よくお母《かあ》さんに注意《ちゅうい》されていました。

しかし、あるときから、どうしたわけか蒼介《そうすけ》くんがランドセルを背負《せお》わなくなったのです。学校《がっこう》には背負《せお》わないで、しかたなく手《て》にかかえて行《い》くようになりました。理由《りゆう》を聞《き》いても、首《くび》を横《よこ》に振《ふ》るばかりで何《なに》も話《はな》そうとはしません。

ある日《ひ》、麻結《まゆ》さんは期末《きまつ》テストも終《お》わり、いつもより早《はや》く帰宅《きたく》したときです。お母《かあ》さんは買《か》い物《もの》に出《で》かけるとのメモがあり、蒼介《そうすけ》くんは近所《きんじょ》の公園《こうえん》で遊《あそ》んでいるのを見《み》ていたので、家《いえ》には麻結《まゆ》さん一人《ひとり》でした。一階《いっかい》のリビングでスマホをしていると、二階《にかい》から聞《き》いたことのない音《おと》がします。

二階《にかい》に行《い》くと、音《おと》は蒼介《そうすけ》くんの部屋《へや》から聞《き》こえているような気《き》がしたので、部屋《へや》のドアを開《あ》けると、蒼介《そうすけ》くんのランドセルの中《なか》から、動物《どうぶつ》のうめき声《ごえ》のようなものがしていたのです。

『蒼介《そうすけ》のやつ、内緒《ないしょ》で何《なん》か動《どう》物《ぶつ》を拾《ひろ》ってきたな…。』と思《おも》って、ランドセルを開《あ》けましたが何《なに》もいません。

その夜《よる》、家族《かぞく》がそろったところで蒼介《そうすけ》くんに聞《き》くと、ランドセルを背負《せお》ったまま近《ちか》くのお寺《てら》で遊《あそ》んでいたとき、何《なに》か急《きゅう》にランドセルが重《おも》くなって、それ以来《いらい》、ランドセルを背負《せお》うと何《なに》か変《へん》な鳴《な》き声《ごえ》が聞《き》こえるようになったということでした。その後《ご》、お祓《はら》いをしたので今《いま》は何《なに》もありません。

恐怖《きょうふ》・4

異文化《いぶんか》 阿鼻叫喚《あびきょうかん》のできごと

恐怖《きょうふ》-4 異文化《いぶんか》 阿鼻叫喚《あびきょうかん》のできごと 第1話《だいわ》

晩餐会《ばんさんかい》の記憶《きおく》

あいはらせと

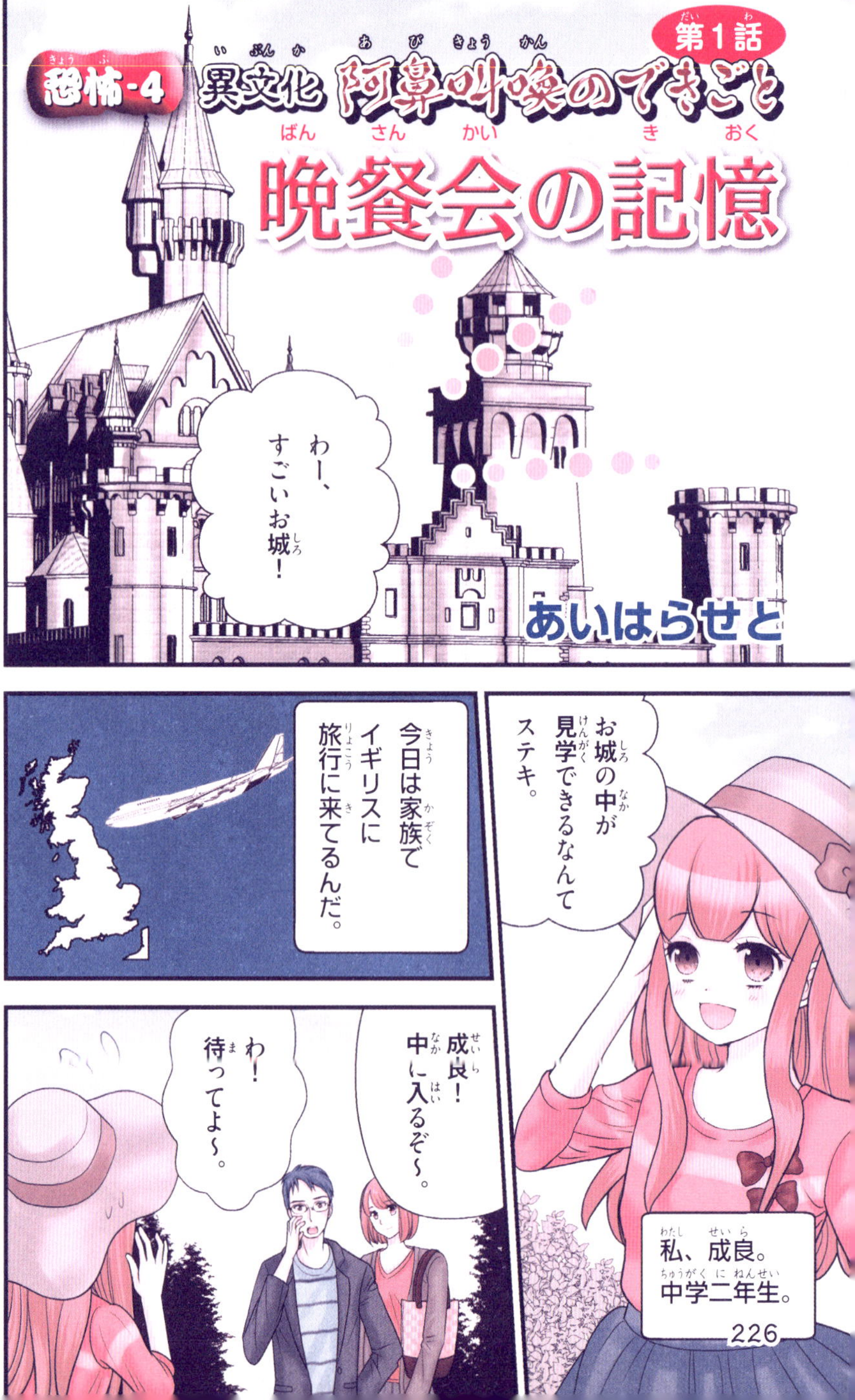

わぁ！広《ひろ》〜い！
成良《せいら》は、この城《しろ》の古《ふる》い記録《きろく》を知《し》ってるかい？
ううん。
この城《しろ》では、かつて晩餐会《ばんさんかい》があった日《ひ》に、
ゾクッ
謎《なぞ》の出火《しゅっか》があり数十人《すうじゅうにん》の犠牲者《ぎせいしゃ》が出《で》たという…。

もー、お父《とう》さん。
成良《せいら》が
怖《こわ》がってるでしょ。
まあ、
古《ふる》い記録《きろく》だし
ごめん
ごめん
今《いま》はすっかり
きれいに修復《しゅうふく》
されているよ。
さあ、
ここが大広間《おおひろま》だ。
わあっ

ここで舞踏会《ぶとうかい》とかあったのかあ…。
きっと、こんな感《かん》じ？
次《つぎ》は、あっちの広間《ひろま》に行《い》ってみるか。
先《さき》に行《い》くわね
いいなあ。本物《ほんもの》の舞踏会《ぶとうかい》を
一度《いちど》くらい見《み》てみたいなあ。
くら
あ…れ？

フラッ
急《きゅう》にめまいが…。
ヘタり
すくっ
はー、何《なん》だろ…。時差《じさ》ぼけかな。
え!?
ぱちくり

え？
何《なに》これ？
こんなアクティビティあったっけ？
流《なが》れる音楽《おんがく》
踊《おど》る貴族《きぞく》たち
まるで、映画《えいが》のワンシーンを見《み》てるみたい！
王子様《おうじさま》とお姫様《ひめさま》。
わぁ
キラキラして夢《ゆめ》みたい。

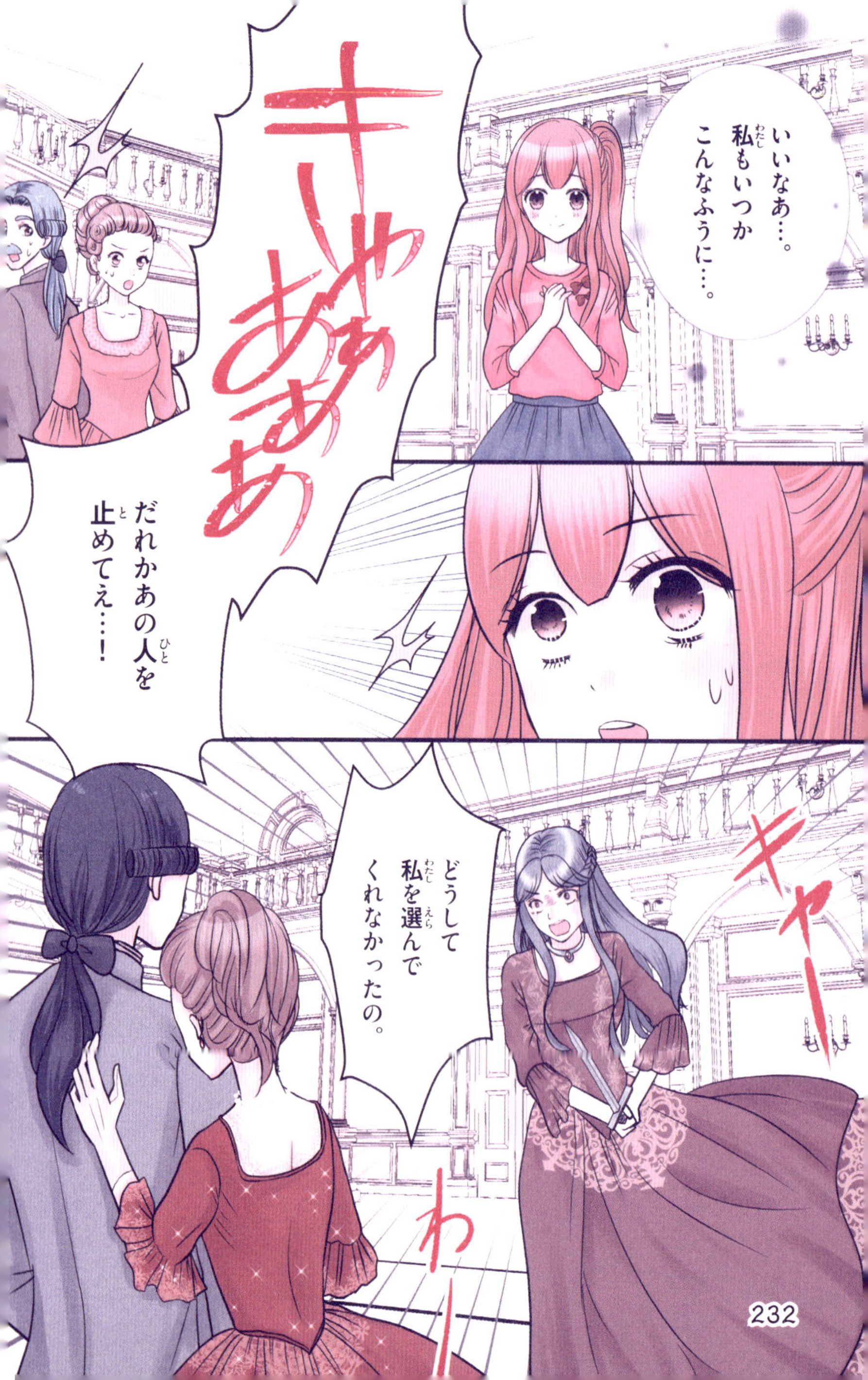
いいなあ…。
私《わたし》もいつか
こんなふうに…。
きゃああああ
だれかあの人《ひと》を
止《と》めてえ…！
キャー
どうして
私《わたし》を選《えら》んで
くれなかったの。
わー

死《し》ねえ!!
危《あぶ》ない!
ザクッ

ゴフッ
王子《おうじ》…早《はや》く…逃《に》げて…。
きゃあああああ

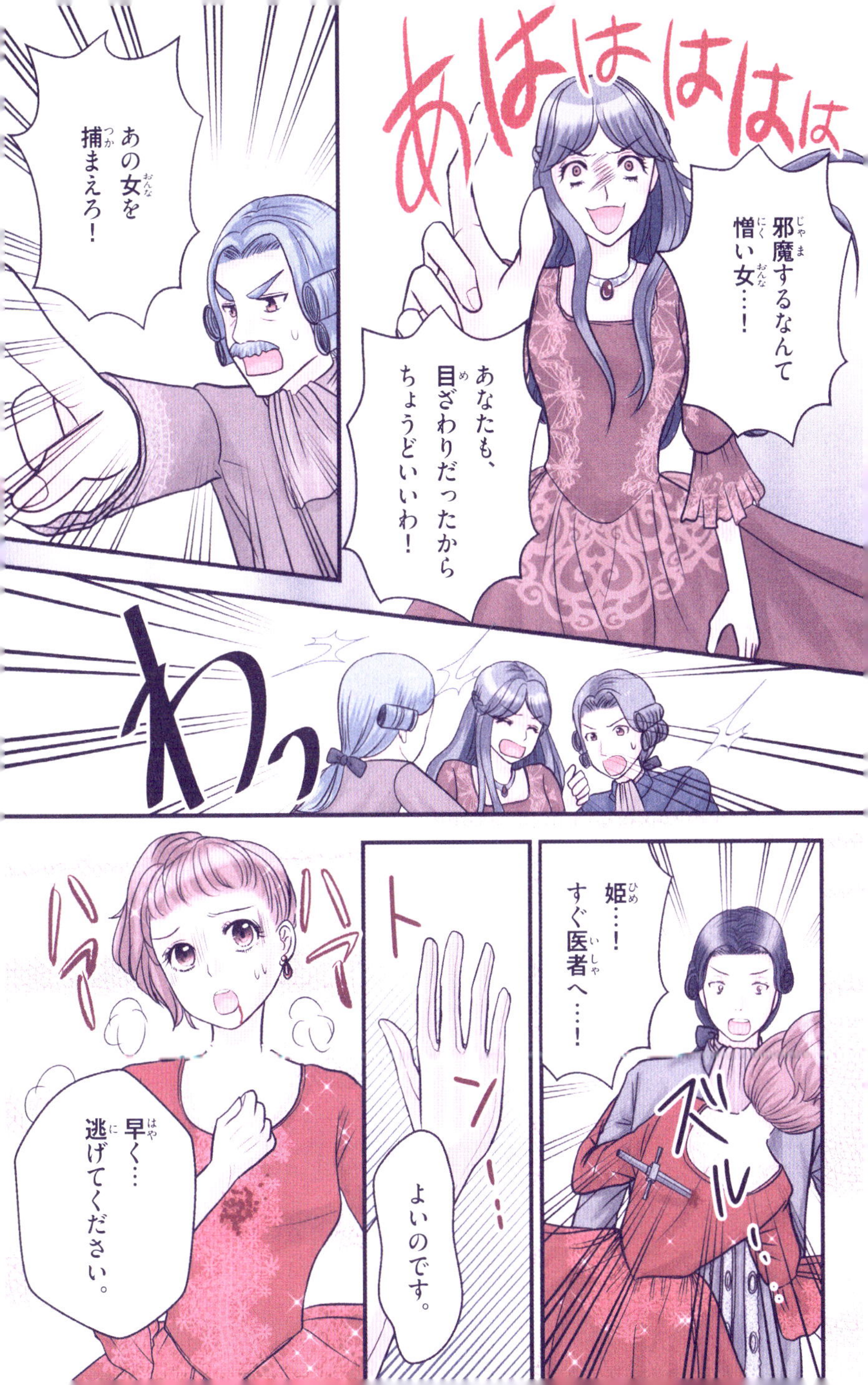
あははははは
邪魔《じゃま》するなんて憎《にく》い女《おんな》…！
あなたも、目《め》ざわりだったからちょうどいいわ！
あの女《おんな》を捕《つか》まえろ！
わっ
姫《ひめ》…！すぐ医者《いしゃ》へ…！
ズル…
トン…
よいのです。
ハァ
ハァ
早《はや》く…逃《に》げてください。

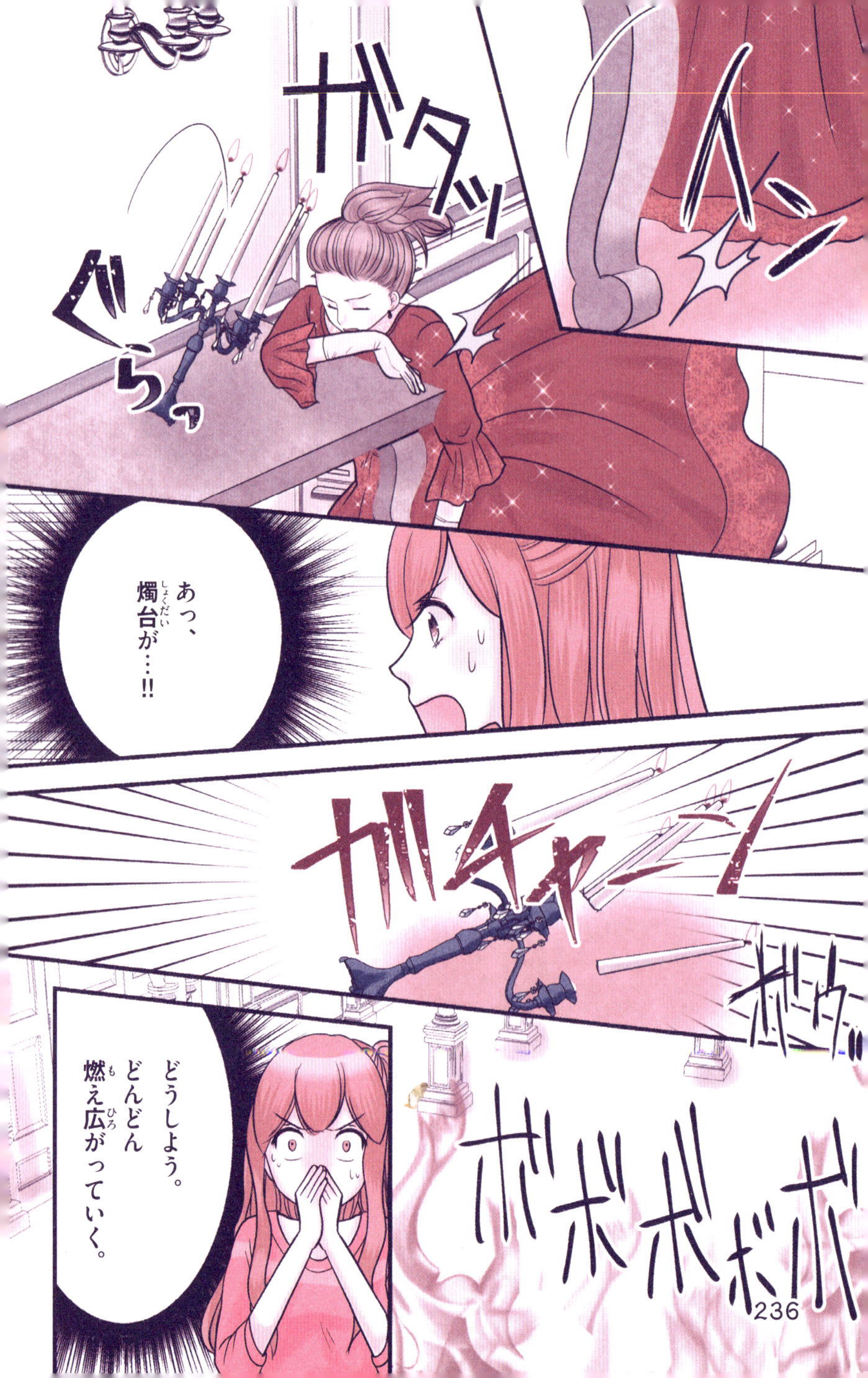
ガタッ
ぐらっ
あっ、燭台《しょくだい》が…!!
ガシャーン
ボウ‥
ボボボボ
どうしよう。どんどん燃《も》え広《ひろ》がっていく。

メラメラ
ボボボボボ
ゴオオ
わああ
きゃあああ
何《なに》これ…。火《ひ》が一瞬《いっしゅん》で広間《ひろま》全体《ぜんたい》に…！

パリーン
わあああ
ワッ
ぎゃあああ
いやぁー!
ボッ
そんな…!
みんな
火《ひ》だるまに…!
早《はや》く。
王子《おうじ》は
こちらへ!
バタバタバタ
何《なに》これ、
怖《こわ》いよ…。
ガタ
ガタ
ボッ

ボクッ
え？
いや！
何《なん》で!? ほんとに熱《あつ》くて どうにか なってしまいそう!!
苦《くる》しい……！
ゴホゴホ

ねえ…、
あなたも一緒《いっしょ》に
逝《い》きましょう…。
ね……？
……。
ド
ロオ

熱《あつ》い……！
ゴォオオォォ
だれかっ……。
オォオォォ
だれか
助《たす》けてーっ！

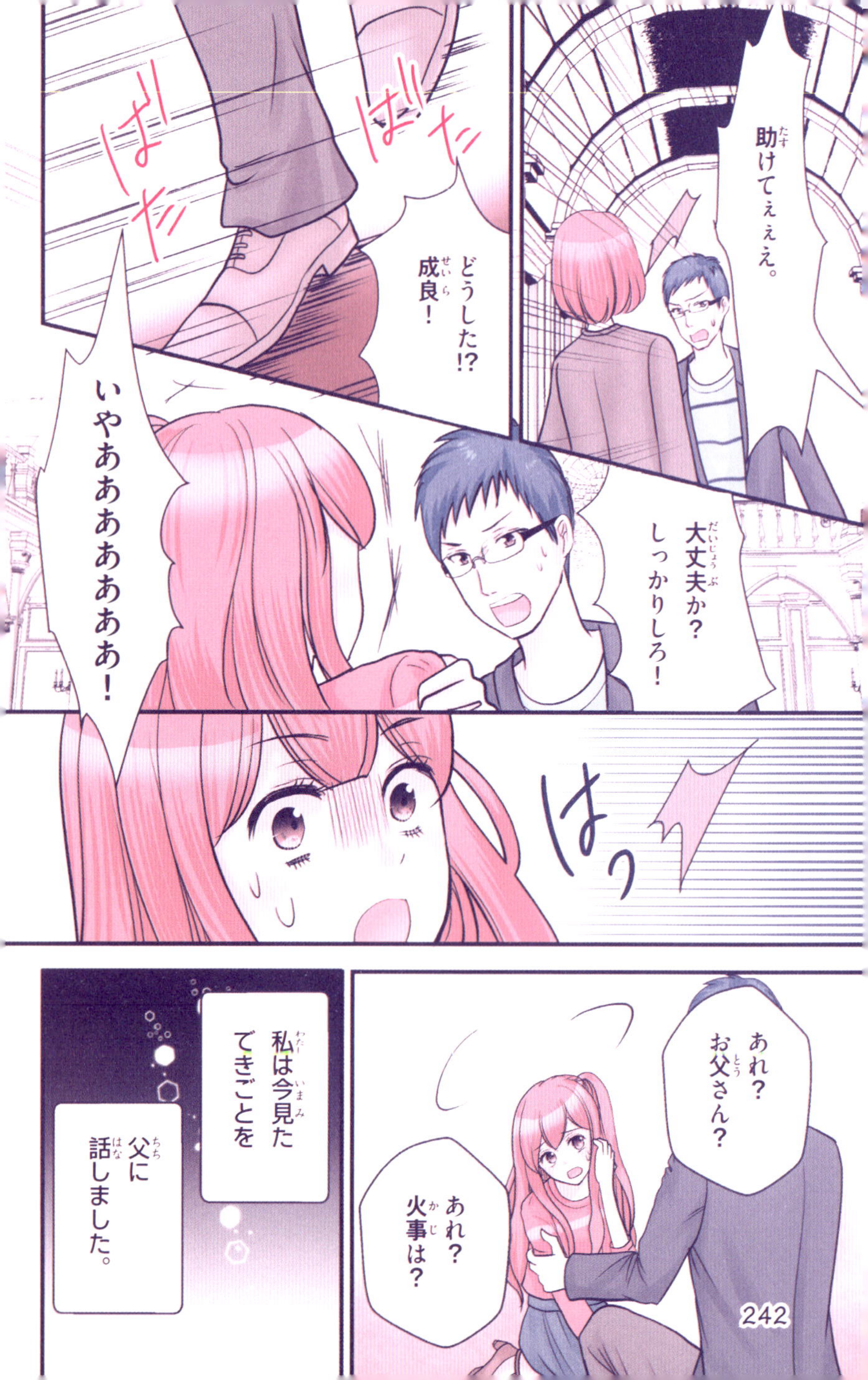
助《たす》けてぇぇぇ。
ばた
ばた
どうした!? 成良《せいら》!
大丈夫《だいじょうぶ》か? しっかりしろ!
いやあああああああ!
はっ
あれ? お父《とう》さん?
あれ? 火事《かじ》は?
私《わたし》は今《いま》見《み》たできごとを
父《ちち》に話《はな》しました。

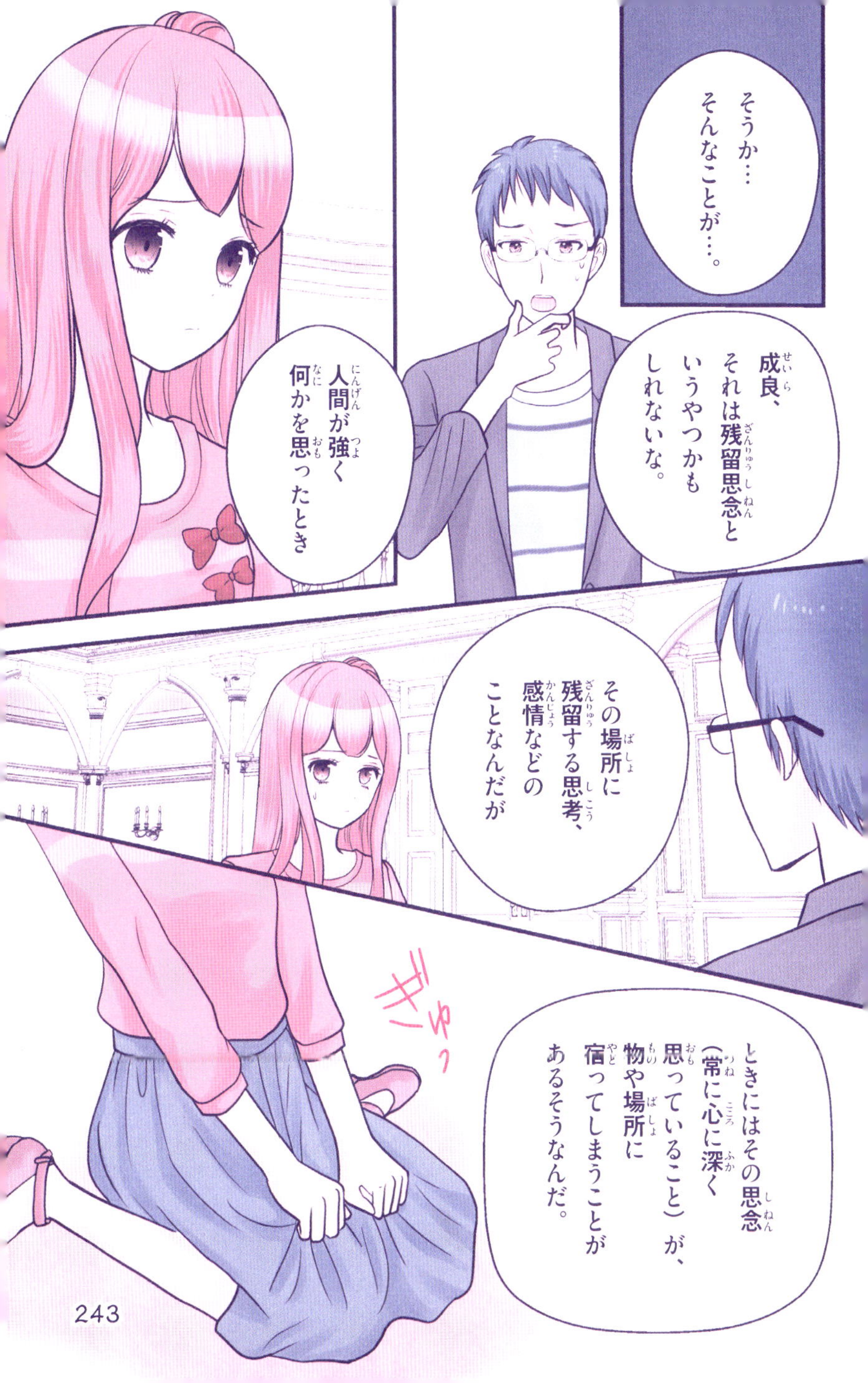
そうか…
そんなことが…。
成良《せいら》、それは残留思念《ざんりゅうしねん》というやつかもしれないな。
人間《にんげん》が強《つよ》く何《なに》かを思《おも》ったとき
その場所《ばしょ》に残留《ざんりゅう》する思考《しこう》、感情《かんじょう》などのことなんだが
ぎゅっ
ときにはその思念《しねん》(常《つね》に心《こころ》に深《ふか》く思《おも》っていること)が、物《もの》や場所《ばしょ》に宿《やど》ってしまうことがあるそうなんだ。

物《もの》や場所《ばしょ》に人《ひと》の思念《しねん》が？

そう。昔《むかし》の広間《ひろま》でおきたできごとを広間自体《ひろまじたい》が覚《おぼ》えている。

それをたまたま思念《しねん》の波長《はちょう》があった成良《せいら》に見《み》せたのかもしれないな。

記録《きろく》に残《のこ》っていない謎《なぞ》の出火《しゅっか》の原因《げんいん》は、思《おも》いがかなわなかった女性《じょせい》の妬《ねた》みだったのです。

さあ帰《かえ》ろう。成良《せいら》？大丈夫《だいじょうぶ》かい？

うん…。

楽《たの》しい旅行《りょこう》の
思《おも》い出《で》に
一《ひと》つだけ
モヤモヤとしたものが
残《のこ》ったのでした…。

恐怖《きょうふ》・4 異文化《いぶんか》阿鼻叫喚《あびきょうかん》のできごと 第《だい》2話《わ》

アメリカのホテル

京都府《きょうとふ》に住《す》む高校生《こうこうせい》の佑唯《ゆい》さんは、大学《だいがく》の推薦入試《すいせんにゅうし》に合格《ごうかく》し、お祝《いわ》いに、家族《かぞく》で旅行《りょこう》に行《い》くことになりました。

行《い》き先《さき》はアメリカ・ニューヨークです。

「これからお金《かね》かかるから、高校最後《こうこうさいご》のぜいたくに。」

と両親《りょうしん》は言《い》いますが、佑唯《ゆい》さんはあこがれの海外《かいがい》がうれしくてたまりませんでした。


自由《じゆう》の女神《めがみ》は大《おお》きいし、美術館《びじゅつかん》も公園《こうえん》も、とにかく広《ひろ》くて、佑唯《ゆい》さんには驚《おどろ》きの連続《れんぞく》でした。

……当《あ》たり前《まえ》ですが、道《みち》行《い》く人《ひと》がみんな英語《えいご》を話《はな》していて、英語《えいご》が苦手《にがて》な佑唯《ゆい》さんも、大学《だいがく》では英語《えいご》をもっと勉強《べんきょう》しようと思《おも》うくらい、

「あー、ニューヨークだーっ。」

と実感《じっかん》しました。

ホテルにチェックインして、
その部屋《へや》から見《み》える景色《けしき》に、
佑唯《ゆい》さんはまた感激《かんげき》しました。
部屋《へや》は上《うえ》のほうの階《かい》にあって、
まるで街全体《まちぜんたい》が
見渡《みわた》せるようだったのです。
おいしいディナーを食《た》べて、
両親《りょうしん》と妹《いもうと》はさっさと
眠《ねむ》ってしまいました。
佑唯《ゆい》さんは興奮《こうふん》が冷《さ》めなくて、
窓《まど》から見《み》えるニューヨークの

夜景《やけい》をずっとながめていました。
　高層階《こうそうかい》といっても、
もっと高《たか》いビルはたくさんあって、
それぞれに明《あ》かりが灯《とも》っている。
佑唯《ゆい》さんはまるで、街中《まちなか》の夜景《やけい》を
独《ひと》り占《じ》めした気分《きぶん》でした。
『いつかまた、今度《こんど》は自分《じぶん》で来《こ》よう。』
そう考《かんが》えながら、佑唯《ゆい》さんは
あきるほど夜景《やけい》を見《み》ていました。

　どのくらいそうしていたでしょうか。
佑唯《ゆい》さんは、

ふと妙《みょう》な音《おと》に気《き》がつきました。

〝ポタッ…ポタッ……〟

蛇口《じゃぐち》から、水滴《すいてき》が滴《したた》るような音《おと》でした。
耳《みみ》を澄《す》ませると、水音《みずおと》は
シャワー室《しつ》から聞《き》こえてきました。
『もう！　お父《とう》さんが止《と》め忘《わす》れたんだ。』
そう思《おも》ってシャワー室《しつ》を見《み》てみると、
シャワーヘッドから
少《すこ》しずつ水《みず》が滴《したた》っていました。
佑唯《ゆい》さんは蛇口《じゃぐち》をしっかりと閉《し》めると、
今度《こんど》はベッドに寝《ね》そべって、
ヘッドフォンをつけて

テレビを見《み》ることにしました。

当《あ》たり前《まえ》ですが、どのチャンネルもほとんどが英語《えいご》でした。

まったく内容《ないよう》がわからなくても、あこがれの海外気分《かいがいきぶん》を味《あじ》わうにはじゅうぶんで、音楽番組《おんがくばんぐみ》はノリがよくてテンションが上《あ》がりました。


〝ポタッ……ポタッ……〟

また、水滴《すいてき》の音《おと》が聞《き》こえました。

『もう、まだ止《と》まってないの？

見《み》かけとちがってオンボロじゃん。』

佑唯《ゆい》さんはシャワー室《しつ》に行《い》って、蛇口《じゃぐち》を閉《し》めました。

部屋《へや》に戻《もど》ってヘッドフォンをつけると、流《なが》れる音楽《おんがく》にあわせて踊《おど》り出《だ》しました。

〝……ポタッ……ポタッ……〟

『もぉ、またぁ？』

佑唯《ゆい》さんはヘッドフォンを外《はず》して、シャワー室《しつ》へ行《い》こうとしました。

『……あれ？』

〝……ポタッ……ポタッ……〟

水滴《すいてき》の音《おと》が、聞《き》こえています。

佑唯《ゆい》さんは、ヘッドフォンをつけてみました。

ノリノリの音楽《おんがく》が聞《き》こえます。

でも…、

〝……ポタッ……ポタッ……〞

『…何《なん》でヘッドフォンしてるのに、
水《みず》の音《おと》聞《き》こえるの…?』

〝……ポタッ!〞

ヘッドフォンをしたままなのに、
ひときわ大《おお》きく
水滴《すいてき》の音《おと》が聞《き》こえました。

反射的《はんしゃてき》に、佑唯《ゆい》さんは
ヘッドフォンを外《はず》して
シャワー室《しつ》に向《む》かって振《ふ》り向《む》きました。
とたんに佑唯《ゆい》さんの体《からだ》は、
固《かた》まったようにまったく
動《うご》かなくなりました。

『やだ!何《なに》これ!』

これが金縛《かなしば》りというのでしょうか。
視線《しせん》はシャワー室《しつ》に向《む》いたまま、
指《ゆび》を動《うご》かすこともできません。
すると…、シャワー室《しつ》から、
髪《かみ》の長《なが》い人影《ひとかげ》が
出《で》てくるのが見《み》えました。
女《おんな》の人《ひと》のようでした。

『…さっきは、だれも
いなかったのに…!』

それだけではありません。
その女《おんな》は、ゆっくりと
歩《ある》いているようなのに、
一歩《いっぽ》一歩《いっぽ》が瞬間移動《しゅんかんいどう》のように
姿《すがた》が見《み》えたり
見《み》えなくなったりするのです。
佑唯《ゆい》さんは、目《め》を動《うご》かすことも
声《こえ》も出《だ》すこともできません。
すぐ近《ちか》くで眠《ねむ》る家族《かぞく》を
呼《よ》ぶこともできず、
ただ瞬間移動《しゅんかんいどう》のように近《ちか》づいてくる
女《おんな》を見続《みつづ》けることしか
できないのです。

女《おんな》が近《ちか》づくたびに、
〝ポタッ…ポタッ…〟と水《みず》が滴《したた》り、
何《なに》かをしゃべっているような
くぐもった声《こえ》が聞《き》こえました。
ときおり、窓《まど》から差《さ》す光《ひかり》に照《て》らされ、
女《おんな》の姿《すがた》が見《み》えました。
金髪《きんぱつ》の、整《ととの》った顔《かお》をした女《おんな》。
『…きれいな人《ひと》…。』
そう思《おも》うが早《はや》いか、
佑唯《ゆい》さんはベッドの上《うえ》に
〝どんっ！〟と倒《たお》されました。
動《うご》けない佑唯《ゆい》さんの目《め》の前《まえ》、
仰向《あおむ》けの佑唯《ゆい》さんの体《からだ》の上《うえ》に、
女《おんな》はまたがりました。

佑唯《ゆい》さんの視線《しせん》に入《はい》るように、
女《おんな》が佑唯《ゆい》さんの顔《かお》を
のぞきこんできました。
『冷《つめ》たい…！』
佑唯《ゆい》さんの顔《かお》に、体《からだ》に、
女《おんな》から水滴《すいてき》が滴《したた》り落《お》ちてきます。
女《おんな》が佑唯《ゆい》さんに顔《かお》を近《ちか》づけました。
女《おんな》の顔《かお》は、紫色《むらさきいろ》でした。
そのまま女《おんな》は、
佑唯《ゆい》さんの耳元《みみもと》で
何《なに》かをささやきました。

〝…ア…ワァ…ウェ………
ア…ワァ…ウェ…〟

くり返《かえ》し何度《なんど》も。

『…だから…英語《えいご》わかんないんだって……！』

〝…ア…ワァ…ウェ………
ア…ワァ…ウェ…〟

〝ボタッ!!〟

女《おんな》の髪《かみ》から佑唯《ゆい》さんの顔《かお》に水《みず》が滴《したた》り、
そのあまりの冷《つめ》たさに、
佑唯《ゆい》さんは我《われ》に返《かえ》りました。
女《おんな》の姿《すがた》はどこにもなく、
いつの間《ま》にか窓《まど》の外《そと》は
明《あか》るくなり始《はじ》めていました。

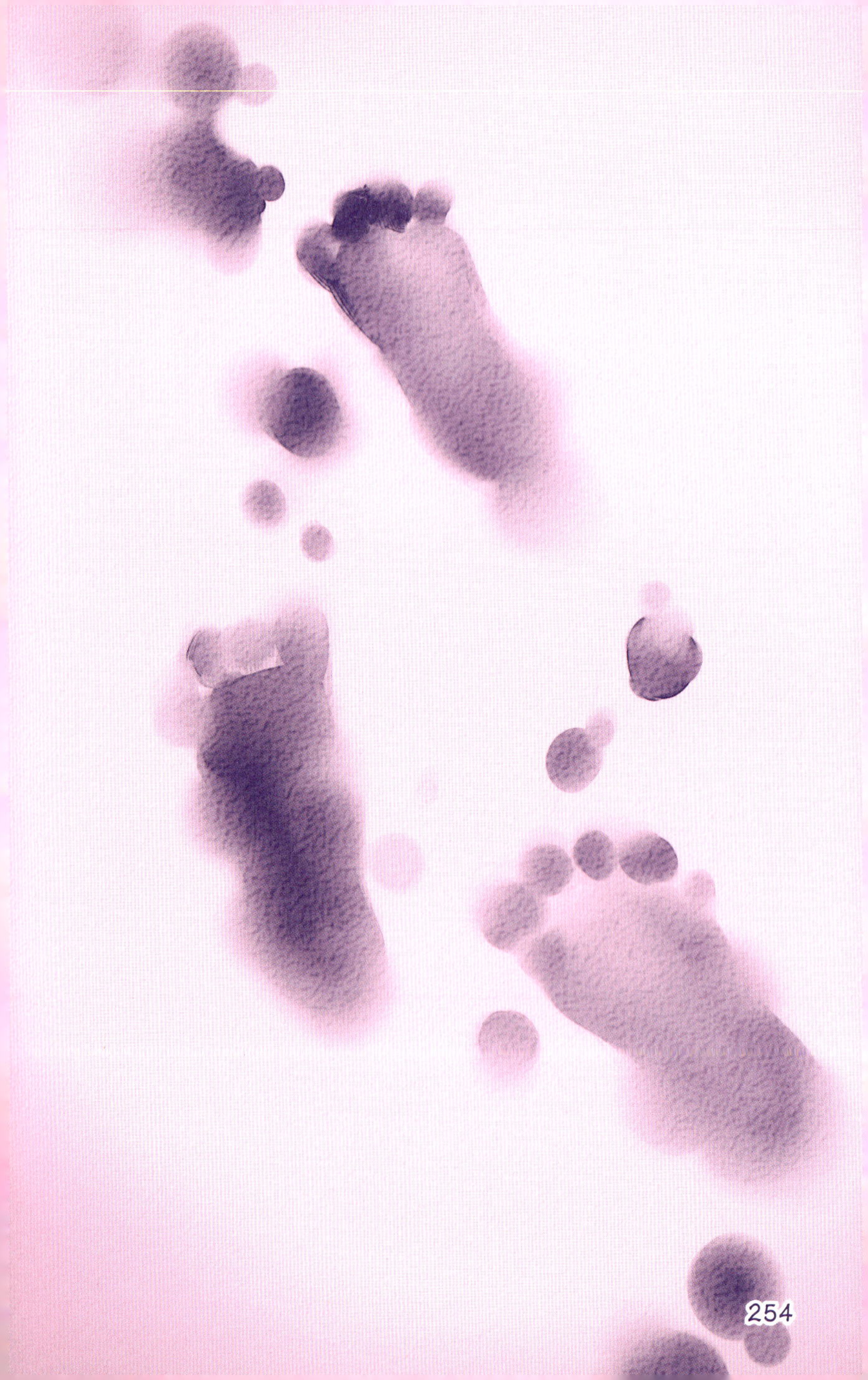

『夢《ゆめ》だったんだろうか。
だとしたら、いやな夢《ゆめ》…。
でも、不思議《ふしぎ》とあまり怖《こわ》いと
思《おも》わなかったな…。』

佑唯《ゆい》さんがおき上《あ》がろうとすると、
ベッドがぐっしょりと濡《ぬ》れていました。
床《ゆか》を見《み》ると、ベッドのわきには
うすい水《みず》たまりができていました。
それだけではありません。
シャワー室《しつ》から歩《ある》いてきたように、
水《みず》たまりに向《む》かって細《ほそ》い足跡《あしあと》が
点々《てんてん》と続《つづ》いていました。

『夢《ゆめ》じゃない。
あの紫《むらさき》の女《おんな》は、本当《ほんとう》にいたんだ。』
家族《かぞく》はみんな、佑唯《ゆい》さんの話《はなし》を
信《しん》じてくれませんでした。

あの女《おんな》は、
何《なに》を言《い》っていたのでしょう。
佑唯《ゆい》さんに、
何《なに》か伝《つた》えたかったのでしょうか。
『いつか自分《じぶん》で来《き》たときに、
もう一度《いちど》この部屋《へや》に泊《と》まってみよう。』
と、佑唯《ゆい》さんはそう決心《けっしん》しました。
そのときはまた、
あの女《おんな》に会《あ》えるのでしょうか…。

恐怖《きょうふ》-4
第3話《だいわ》
異文化《いぶんか》 阿鼻叫喚《あびきょうかん》のできごと
木工所《もっこうじょ》での悲劇《ひげき》
水島みき
中二《ちゅうに》の
夏休《なつやす》み。
わーっ。
すごい
海《うみ》の色《いろ》！
日本《にほん》と
ちがう!!
出張中《しゅっちょうちゅう》の父《ちち》を訪《たず》ね、
私《わたし》と母《はは》はこの国《くに》へ
やってきました。
あの花《はな》は
ブーゲンビリア
でしょ。
こっちは
ヤシの木《き》。
こら
こら。
日奈子《ひなこ》ってば、
はしゃいじゃって。
観光《かんこう》に
来《き》てるんじゃ
ないんだから。

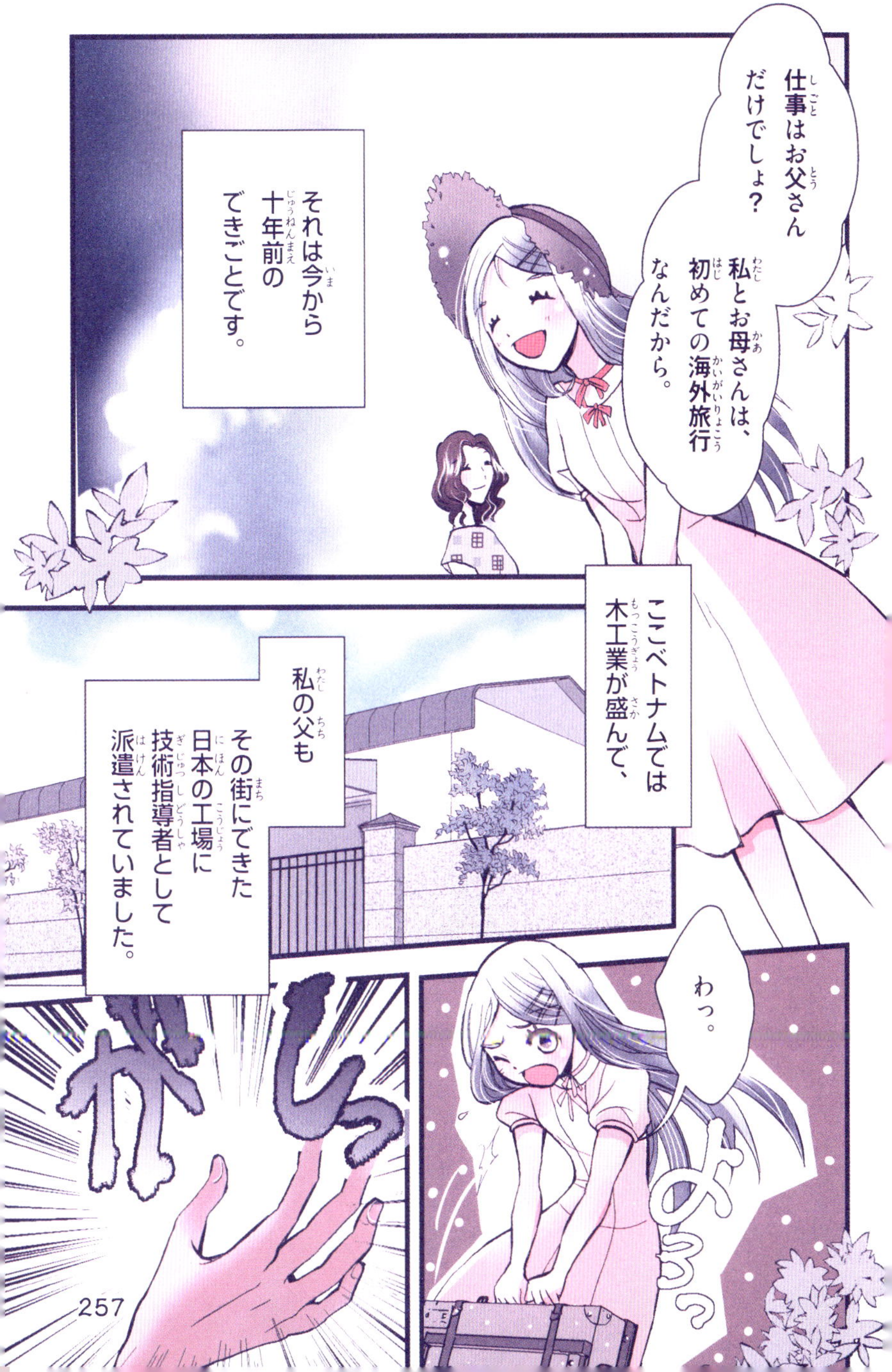
仕事《しごと》はお父《とう》さん
だけでしょ？
私《わたし》とお母《かあ》さんは、
初《はじ》めての海外旅行《かいがいりょこう》
なんだから。
それは今《いま》から
十年前《じゅうねんまえ》の
できごとです。
ここベトナムでは
木工業《もっこうぎょう》が盛《さか》んで、
私《わたし》の父《ちち》も
その街《まち》にできた
日本《にほん》の工場《こうじょう》に
技術指導者《ぎじゅつしどうしゃ》として
派遣《はけん》されていました。
わっ。
がしっ
よろっ

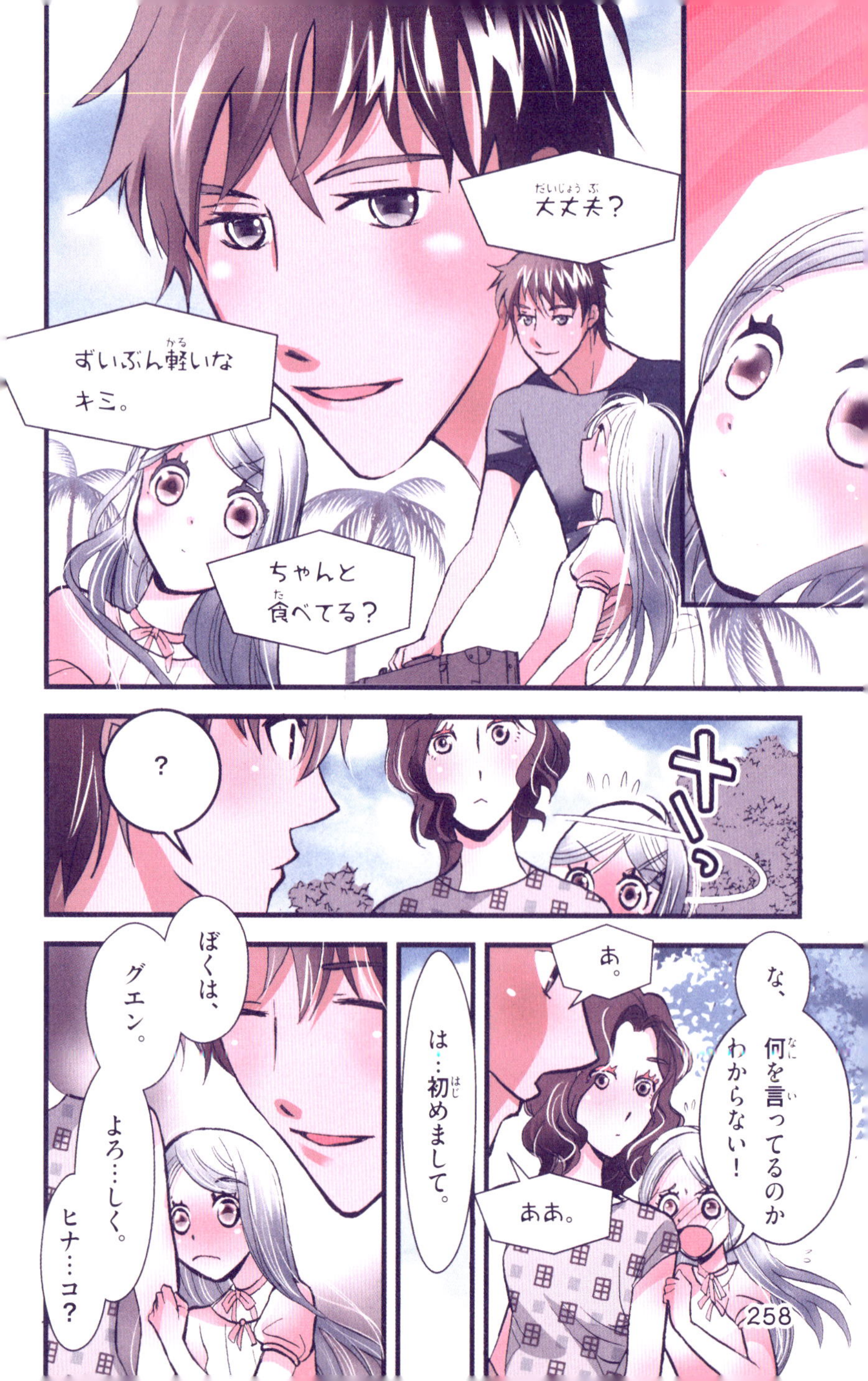

大丈夫《だいじょうぶ》?
ずいぶん軽《かる》いな キミ。
ちゃんと食《た》べてる?
?
な、何《なに》を言《い》ってるのかわからない!
あ。
ああ。
は…初《はじ》めまして。
ぼくは、グエン。
よろ…しく。ヒナ…コ?

グエンは
父《ちち》と同《おな》じ工場《こうじょう》で働《はたら》いている若《わか》い職人《しょくにん》さんで、
四《よっ》つ年上《としうえ》の十八歳《じゅうはっさい》。
日本語《にほんご》ちょっとベンキョーしてます
ここが父《とう》さんたちが働《はたら》いている木工所《もっこうじょ》だよ。
家具《かぐ》や調度品《ちょうどひん》や家《いえ》の部品《ぶひん》とかを、
ここでいろいろ作《つく》って、日本《にほん》へ輸出《ゆしゅつ》してるんだ。
待《ま》って、ヒナコ。
そっちは…。
ぎゅっ
グエン!!
部外者《ぶがいしゃ》はこっちに近《ちか》づけるな。

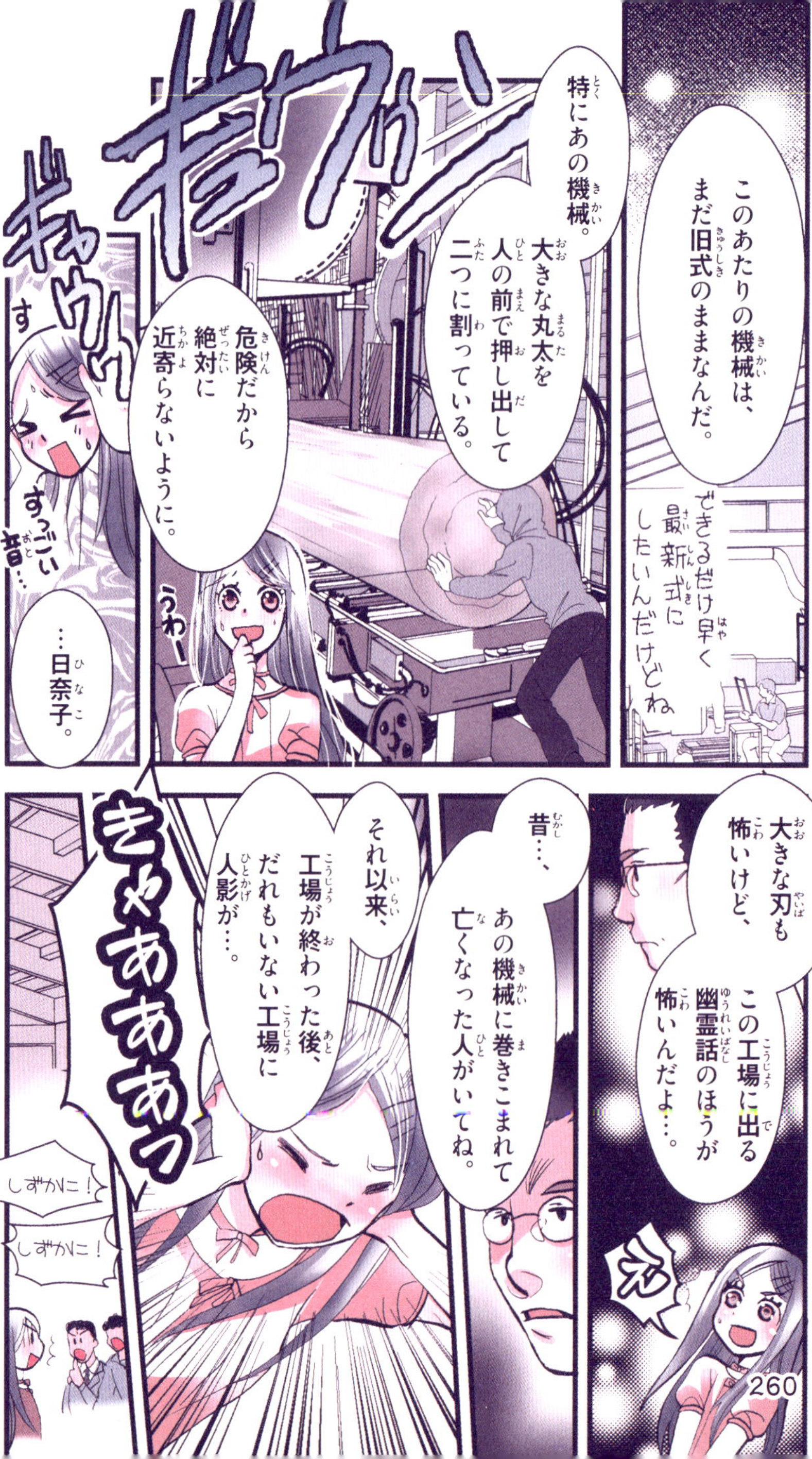
このあたりの機械《きかい》は、まだ旧式《きゅうしき》のままなんだ。
できるだけ早《はや》く最新式《さいしんしき》にしたいんだけどね
特《とく》にあの機械《きかい》。
大《おお》きな丸太《まるた》を人《ひと》の前《まえ》で押《お》し出《だ》して二《ふた》つに割《わ》っている。
危険《きけん》だから絶対《ぜったい》に近寄《ちかよ》らないように。
うわー
すっごい音《おと》…
…日奈子《ひなこ》。
大《おお》きな刃《やいば》も怖《こわ》いけど、
この工場《こうじょう》に出《で》る幽霊話《ゆうれいばなし》のほうが怖《こわ》いんだよ…。
え
昔《むかし》…、
あの機械《きかい》に巻《ま》きこまれて亡《な》くなった人《ひと》がいてね。
それ以来《いらい》、
工場《こうじょう》が終《お》わった後《あと》、だれもいない工場《こうじょう》に人影《ひとかげ》が…。
きゃあああっ
しずかに！
しずかに！

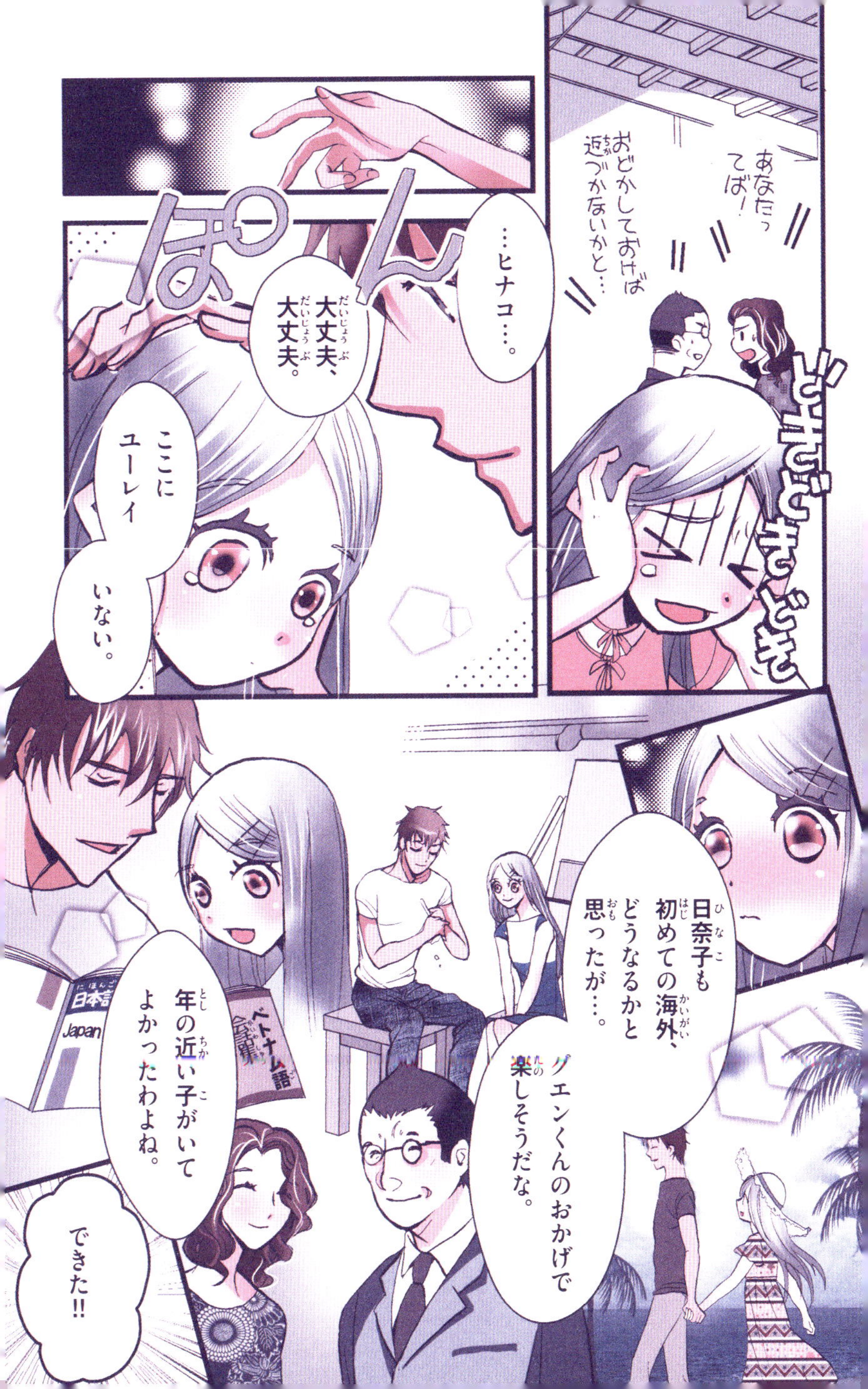

あなたってば！
おどかしておけば近《ちか》づかないかと…
どきどきどきどき
…ヒナコ…。
大丈夫《だいじょうぶ》、大丈夫《だいじょうぶ》。
ぽん
ここにユーレイ
いない。
日奈子《ひなこ》も初《はじ》めての海外《かいがい》、どうなるかと思《おも》ったが…。
グエンくんのおかげで楽《たの》しそうだな。
年《とし》の近《ちか》い子《こ》がいてよかったわよね。
日本語
Japan
ベトナム語会話集
できた!!

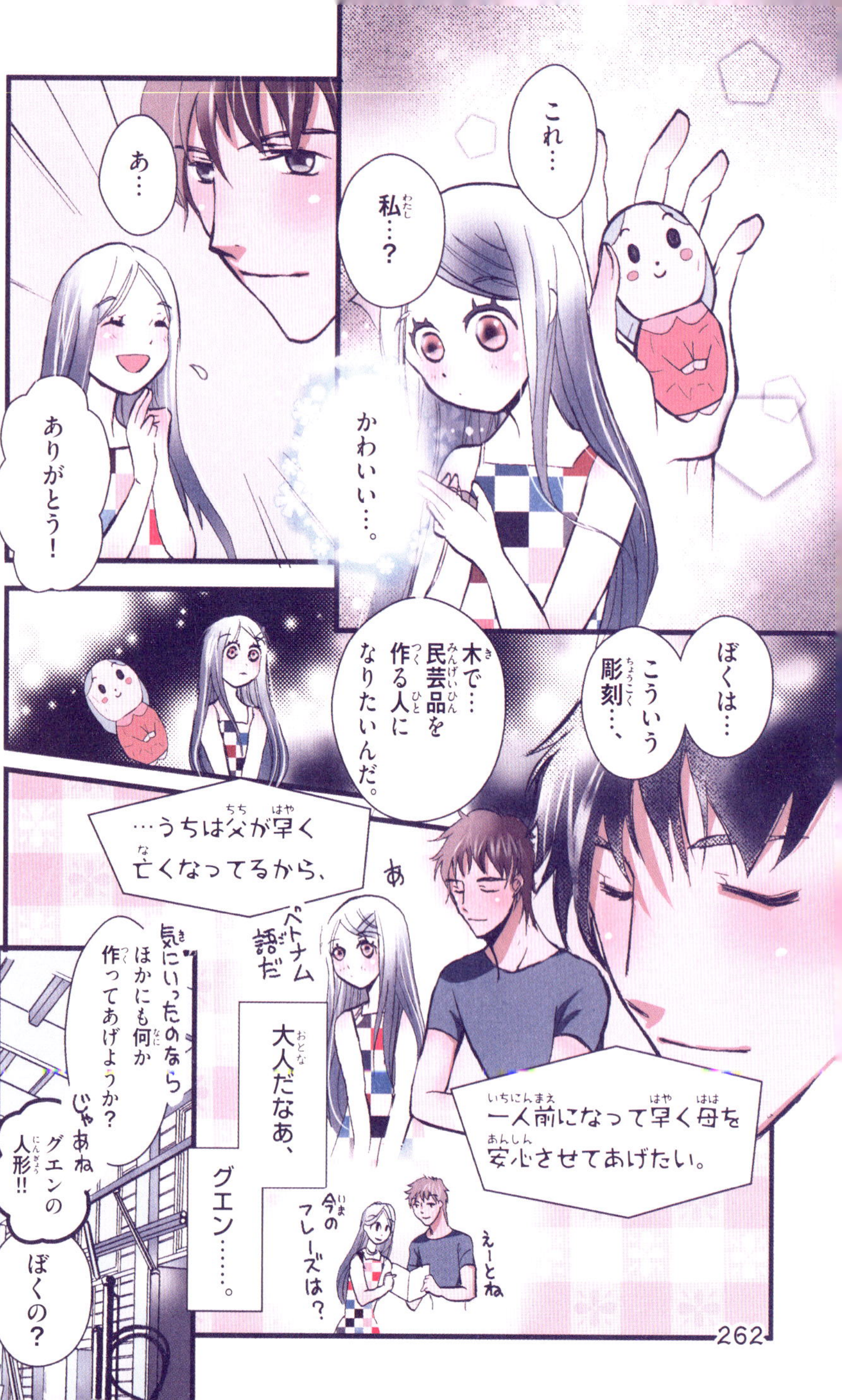
これ…
私《わたし》…？
あ…
ありがとう！
かわいい…。
ぼくは…
こういう彫刻《ちょうこく》…、
木《き》で…民芸品《みんげいひん》を作《つく》る人《ひと》になりたいんだ。
…うちは父《ちち》が早《はや》く亡《な》くなってるから、
あ
ベトナム語《ご》だ
一人前《いちにんまえ》になって早《はや》く母《はは》を安心《あんしん》させてあげたい。
大人《おとな》だなあ、
グエン……。
気《き》にいったのならほかにも何《なに》か作《つく》ってあげようか？
じゃあね グエンの人形《にんぎょう》!!
ぼくの？
今《いま》のフレーズは？
えーとね

私《わたし》の人形《にんぎょう》と二《ふた》つ一緒《いっしょ》に並《なら》べるの。
日本《にほん》に帰《かえ》っても思《おも》い出《だ》せるように。
そうだ。
明日《あした》
人形《にんぎょう》のお礼《れい》にお弁当《べんとう》を作《つく》っていこう。
喜《よろこ》んでくれるかな…。
グエン！
疲《つか》れたら交替《こうたい》しろよ！
大丈夫《だいじょうぶ》です!!
コロ。
ヒナコに約束《やくそく》の人形《にんぎょう》作《つく》ってあげなきゃ。

あんなに喜《よろこ》んでくれるなんて。
ぼくの人形《にんぎょう》まで作《つく》ってなんていわれたのははじめてだ
くす
グエン!
危《あぶ》ない!!

……!!!
何《なに》…?
……!!!
……。
……。
ザワ
ザワ
……。
ザワ
どうしてみんな何《なに》か大声《おおごえ》で叫《さけ》んでるの?
お父《とう》さん!
日奈子《ひなこ》。
ばっ
来《く》るな!
今日《きょう》は帰《かえ》れ!!
どうして目《め》を隠《かく》すの? 私《わたし》…、
いいから来《く》るな!
グエンにお弁当《べんとう》持《も》って来《き》て…。
外《そと》へ出《で》ろ!
見《み》るな!
赤《あか》い…。

ピシャ。。
……。
何《なに》…？
ひどいな…。
何《なん》て言《い》ってるの？
みんな。
腰《こし》のところで体《からだ》が真《ま》っ二《ぶた》つだった…。
わからないよ。

あの丸太《まるた》を切《き》る機械《きかい》に巻《ま》きこまれたんだ。
グエンは人一倍《ひといちばい》用心深《ようじんぶか》かったのに…。
お父《とう》さん…。グエンは…
日奈子《ひなこ》!!
グエンはどうなってるの? ちゃんと見《み》せて!!
…!
くらっ
それは一瞬《いっしゅん》の事故《じこ》だったそうです。
グエンの体《からだ》は、大《おお》きな刃物《はもの》で真《ま》っ二《ぷた》つになり、
血《ち》が天井《てんじょう》まで届《とど》くほど、部屋《へや》を真《ま》っ赤《か》にして…。

日奈子《ひなこ》…。
お母《かあ》さん…。
グエン…。
グエンは
新《あたら》しい人形《にんぎょう》を作《つく》ってくれるって…
私《わたし》に…
そう言《い》ったのに…。
そして工場《こうじょう》は三日間《みっかかん》の警察《けいさつ》の現場検証《げんばけんしょう》の後《あと》再開《さいかい》され、
仕事《しごと》のある父《ちち》を残《のこ》し私《わたし》と母《はは》は日本《にほん》に帰国《きこく》しました。
あれ…？

どうした？
機械《きかい》がまったく動《うご》かなくて。
事故《じこ》をおこしたあの機械《きかい》か。
だが、
ちゃんと整備《せいび》したはずだが…。
…何《なん》だ？
この音《おと》は。
ピチョン
水道《すいどう》の蛇口《じゃぐち》がゆるんでいるのか？
ピチョン
わあっ！
ガタン
…どうした？
ピチョン
あ…
あれ…。
ピチョン
ピチョン…

えっ…。
ああ…。工場《こうじょう》のみんなはグエンの幽霊《ゆうれい》が出《で》ると言《い》ってる。
上半身《じょうはんしん》だけの幽霊《ゆうれい》…だとか。
お祓《はら》いをしてもらったり、
作業場《さぎょうじょう》にお札《ふだ》を貼《は》ったりしてみたけど、
幽霊騒《ゆうれいさわ》ぎはおさまらない…。
わあぁっ

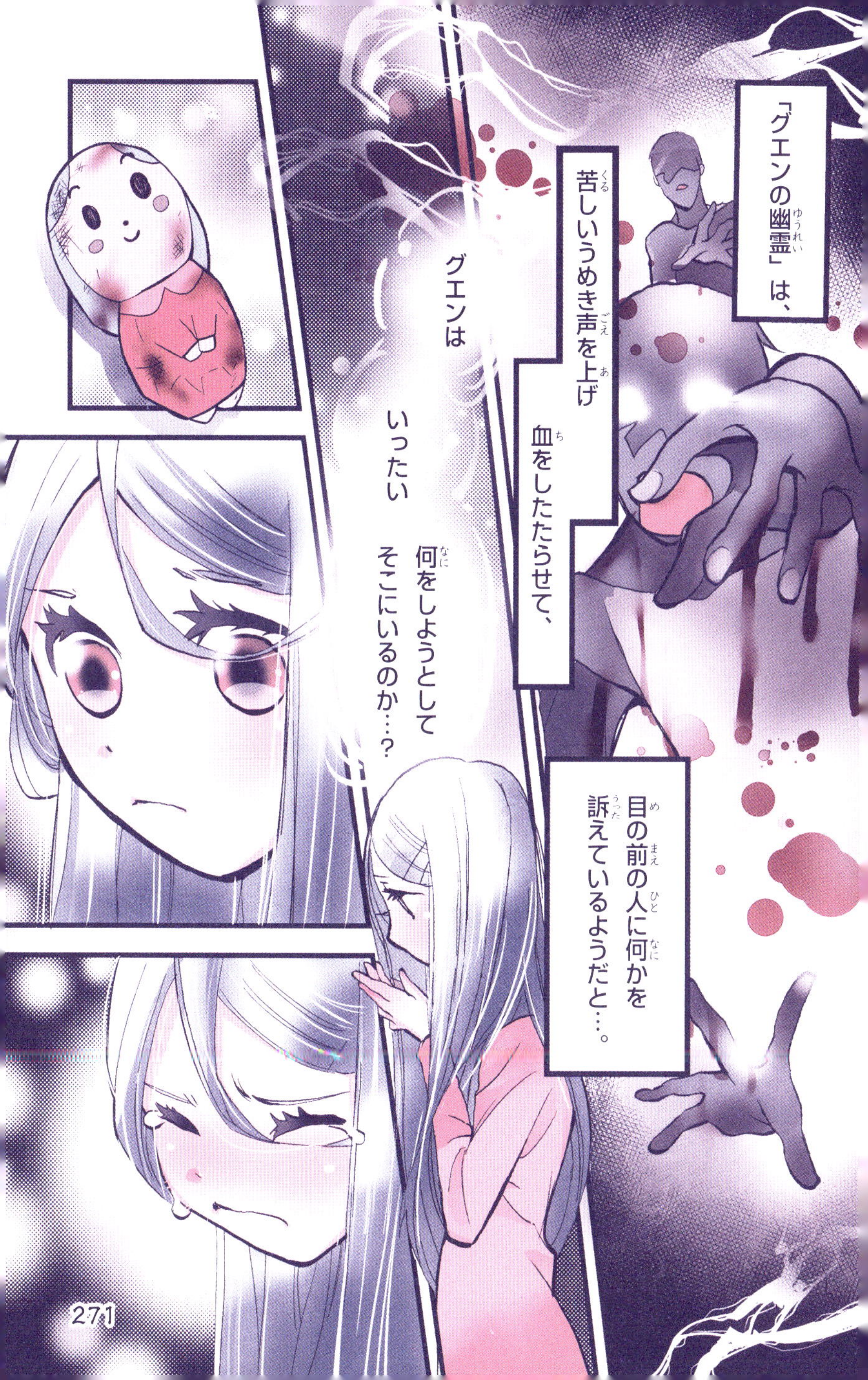
「グエンの幽霊《ゆうれい》」は、
苦《くる》しいうめき声《ごえ》を上《あ》げ
血《ち》をしたたらせて、
目《め》の前《まえ》の人《ひと》に何《なに》かを訴《うった》えているようだと…。
グエンは
いったい
何《なに》をしようとして
そこにいるのか…？

お母《かあ》さん!!
工具箱《こうぐばこ》貸《か》して。
日奈子《ひなこ》？
カリ
どうしたの カッターで 木《き》をほったりしたら あぶないわよっ
…痛《いた》っ。
カリ…
カリ
カリ
カリ
はぁ…
できた…。

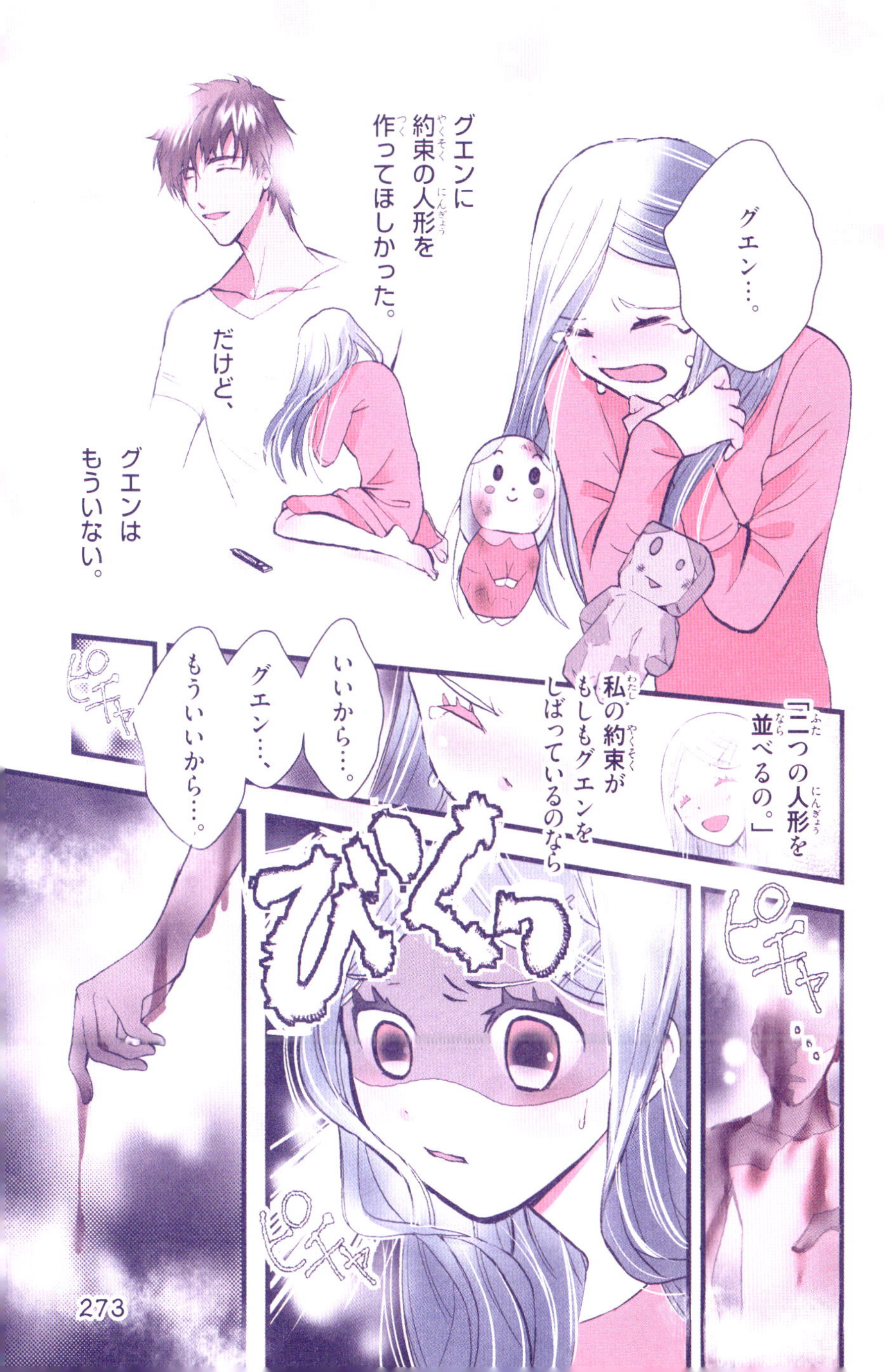
グエン…。
グエンに約束《やくそく》の人形《にんぎょう》を作《つく》ってほしかった。
だけど、
グエンはもういない。
「二《ふた》つの人形《にんぎょう》を並《なら》べるの。」
私《わたし》の約束《やくそく》がもしもグエンをしばっているのなら
いいから…。
グエン…、もういいから…。
ピチャ
ピチャ
びくっ
ピチャ

あ……。
グエン…。
……。
ア……
ア…リガト…、
ヒ…ナコ…。
すぅっ。。

……。
グエン…。
そうして
その後《ご》、
上半身《じょうはんしん》だけの幽霊《ゆうれい》は、
工場《こうじょう》に現《あらわ》れなくなった
そうです。
機械《きかい》は新《あたら》しいものに
替《か》えられましたが…、
ただ、今《いま》でも
急《きゅう》に機械《きかい》が
停止《ていし》したり、
不思議《ふしぎ》な足音《あしおと》が
聞《き》こえたり
するそうです。
グエンの魂《たましい》は、
まだあの
工場《こうじょう》の中《なか》を
さまよっているのかも
しれません。

恐怖《きょうふ》・4 異文化《いぶんか》阿鼻叫喚《あびきょうかん》のできごと 第《だい》4話《わ》

ブラッディ・メアリー

茉莉《まり》さんの高校《こうこう》では
毎年交換留学《まいとしこうかんりゅうがく》をしていて、
その年《とし》の留学生《りゅうがくせい》に
二年生《にねんせい》の茉莉《まり》さんが選《えら》ばれました。
茉莉《まり》さんは、留学《りゅうがく》をして
現地《げんち》の文化的《ぶんかてき》なことを学《まな》び
持《も》ち帰《かえ》りたいと思《おも》っていました。

留学先《りゅうがくさき》は、アメリカの地方《ちほう》にある
昔《むかし》ながらの古風《こふう》な町《まち》でした。
見渡《みわた》す限《かぎ》りの畑《はたけ》に、
夜中《よなか》は真《ま》っ暗《くら》で静《しず》かすぎて
逆《ぎゃく》に眠《ねむ》れないような…。
『文化的《ぶんかてき》なことっていっても
何《なに》があるのかな…。
スケールが大《おお》きすぎるよ。』
茉莉《まり》さんはそう思《おも》っていましたが、
ステイ先《さき》のホストファミリーが

とてもやさしく、同《おな》じ年頃《としごろ》の
ケイトとジーンという姉妹《しまい》がいて、
茉莉《まり》さんともすぐに仲良《なかよ》くなりました。

ステイの間《あいだ》、お互《たが》いに言葉《ことば》は
ちゃんと通《つう》じなくても、
困《こま》ったらスマホの翻訳《ほんやく》アプリを使《つか》って、
うまくコミュニケーションを
取《と》っていました。
『やっぱりちゃんと話《はな》すには
英語《えいご》勉強《べんきょう》しないとな。』
話《はな》が盛《も》り上《あ》がるたびに、
『ちょっと悔《くや》しいな…。』

と、茉莉《まり》さんは思《おも》っていました。
あっという間《ま》に帰国《きこく》の日《ひ》が近《ちか》づき、
ファミリーがお別《わか》れに
パーティーをしてくれました。
「日本《にほん》ではこうするの。」
「アメリカではこうなのよ。」
いろんなことで、
文化《ぶんか》のちがいを話《はな》すうちに、
気《き》づくと幽霊《ゆうれい》や怖《こわ》い話《はなし》の話題《わだい》に
なっていました。
「日本《にほん》には座敷童子《ざしきわらし》っていうのがいて、
遊《あそ》んであげないといたずらするの。」

「ワォ！　ポルターガイストと
似《に》てるわ！」
同《おな》じ年頃《としごろ》だからか、
どんどんそんな話《はなし》が出《で》てきます。
日本《にほん》でいう〝こっくりさん〟の
ようなものは、
アメリカでは
〝ウィジャボード〟というとか…。
茉莉《まり》さんは、
『国《くに》はちがっても似《に》たものはあるんだ。』
と、感心《かんしん》していました。

「ねえ、ブラッディ・メアリーって

知《し》ってる？」
姉《あね》のケイトが言《い》います。
「え、知《し》らない。どんな話《はなし》？」
茉莉《まり》さんが聞《き》くと、
妹《いもうと》のジーンが説明《せつめい》してくれます。
「夜中《よなか》の十二時《じゅうにじ》きっかりに
鏡《かがみ》の前《まえ》で明《あ》かりを消《け》して、
ブラッディ・メアリー、
姿《すがた》を見《み》せてって三回呼《さんかいよ》びかけるの。
そしたら、鏡《かがみ》の中《なか》に血《ち》まみれの女《おんな》、
ブラッディ・メアリーが現《あらわ》れるの。」
ケイトが言《い》いました。
「ゴーストに会《あ》う方法《ほうほう》よ。

ブラッディ・メアリーが
出《で》てきたら……。」
ケイトが不意《ふい》にまじめな顔《かお》をしました。
「爪《つめ》で体《からだ》を引《ひ》っかかれるんだって!!」
おどかすようにケイトが言《い》いました。
「おどかさないでよー!」
そうやって騒《さわ》ぐ楽《たの》しい時間《じかん》も
あっという間《ま》にすぎて、
部屋《へや》に戻《もど》って休《やす》む時間《じかん》になりました。

二階《にかい》への階段《かいだん》を上《あ》がりながら、
ケイトがそっと耳打《みみう》ちしました。
「……ね、やってみようよ。

十一時三十分《じゅういちじさんじっぷん》に私《わたし》の部屋《へや》に来《き》て。」
『え?』
と思《おも》ううちに、ケイトもジーンも
自分《じぶん》たちの部屋《へや》に入《はい》っていきました。
「……やってみようって……。
ブラッディ・メアリーを
呼《よ》び出《だ》すってこと……?」
少《すこ》し迷《まよ》ったものの、
茉莉《まり》さんは言《い》われた時刻《じこく》に
ケイトの部屋《へや》に行《い》きました。

それぞれの役割《やくわり》は、
茉莉《まり》さんとケイトが

ブラッディ・メアリーを呼《よ》び、
それをジーンがビデオカメラで
撮影《さつえい》するということになりました。
数分前《すうふんまえ》から、ケイトが実況《じっきょう》のように
カメラに向《む》かっています。
「ハーイ。これから私《わたし》たち、
ブラッディ・メアリーを呼《よ》び出《だ》すの。
チャレンジするのは日本《にほん》から来《き》た
マリ。そして私《わたし》、ケイトよ。
カメラはジーンね。」
十一《じゅういち》時《じ》五《ご》十九分《じゅうきゅうふん》。
三人《さんにん》は、鏡《かがみ》の前《まえ》に立《た》ちました。

「さあ、いよいよあと少《すこ》しです。

〝彼女《かのじょ》〟は現《あらわ》れるのでしょうか！」

ケイトが盛《も》り上《あ》げるように言《い》って、
続《つづ》けます。

「ジーン、電気消《でんきけ》したら
カウントダウンね。

マリ、準備《じゅんび》はいい？」

「……うん。」

ケイトが電気《でんき》を消《け》しました。

「10、9、8……、」

ジーンがカウントダウンを始《はじ》めます。

「……4、3……、」

「いくよ…。」

「うん…。」

「…1、0！」

ケイトと茉莉《まり》さんは、
声《こえ》をそろえて唱《とな》えました。

「ブラッディ・メアリー、姿《すがた》を見《み》せて。」

「ブラッディ・メアリー、姿《すがた》を見《み》せて。」

「ブラッディ・メアリー、姿《すがた》を見《み》せて！」

みんな黙《だま》ったまま、

〝シーン〟とした静《しず》かな空気《くうき》が
流《なが》れています。

「…電気《でんき》…つけるよ…。」

そう言《い》って、ジーンが明《あ》かりをつけます。

部屋《へや》が明《あか》るくなっても、
何《なに》も変《か》わった様子《ようす》はありません。
「なーんだ。失敗《しっぱい》かぁ。」
ケイトがつまらなそうに言《い》いました。
「しかたないね。でも、せっかくだから
エンディングまで撮《と》ろうか。」
ケイトにうながされて、茉莉《まり》さんたちは
テーブルに置《お》いたビデオカメラの前《まえ》で
鏡《かがみ》を背《せ》にして一緒《いっしょ》に並《なら》びました。
「……〝彼女《かのじょ》〟には会《あ》えなかったけど、
日本《にほん》から来《き》た友人《ゆうじん》、
マリの勇気《ゆうき》に感謝《かんしゃ》を！」

そう言《い》って、ケイトは茉莉《まり》さんを
前《まえ》に押《お》し出《だ》しました。
「マリ、ありがとう。
ありがとう○×▽△●◇□■……。」
聞《き》き取《と》れないくらい早口《はやくち》で、
ケイトはしゃべりながら笑《わら》っています。
「ちょっとー、何《なに》？
何《なん》て言《い》ってるのー？」
茉莉《まり》さんがそう言《い》っても、
ケイトはおかまいなしに
しゃべり続《つづ》けて笑《わら》っています。
茉莉《まり》さんもつられて笑《わら》っていましたが、
ジーンは少《すこ》し無理《むり》して

笑《わら》っているようでした。
その夜《よる》は、茉莉《まり》さんもジーンも
そのままケイトの部屋《へや》を出《で》て
自分《じぶん》たちの部屋《へや》に戻《もど》りました。

翌日《よくじつ》の午後《ごご》、帰国《きこく》する茉莉《まり》さんを
空港《くうこう》までファミリーみんなが
見送《みおく》りに来《き》てくれました。
ファミリーはみんな、
茉莉《まり》さんとの別《わか》れを惜《お》しんでいましたが、
やはりジーンだけは
少《すこ》し様子《ようす》がちがいました。
茉莉《まり》さんは、ジーンとハグをしながら

聞《き》きました。

「ジーン、調子《ちょうし》悪《わる》い？　大丈夫《だいじょうぶ》？」

「マリ……。」

ジーンが言《い》いにくそうに
口《くち》を開《ひら》きました。

「……昨日《きのう》、ごめんね。

ほんとは私《わたし》、見《み》たの。」

「何《なに》を？」

「マリ、ブラッディ・メアリーは
来《き》たの。」

「え……？」

茉莉《まり》さんには意味《いみ》がわかりませんでした。

「お姉《ねえ》ちゃんが悪《わる》いの。

……マリの首《くび》に、傷《きず》がついてる。」

茉莉《まり》さんが首《くび》を触《さわ》りました。

気《き》がつかないほどの薄《うす》さで、
確《たし》かに傷《きず》がありました。

「ごめんね、マリ。

止《と》められなくてごめんね。」

ジーンはそう言《い》って、
茉莉《まり》さんから離《はな》れました。
ファミリーが、
茉莉《まり》さんに手《て》を振《ふ》っています。
なぜだか茉莉《まり》さんには、
その姿《すがた》が怖《こわ》いように感《かん》じました。

無事帰国《ぶじきこく》して、
しばらくたった日《ひ》のことです。
パソコンにケイトから
メールが届《とど》きました。
「ハーイ、マリ。元気《げんき》？
アメリカは楽《たの》しかった？
マリが来《き》てくれて、
楽《たの》しかったよ！　ありがとう！」
文面《ぶんめん》をスクロールしていくと、
添付《てんぷ》のファイルがありました。
「あのときの、最後《さいご》のビデオを送《おく》るね。
楽《たの》しんで!!　バーイ！」
『ジーンはあんなこと言《い》ってたけど、
ありがとね、ケイト。』
そう思《おも》って、茉莉《まり》さんは
ビデオのファイルを開《ひら》きました。
最後《さいご》の日《ひ》、鏡《かがみ》の前《まえ》で三人《さんにん》で撮《と》った
ブラッディ・メアリーの現《あらわ》れなかった
あのビデオでした。

ビデオの中《なか》で
ケイトがしゃべっています。
「マリの勇気《ゆうき》に感謝《かんしゃ》を！
マリ、ありがとう。
ありがとう○×▽△●◇□■……。」
「……もう、ケイトはほんとに
早口《はやくち》なんだから。」
茉莉《まり》さんはスマホを出《だ》して、
翻訳《ほんやく》アプリにケイトが
しゃべっているのを聞《き》かせました。
アプリの翻訳《ほんやく》を見《み》て、
茉莉《まり》さんは目《め》を疑《うたが》いました。
「マリの勇気《ゆうき》に感謝《かんしゃ》を！
マリ、ありがとう。
ありがとう。あいつを連《つ》れてって
くれるんだね。連《つ》れて帰《かえ》って！
あんたが連《つ》れて帰《かえ》って!!」
それだけではありませんでした。
鏡《かがみ》を背《せ》にしてカメラの前《まえ》で
しゃべっていた三人《さんにん》……。
三人《さんにん》の後《うし》ろの鏡《かがみ》の中《なか》に、
まるで赤《あか》い服《ふく》に見《み》えるほど
血《ち》まみれの髪《かみ》の長《なが》い女《おんな》が、
茉莉《まり》さんたちを見《み》て
立《た》っているのです。

女《おんな》が、鏡《かがみ》の中《なか》から茉莉《まり》さんに
すっと手《て》を伸《の》ばすのがわかりました。

「痛《いた》っ！」
引《ひ》っかかれたような痛《いた》みを感《かん》じて

腕《うで》を見《み》ると、爪《つめ》で引《ひ》っかいたような
傷《きず》ができていました。
それも、たった今《いま》ついたように、
うっすら血《ち》がぷつぷつと
にじんでいるのです。
『……そんな……。』
画面《がめん》に顔《かお》を向《む》けると、三人《さんにん》を見《み》ていた
女《おんな》の視線《しせん》が、画面《がめん》を見《み》る茉莉《まり》さんに
向《む》けられようとしていました。
『ダメ！』
反射的《はんしゃてき》に茉莉《まり》さんは
パソコンの電源《でんげん》を切《き》りました。
……押《お》しつけられたのかもしれない。

茉莉《まり》さんは、ただ呆然《ぼうぜん》としました。
後《あと》で調《しら》べてみると、
ブラッディ・メアリーはアメリカから
出《で》られないことがわかりました。
「でも、今《いま》も気《き》がつくと
傷《きず》が増《ふ》えてるみたいなんです。
……憑《つ》いてきてるんでしょうか。
アメリカから出《で》られないって……
本当《ほんとう》なんでしょうか……？」
茉莉《まり》さんはあのメールもビデオも消《け》して、
二度《にど》とアメリカのあの町《まち》には
行《い》きたくなくなりました。

恐怖《きょうふ》-5 心霊《しんれい》ネット探偵団《たんていだん》

逢魔地獄《おうまじごく》

★心霊《しんれい》ネット探偵団《たんていだん》の活躍《かつやく》は、
「本当《ほんとう》に怖《こわ》い話《はなし》MAX《マックス》 怨霊跋扈《おんりょうばっこ》」

「本当《ほんとう》に怖《こわ》い話《はなし》MAX《マックス》 呪詛怨嗟《じゅそえんさ》」

「本当《ほんとう》に怖《こわ》い話《はなし》MAX《マックス》 ∞《むげん》 地獄絵巻《じごくえまき》」

でも楽《たの》しめます。

心霊《しんれい》ネット探偵団《たんていだん》

優奈《ゆうな》、明日美《あすみ》、千秋《ちあき》、翔馬《しょうま》の四人《よにん》による、怖《こわ》い話《はなし》、不思議《ふしぎ》な話《はなし》を集《あつ》めるチーム名《めい》。四人《よにん》が身《み》のまわりで集《あつ》めた怪談《かいだん》のほかに、千秋《ちあき》が作《つく》ったスマホ用《よう》の怪談《かいだん》アプリに全国《ぜんこく》から怖《こわ》い話《はなし》が集《あつ》まってきた。

★高山優奈

（たかやま・ゆうな）

14歳《さい》

何《なん》にでも興味《きょうみ》を持《も》つ行動派《こうどうは》の中学二年生《ちゅうがくにねんせい》。もちろん怖《こわ》い話《はなし》、不思議《ふしぎ》な話《はなし》が大好《だいす》きで、まわりの人《ひと》たちから体験談《たいけんだん》を聞《き》いてまわっている。幽霊《ゆうれい》がらみのできごとから、ひき逃《に》げ事件《じけん》の犯人《はんにん》を探《さが》し出《だ》したことをきっかけに、人々《ひとびと》の心霊《しんれい》体験《たいけん》をもっと世《よ》に広《ひろ》めようと決意《けつい》する。

★渡辺千秋

（わたなべ・ちあき）

14歳《さい》

優奈《ゆうな》たちの同級生《どうきゅうせい》でパソコン部所属《ぶしょぞく》の秀才《しゅうさい》。気弱《きよわ》な性格《せいかく》で怖《こわ》い話《はなし》も超苦手《ちょうにがて》だが、持《も》ち前《まえ》の知識《ちしき》を生《い》かして、心霊《しんれい》ネット探偵団《たんていだん》のアプリを制作《せいさく》。優奈《ゆうな》たちをサポートする。

★御来屋明日美

（みくりや・あすみ）

14歳《さい》

優奈《ゆうな》のクラスに来《き》たクールな転校生《てんこうせい》。強《つよ》い霊感《れいかん》を持《も》っていることから前《まえ》の学校《がっこう》では気味悪《きみわる》がられ、孤独《こどく》だった。しかし偶然《ぐうぜん》、霊感《れいかん》があることを怖《こわ》い話《はなし》が大好《だいす》きな優奈《ゆうな》に知《し》られ、強引《ごういん》に友《とも》だち関係《かんけい》に。ともに行動《こうどう》するようになる。

★近藤翔馬

（こんどう・しょうま）

14歳《さい》

優奈《ゆうな》の幼《おさな》なじみで剣道部《けんどうぶ》の部員《ぶいん》。幽霊《ゆうれい》などを信《しん》じない現実主義者《げんじつしゅぎしゃ》だったが「本当《ほんとう》に怖《こわ》い話《はなし》MAX《マックス》 呪詛怨嗟《じゅそえんさ》」の「呪《のろ》われた洋館《ようかん》」に行《い》ってから、心霊《しんれい》ネット探偵団《たんていだん》に加入《かにゅう》した。

恐怖《きょうふ》-5
心霊《しんれい》ネット探偵団《たんていだん》
逢魔地獄《おうまじごく》
第《だい》1話《わ》
霊能力者《れいのうりょくしゃ》シュウ
前編《ぜんぺん》
森野眠子
ある日《ひ》の放課後《ほうかご》。
優奈《ゆうな》。
明日美《あすみ》。
お願《ねが》いがあるんだけど…。
千秋《ちあき》どうしたの？
実《じつ》はね…。
一週間《いっしゅうかん》ほど前《まえ》から千秋《ちあき》の弟《おとうと》・大地《だいち》くんの
様子《ようす》がおかしいらしい。
両親《りょうしん》の知人《ちじん》から、霊能力者《れいのうりょくしゃ》にみてもらうよう
すすめられ、その人《ひと》が今日《きょう》、家《いえ》に来《く》るそうで…

私《わたし》たちも立《た》ち会《あ》うことになった。
きえええええええ
オンキリハリハリンダムガソワカ。
ハァ
ジャラッ
ジャラッ
オンキリハリハリンダムガソワカ。
イヤァ
すぅ…
プス…
プス…
おならみたい
ぶふっ
ププ
こっこら

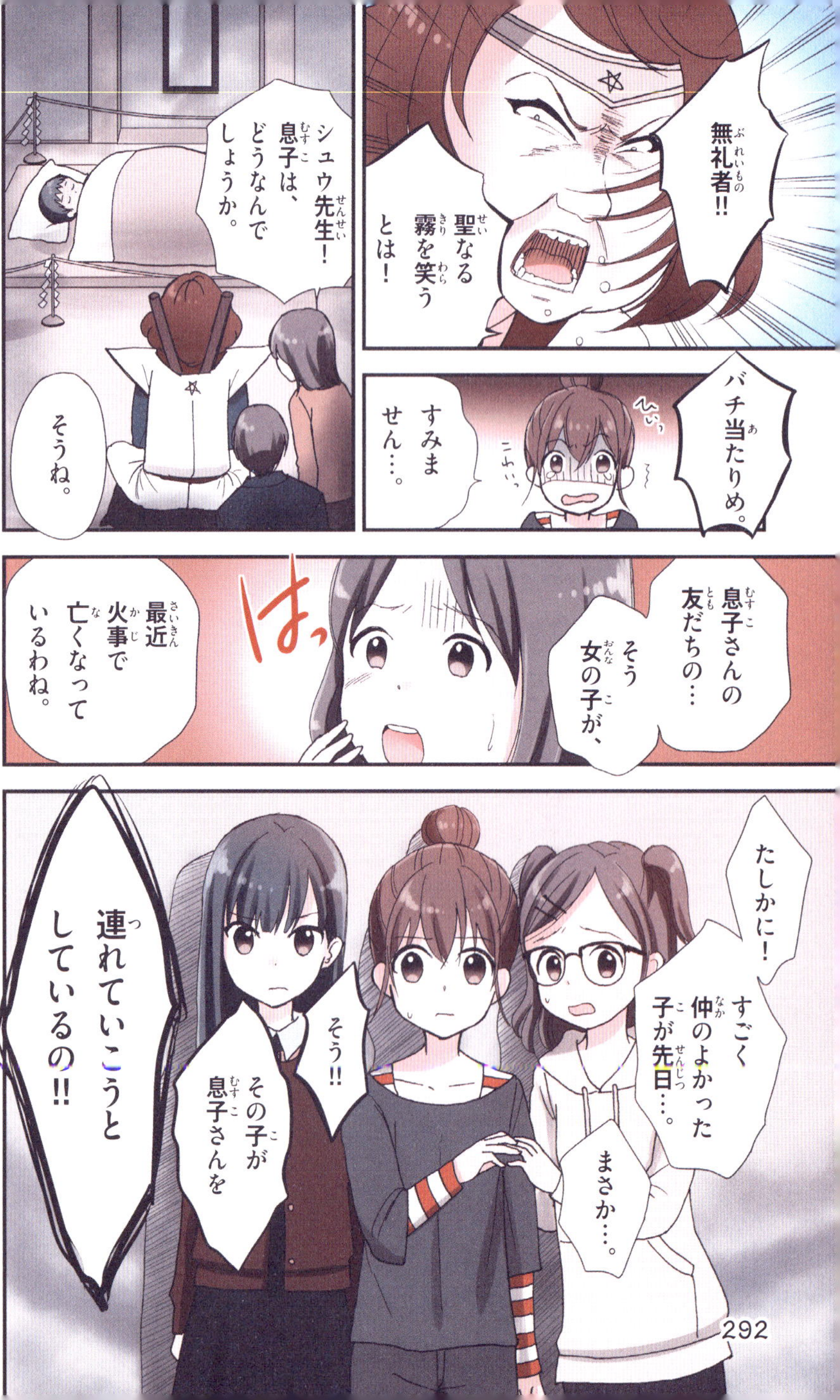

無礼者《ぶれいもの》!!
聖《せい》なる霧《きり》を笑《わら》うとは!
バチ当《あ》たりめ。
ひぃっ
こわいっ
すみません…。
シュウ先生《せんせい》!息子《むすこ》は、どうなんでしょうか。
そうね。
息子《むすこ》さんの友《とも》だちの…
そう女《おんな》の子《こ》が、
はっ
最近《さいきん》火事《かじ》で亡《な》くなっているわね。
たしかに!
すごく仲《なか》のよかった子《こ》が先日《せんじつ》…。
まさか…。
そう!!
その子《こ》が息子《むすこ》さんを
連《つ》れていこうとしているの!!

そっ…
そんな…。
どうすれば助《たす》かりますか!?
特別《とくべつ》なお祓《はら》いが必要《ひつよう》よ。
それには、この魔《ま》を祓《はら》う鏡《かがみ》と一《いっ》か月《げつ》間《かん》特別《とくべつ》なお香《こう》を焚《た》くことが必要《ひつよう》。
諸経費《しょけいひ》は五十万円《ごじゅうまんえん》…かしら。
ピッ ピッ
ちょっと待《ま》って。
私《わたし》はそれが原因《げんいん》じゃないと思《おも》う。
私《わたし》には女《おんな》の子《こ》の気配《けはい》が感《かん》じられない。
明日美《あすみ》……。
………。
あなた見《み》えるの?
はい。
だからおじさんおばさん、
少《すこ》しだけ私《わたし》に時間《じかん》をくれませんか?

ちょっと明日美《あすみ》。
「私《わたし》」じゃなくて、
「私《わたし》たち」でしょ？
お父《とう》さん、お母《かあ》さん。
私《わたし》からもお願《ねが》い！
もう少《すこ》し待《ま》って！
……千秋《ちあき》がそう言《い》うなら…。
心霊《しんれい》ネット探偵団《たんていだん》調査開始《ちょうさかいし》!!
ギリ…

まずは、大地《だいち》の夜《よる》の様子《ようす》を見《み》てもらったほうがいいかも。
今日《きょう》はうちにとまっていって
夜《よる》の？
ガリッ…
そこをそーするとー
おおーなるほど
は
！
優奈《ゆうな》！
千秋《ちあき》！
何《なに》!? この声《こえ》!!
大地《だいち》だよ。
また始《はじ》まったんだ！

バタ
バタ
バタ
バタ
パーン
ムゥウゥウゥ
パーン
アァアァアァ
パーン
パーン
パーン
パーン
パーン
大地《だいち》!!
アァ
ごしゃ
アァ
ん？
大地《だいち》くんの
足元《あしもと》に
何《なに》か…。
え？
アァァ…
ゥゥゥ…

何《なに》…あれ。
優《ゆう》奈《な》も見《み》えるの!?
黒《くろ》いもやみたいのがぼんやり…。
大地《だいち》!!
しっかりして!
大地《だいち》!!
はっ
大地《だいち》!!
スゥ…
お姉《ねえ》…ちゃ…ん。
大地《だいち》くん大丈夫《だいじょうぶ》?
うん…、また眠《ねむ》ったみたい。
毎晩《まいばん》、ああなんだ。
もう…ムリかも。
大丈夫《だいじょうぶ》だよ。きっと何《なん》とかできるよ!!
あの黒《くろ》いもやが原因《げんいん》だろうね。
でも、正体《しょうたい》がわからない。
大地《だいち》くんの部屋《へや》に何《なに》か手《て》がかりがあるか探《さが》していい?

ゴッ
そっち何《なに》かあった？
ううん、いつもと同《おな》じ…。
ん？
ねえ。
この赤《あか》い布《ぬの》何《なん》だろう…。
妙《みょう》に汚《よご》れて、古《ふる》ぼったいけど…。
こんなのうちで見《み》たことないな。
何《なに》してるの？
写真《しゃしん》に撮《と》って、
似《に》たような画像《がぞう》がないか検索《けんさく》してみるの。
glo
画像検索
画像で検索

あ。
お地蔵様の前かけ
お地蔵《じぞう》さんの前《まえ》かけ!?
まさか持《も》ってきちゃったとか?
大地《だいち》ならやりかねない…。
でも、どこのお地蔵《じぞう》さんなんだろう。
私《わたし》、
明日《あした》、大地《だいち》といつも遊《あそ》ぶ子《こ》たちに、電話《でんわ》して聞《き》いてみる!
──翌日《よくじつ》
わかったよ。

※翔馬《しょうま》くん…289ページを見《み》てね。

二人《ふたり》とも見《み》て。
ここじゃない？
ずらあ
お地蔵《じぞう》さんが、
いっぱい…。
どのお地蔵《じぞう》さんの前《まえ》かけなの!?

ゾクゥァ…
オオアァー!
ンマァァァァァァ
アァァァ
なっ、何《なに》!?
大地《だいち》くんの声《こえ》!?
ちがう!お地蔵様《じぞうさま》から聞《き》こえる。
や、やだっ。ムリムリ。
何《なに》がおきているの!?
落《お》ち着《つ》いて千秋《ちあき》!!
私《わたし》が霊視《れいし》して見《み》つけるから
前《まえ》かけを返《かえ》して!!

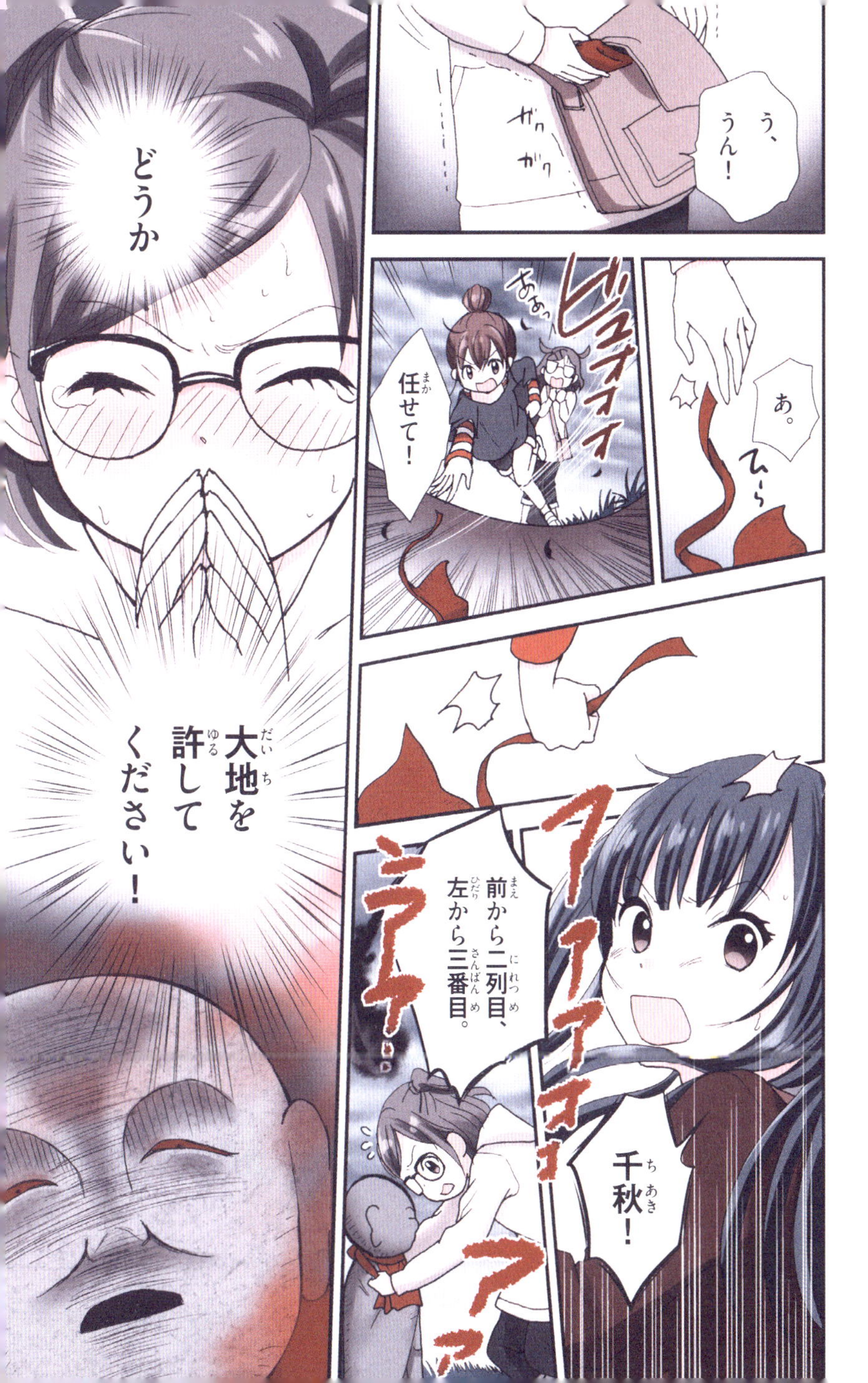

う、うん!
ガクガク
あ。
ひら
ビュオオオオ
あぁっ
任《まか》せて!
千秋《ちあき》!
前《まえ》から二列目《にれつめ》、左《ひだり》から三番目《さんばんめ》。
どうか
大地《だいち》を許《ゆる》してください!

優奈《ゆうな》、明日美《あすみ》。
今回《こんかい》は本当《ほんとう》にありがとう。
大地《だいち》のやつすっかり元《もと》に戻《もど》って元気《げんき》になったよ。
よかったあ。
やっぱり、あの霊能者《れいのうしゃ》はインチキだったね。
でも、火事《かじ》で亡《な》くなった子《こ》を知《し》っていたのは…？

下調《したしら》べしてたんじゃないかな。
焼死者《しょうししゃ》の情報《じょうほう》は、ネットやニュースにのるもん。
ま——、とにかくよかった。
心霊《しんれい》ネット探偵団《たんていだん》、ばっちり解決《かいけつ》☆
もーはしゃぎすぎ
覚《おぼ》えてろよ…。
ギリ…

恐怖《きょうふ》-5
心霊《しんれい》ネット探偵団《たんていだん》
逢魔地獄《おうまじごく》
第《だい》2話《わ》
霊能力者《れいのうりょくしゃ》シュウ
後編《こうへん》
最近《さいきん》のうちらはついてない。
あがががががが
森野眠子
ぐしゃあ
まだひと口《くち》も食《た》べてないのに!!
カタカタ
カタカタ
バツン
ぎゃあああ
データが消《き》えたあああ。

きゃあ。
ガシャーン
プァ
車《くるま》が店《みせ》につっこんだぞっ
ガクガク
ガクガク
おい!
だいじょうぶか?!
ザワ
ザワ
ザワ
ザワ
はっ
あれは…。

何《なに》？用事《ようじ》って。
これ。
優奈《ゆうな》にやるよ。
わぁ。
パワーストーンのブレスレット！
最近《さいきん》、ついてないって言《い》うし、
霊感《れいかん》もつき始《はじ》めてるって言《い》うから、
お守《まも》りってゆーか…。
心配《しんぱい》してくれたんだ？
ありがとう。大事《だいじ》にするよ。
やっべべべべつに心配《しんぱい》とかじゃねーし
ギャアアア
着信音《ちゃくしんおん》
ギャアアア
あ、千秋《ちあき》から電話《でんわ》だ。

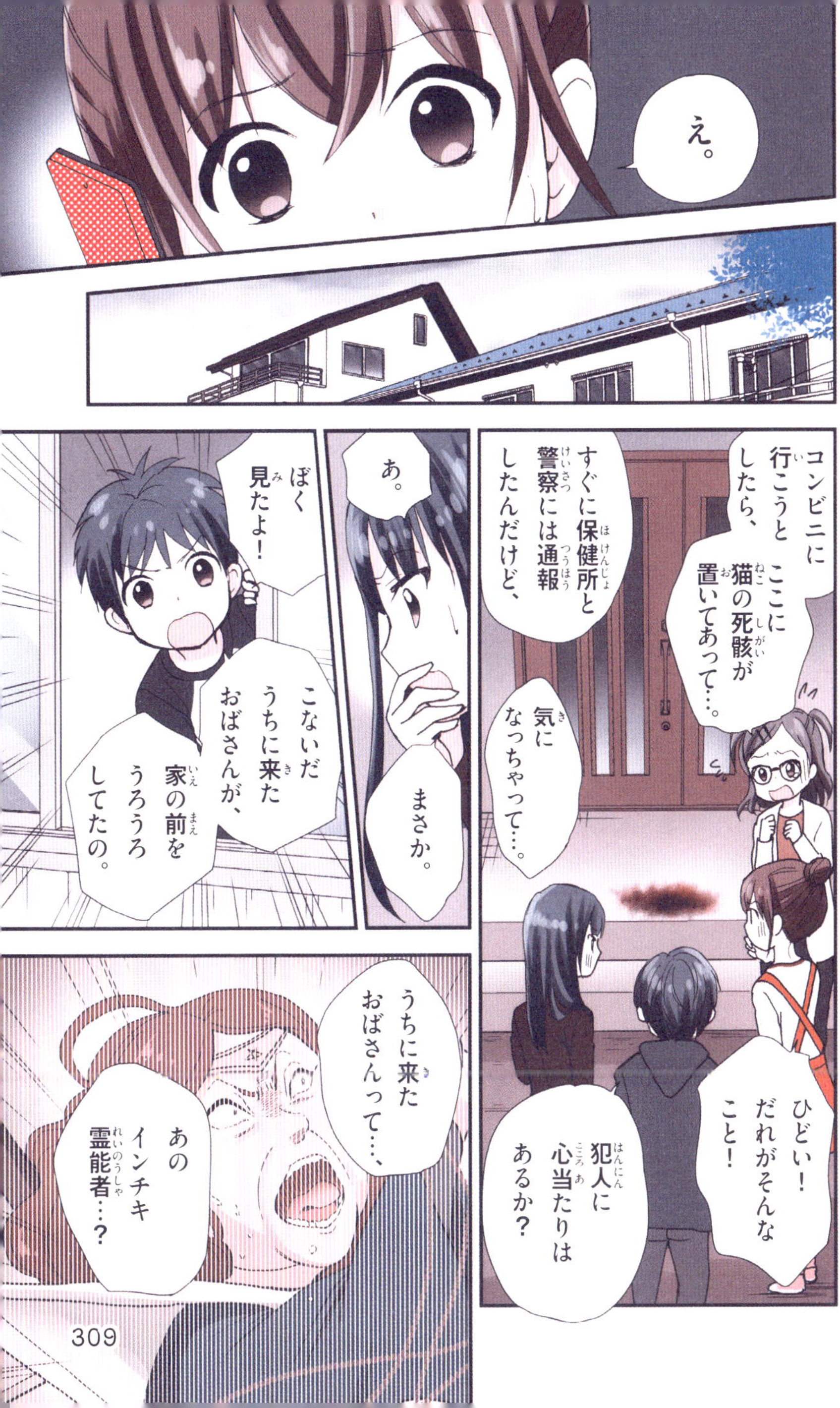
え。
コンビニに行《い》こうとしたら、ここに猫《ねこ》の死骸《しがい》が置《お》いてあって…。
すぐに保健所《ほけんじょ》と警察《けいさつ》には通報《つうほう》したんだけど、
気《き》になっちゃって…。
ひどい！だれがそんなこと！
犯人《はんにん》に心当《こころあ》たりはあるか？
あ。
まさか。
ぼく見《み》たよ！
こないだうちに来《き》たおばさんが、
家《いえ》の前《まえ》をうろうろしてたの。
うちに来《き》たおばさんって…、
あのインチキ霊能者《れいのうしゃ》…？

バチ
バチ
バチ
バチ
あの子《こ》どもらに
災《わざわ》いを――。

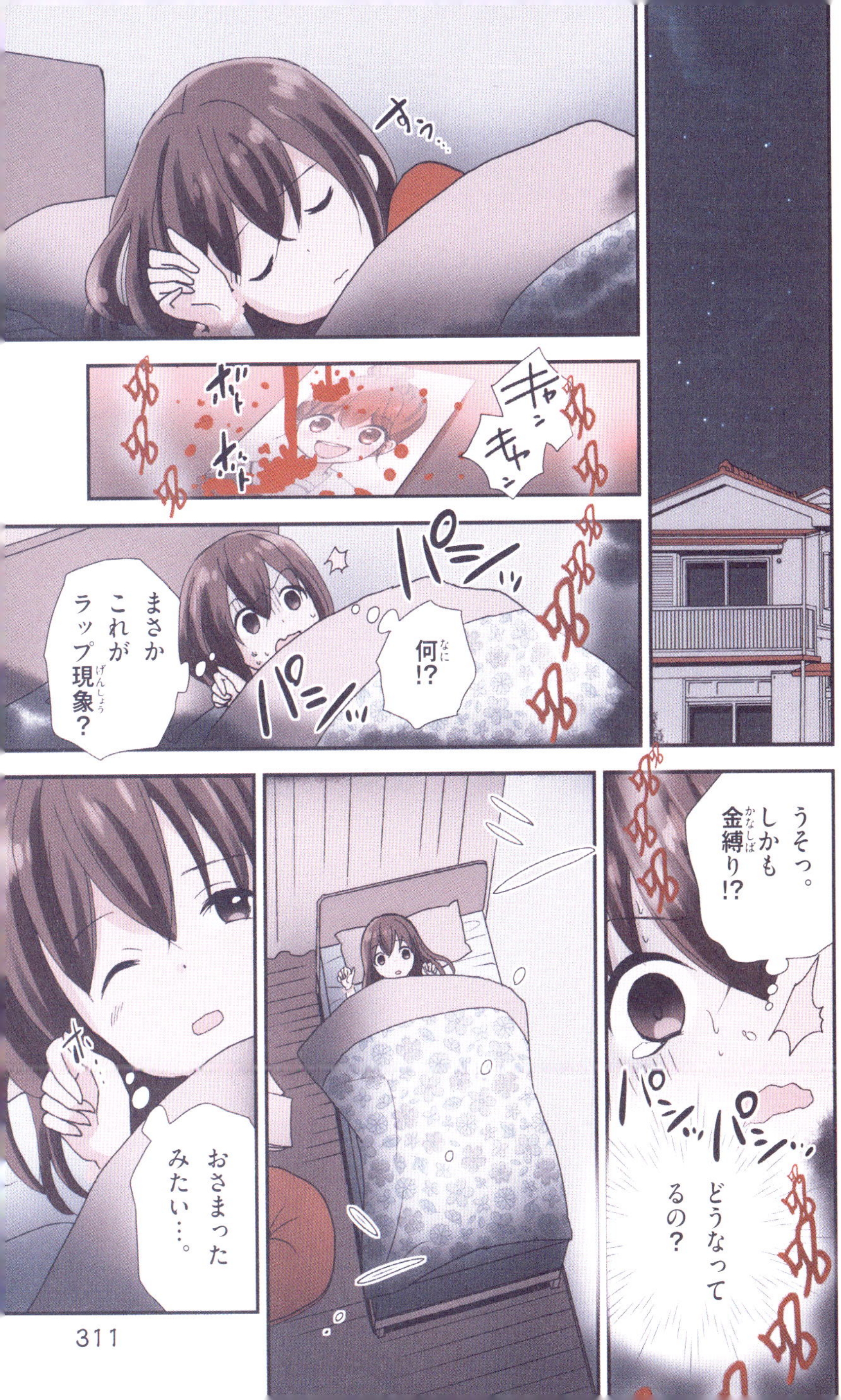
すぅ…
ポト
ポト
キャン
キャン
パシッ
何《なに》!?
パシッ
まさか
これが
ラップ現象《げんしょう》?
うそっ。
しかも
金縛《かなしば》り!?
パシッ
パシッ
どうなってるの?
おさまった
みたい…。

ひいっ

これが幽霊《ゆうれい》?
ドキン
ドキン
こんなに
はっきり見《み》えるなんて、
怖《こわ》い。
ぐぐ…
苦《くる》しい。
助《たす》けて。
だれか。
だれか。
ポウ…

ギャアアァ
ニュパアアアアア…

あう‥
あなたはだれ？

あの霊能力者《れいのうりょくしゃ》、詐欺容疑《さぎようぎ》で逮捕《たいほ》されたって。
本当《ほんとう》!?
ああ。
親父《おやじ》と部下《ぶか》の人《ひと》との会話《かいわ》を聞《き》いちゃったんだけど、
父《ちち》は警察官《けいさつかん》
警察《けいさつ》が霊能力者《れいのうりょくしゃ》の家《いえ》に乗《の》りこんだとき、
ひどいありさまだったらしい。
あたりは動物《どうぶつ》の死骸《しがい》の臭《にお》いが立《た》ちこめ、
霊能力者《れいのうりょくしゃ》の顔《かお》はまるで何《なに》かの獣《けもの》のようにゆがみ、
ヴ〜〜
ギャンギャン
部屋《へや》に入《はい》ろうとする警察官《けいさつかん》らに、
両手足《りょうてあし》を床《ゆか》について狂《くる》ったように吠《ほ》えまくったらしい。

まるで獣《けもの》に取《と》り憑《つ》かれたようだったって。
やっぱり、動物霊《どうぶつれい》を降霊《こうれい》していたのね。
「やっぱり」？
私《わたし》が車《くるま》の事故《じこ》に巻《ま》きこまれそうになったとき、
見《み》たの。
犬《いぬ》のような黒《くろ》い獣《けもの》の霊《れい》を…。
あの霊能力者《れいのうりょくしゃ》、動物霊《どうぶつれい》を呼《よ》び出《だ》す呪術《じゅじゅつ》で
私《わたし》たちに呪《のろ》いをかけてたんだ。
それじゃあ昨日《きのう》の晩《ばん》、私《わたし》が見《み》た悪霊《あくりょう》も
その呪《のろ》い？
このパワーストーンブレスのおかげかな。
ここから女《おんな》の人《ひと》が出《で》てきて、霊《れい》をやっつけてくれたんだけど、
！
パワーストーンには、守護霊《しゅごれい》の力《ちから》を強《つよ》めてくれる働《はたら》きがあるそうだよ。
それはきっと、優奈《ゆうな》の守護霊様《しゅごれいさま》かもしれないね。

それにしても あの霊能力者《れいのうりょくしゃ》は 愚《おろ》かな人《ひと》ね。
ギャンギャン
ヴ～ワンワン
コーコッコケ～
コケ～
人《ひと》に呪《のろ》いなんて かけたら、
十中八九《じっちゅうはっく》 自分《じぶん》に返《かえ》って くるのに…。
彼女《かのじょ》はきっと 自分《じぶん》にかけた 呪《のろ》いで
おかしくなって しまったのね…。
まったく 生《い》きている人間《にんげん》の ほうが怖《こわ》いよ。
でも、 良《よ》い霊《れい》も いる!!
昨日《きのう》は正直《しょうじき》 怖《こわ》かったけど、
逆《ぎゃく》にもっと 興味《きょうみ》がわいて きちゃった。

でも、
あんまり危《あぶ》ないことするなよ!?
だーいじょーぶい
翔馬《しょうま》がくれたブレスが守《まも》ってくれるもん。
ええぇ
それ、翔馬《しょうま》くんからのプレゼントだったの!?
どーゆうこと?!
くわしく話《はな》しなさいよっ
ん!?
あ。
アタリ
アイス当《あ》たった──。

監修／室秋沙耶美
執筆／室秋沙耶美　上田 歩
カバーイラスト／一ノ瀬いぶき
まんが／あいはらせと　一ノ瀬いぶき　沖野れん　かわぐちけい
沢音千尋　水島みき　森野眠子
イラスト／Shoyu
協力／林 芳仁　おかだ解説員　岡田 望　櫻井雅章
カバーデザイン／久野 繁
本文デザイン／スタジオQ's
編集／ビーアンドエス

本書の内容に関するお問い合わせは、**書名、発行年月日、該当ページを明記**の上、書面、FAX、お問い合わせフォームにて、当社編集部宛にお送りください。**電話によるお問い合わせはお受けしておりません。**また、本書の範囲を超えるご質問等にもお答えできませんので、あらかじめご了承ください。
FAX：03－3831－0902
お問い合わせフォーム：http://www.shin-sei.co.jp/np/contact-form3.html

本当《ほんとう》に怖《こわ》い話《はなし》MAX《マックス》∞《むげん》逢《おう》魔《ま》ヶ《が》刻《とき》

2017年11月25日　初版発行
監修者　室《しつ》秋《あき》沙《さ》耶《や》美《み》
発行者　富永靖弘
印刷所　株式会社高山

発行所　東京都台東区台東2丁目24　株式会社 新星出版社
〒110-0016 ☎03(3831)0743

ISBN978-4-405-07264-0